西部地区特色城镇化 道路的理论与实践

吴开松　董茂林　著

中国原子能出版社
China Atomic Energy Press

图书在版编目（CIP）数据

西部地区特色城镇化道路的理论与实践 / 吴开松，
董茂林著 . — 北京：中国原子能出版社，2020.4
ISBN 978-7-5221-0531-4

Ⅰ . ①西… Ⅱ . ①吴… ②董… Ⅲ . ①城市化—研究
—西北地区②城市化—研究—西南地区 Ⅳ . ① F299.21

中国版本图书馆 CIP 数据核字（2020）第 068003 号

内容简介

新型城镇化建设是党的十八大以来，加快经济社会发展的重大方略。西部地区城镇化是我国城镇化的重要组成部分，也是全面建成小康社会的重要元素。受历史、自然等因素的影响，西部地区城镇化发展慢、城镇化率总体偏低，但是现在处于加速城镇化时期。西部地区城镇化要处理好生态开发与保护，边疆城市发展与内陆地区城市协同，公共服务滞后与人民对美好社会需求不断增长，人口持续增长与生产力水平偏低、结构不合理的矛盾。西部地区城镇化的推进必须坚持"五位一体"总体布局，以人为中心，坚持人与自然和谐共生，发展特色工业产业，提高基础设施通达度、通畅性和均等化水平，推动绿色集约发展，将就地城镇化和区域城镇化相结合。

西部地区特色城镇化道路的理论与实践

出版发行	中国原子能出版社（北京市海淀区阜成路 43 号　100048）
责任编辑	高树超
装帧设计	河北优盛文化传播有限公司
责任校对	冯莲凤
责任印制	潘玉玲
印　　刷	定州启航印刷有限公司
开　　本	710 mm×1000 mm　1/16
印　　张	15
字　　数	260 千字
版　　次	2020 年 4 月第 1 版　　2020 年 4 月第 1 次印刷
书　　号	ISBN 978-7-5221-0531-4
定　　价	59.00 元

发行电话：010-68452845　　　　版权所有　侵权必究

目录

导　言

　　城镇化对一个民族、一个国家而言，实际上只有一次机会。因为随着城镇化进程的结束，城镇和重大基础设施布局一旦确定，就很难再改变。联合国的一份报告指出，虽然城市面积只占全世界土地总面积的 2%，但是却消耗着全球 75% 的资源和产生了更大比率的废弃物。正因为如此，联合国前任助理秘书长沃利·恩道曾经感叹道："城市化极可能是无可比拟的未来光明前景之所在，也可能是前所未有的灾难之凶兆。所以，未来会怎样就取决于我们当今的所作所为。"❶我国正经历着空前绝后的城镇化，而且我国城镇化的进程与全球化、市场化、信息化等相伴交织，从而使发展模式的判断选择方面更加复杂。正确选择城镇化和经济发展模式，不仅是落实科学发展观、推行生态文明的核心课题，还是确保我国国民经济长期持续、健康、有序发展之关键。

　　西部地区国土面积占全国国土面积的 60% 以上，分别地处西北干旱、青藏高寒和西南季风三大自然区，位居我国大江大河上游。由于观念、经济欠发达和处于市场竞争环境下的弱势地位，西部地区发展对自然资源过分依赖，而且相对于生态环境承载力，多数地区已是人口和经济超载，普遍面临着经济社会发展滞后、财政资金短缺、扶贫任务艰巨、基础设施和教育卫生医疗条件薄弱、生态环境退化等问题。同时，西部地区是中国最主要的陆上边境地区，促进边疆地区社会经济的繁荣与稳定，有利于促进各民族之间的相互了解、和谐相处，确保祖国西部边境的长治久安。在主体功能区划背景下，如何实现西部地区经济、生态、社会的可持续发展，是关系边疆安定和全面建成小康社会奋斗目标能否实现的重大问题。

　　鉴于我国西部地区生态地位的特殊性、民族关系的复杂性、少数民族文化的多样性、人稀地广等特点，要想实现西部地区现代化、可持续发展以及社会和谐，

---

❶ 联合国人居中心.城市化的世界 [M].北京：中国建筑工业出版社，1999：3.

必须以城镇化建设为依托。而由于地理区位、自然资源、历史传统和人文等因素的影响，我国西部地区城镇化的问题与其他区域有着不同的特点。因此，从研究西部地区城镇化的历史演进出发，探讨人地关系矛盾日益突出的背景下西部地区城镇化的发展问题，寻求以生态文明贯穿西部地区城镇化建设全过程的路径，能够为西部地区进行城镇化建设提供一定的依据，具有重大理论和实践意义。

一、西部地区城镇化的历史回顾

（一）"前工业"城镇化：中华人民共和国成立前的西部地区城镇化发展

"前工业"城镇化即在生产力发展水平不高、机械化程度较低的社会背景下，乡村生产和生活方式向城镇生产和生活方式转变。中华人民共和国成立前，我国西部地区城市化水平远远落后于东部地区，到1949年底，西部地区只有20多个城市人口达到5万以上，仅占全国同等规模城市的15%左右，属于典型的"前工业"城镇化类型。这一时期，西部地区城镇化发展出现以下特征：

一是城镇功能较为单一。西部地区早期城镇主要依托军事要塞、交通中心或边贸集散口岸以及寺庙等宗教活动中心形成。比如，历朝历代出于设置统治机构需要或军事驻兵防卫需要而新筑城垒，形成了西部地区城镇的雏形。随着中西贸易往来兴盛而出现在古丝绸之路沿线的商埠、驿站、城市等则是商贸集散城镇的典型代表。

二是城镇缺乏产业支撑。"前工业"城镇化期间，西部地区自然形成的城镇为商品集散地、政治中心、宗教中心或者军事要塞，主要支撑产业为农业或者商贸业，缺乏相应的工业支撑。因此，城镇经济薄弱，基础设施缺乏，难以进一步发展扩大。

三是城镇聚散效应较小。"前工业"城镇化期间，城镇发展相当落后，城镇经济在整个国民经济中的比重几乎是微不足道的，如到1949年新疆仅有迪化（后更名为乌鲁木齐市）一个城市，市区面积不足10平方千米，人口仅有近10万人。因此，很难通过城镇发展带动农村经济社会发展，实现城乡经济社会结构转型，城镇的集聚效应和扩散效应基本不存在。

（二）"跨越式"城镇化：1949—1956年的西部地区城镇化发展

中华人民共和国成立后，经过"一五"计划建设和"三线"建设等，西部地区城镇数量迅速增长，城市非农业人口数量大幅增加。在"经济恢复"时期，西部地区城市由 1949 年的 13 座迅速增加到 1952 年的 32 座，是全国同一时期城市数目增长最快的地区；城市市区非农业人口由 1949 年的 281.8 万人增加到 1952 年的 452.97 万人，年均增长达 17.1%。这一时期，西部地区城镇化发展出现以下特征：

一是重工业支撑西部地区城镇化"跨越"发展。中华人民共和国成立后确定了"工业化优先发展""区域均衡发展"思路，随着我国经济的逐渐恢复和工业化的全面展开，尤其是在"一五"期间以苏联援助的 156 个建设项目为中心的、由限额以上的 694 个建设单位组成的工业建设，有利地推动了西部地区的工业化和城镇化进程，西部迅速出现了一批依托矿业和工业项目而兴起的新型城市。此时，新型城市吸收了大量的农民进入城市和工矿企业就业，城镇人口迅速增加。

二是中央政府是城镇化"跨越"发展的主导力量。西部地区工业基础相当薄弱，自然经济占统治地位，为了响应中华人民共和国成立后的重工业优先发展战略，西部地区在矿产资源比较丰富的地区建立了一些重工业，这些重工业的建立可以说是完全依靠外部力量拉动形成的。这就使少数西部地区的城市发展表现出了强烈的非经济性，"自上而下"的特点十分明显。城市发展的动力不是来自区域经济的发展，而是来自政府的人为拉动。

三是小城镇对农村经济的带动能力不强。这一阶段，西部地区的小城镇仍然规模小、功能单一，基本是履行行政职能，对于农村经济带动及辐射作用与实际需求还相差甚远，尤其是在经济体制上模仿苏联的高度集权的行政命令型的经济管理方式，制约了西部地区城乡资源的流动融合，使小城镇如同在西部地区农村镶嵌的"孤岛"。

（三）"逆"城镇化：1957—1977 年的西部地区城镇化发展

1966 年后，城市经济明显衰退，城市人口机械增长已成负值，出现逆城镇化现象。比如，至 1979 年，云南仍然仅有 4 个城市，城市化率反而比 1949 年下降了 3.64%。新疆也只有设市城市 8 座，城镇人口 276.44 万人，占总人口比重为 22.87%，反而要低于 1959 年的水平。总体来说，该时期西部地区城镇化发展的主要内容是减少城镇人口和撤销部分城镇，城镇发展速度不断变慢。

（四）"快速"城镇化：1978—2002 年的西部地区城镇化发展

改革开放以来，西部地区城镇化与全国一样，经过一段时间的恢复性增长，开始逐步进入与经济发展水平相适应的合理增长轨道。

一是微观政策放活推动城镇化快速发展。这一时期乡镇企业异军突起，农村第二、三产业向城镇集聚，推动了农村集镇和小城镇的快速发展，尤其是 1984 年中央颁布了新的户籍管理制度，允许农民自带口粮进城务工经商和进镇落户，又调整了 20 世纪 60 年代以来的城镇建制标准，从而使小城镇的数量急剧增加。

二是地方政府和市场是城镇化快速发展的主导力量。在城镇化进程中，中央政府自上而下的拉力明显减弱，地方政府成为拉动城镇化的主导力量。另外，农村改革给予农民流动迁徙和重新择业的权利，市场力量得到释放，农民迅速向非农产业转移，进城打工、兴办乡镇企业、从事非农产业等活动既增加了农民收入，也极大地推进了城镇化进程。

三是区域政策不均衡制约了西部地区城镇化发展。改革开放以来，东部沿海地区优先发展非均衡区域发展战略，西部地区投资（包括城镇建设投资）和经济发展速度的提高幅度均低于东部地区，导致西部农村剩余劳动力大规模地向东部地区流动和转移，由此影响了西部地区城镇化的进程。

（五）"转型"城镇化：2002 至今的西部地区城镇化发展

2002 年后，我国经济发展进入"调整产业结构、地区经济结构和城乡经济结构"的转型阶段，城镇化发展也相应进入"大中小城市和小城镇协调发展"的新阶段。截至 2008 年底，西部地区城镇总人口为 13 996 万人，城镇化率达到 38.32%，我国西部地区已经处于城镇化发展的中期阶段。其中，城镇化程度最高的是重庆市，达到 49.99%；城镇化程度最低的是西藏自治区，为 22.61%。由于我国实行了沿海、沿江、沿边和内地中心城市全方位开放的政策，内陆民族边境城市迅速发展。内蒙古自治区的满洲里市、吉林省的珲春市等构成我国东北地区对外开放的中心，广西壮族自治区的南宁、凭祥、东兴和云南省的昆明、畹町、瑞丽和河口是我国西南部重要口岸，西北地区的伊宁、博乐、塔城等也被列为对外开放的沿边城市。

一是城镇化区域差距拉大。"西部大开发"战略的实施，体现出国家从政策上扶持了西部地区产业的聚集发展和基础设施建设，推动了西部地区城镇经济的发展和城乡经济社会结构的融合转型，加快了西部地区城镇化的发展，但与东西部地区差距仍然不断加大，如东西部市镇非农业人口占总人口比例的区域差异在逐渐扩大，由 1986 年的 1.47∶1 上升到 2002 年的 1.7∶1。与全国的城镇化水平相比，2008 年西部地区的城镇化率处于较低的发展水平，低于全国平均水平 7.36 个百分点，低于东部地区 18.4 个百分点，低于中部地区 4.6 个百分点。

二是城镇化自我发展动力不足。在分税制改革后，"城镇化"开始成为地方政府财政的新增长点，地方政府成为推动城镇化的主要动力。但由于地方政府单一推动城镇化机制，城镇多以本地资源开采为主，工业结构雷同，对农业劳动力的吸纳有限，无法形成自我积累和自我发展的动力机制。

三是生态环境遭到严重破坏。西部地区的经济发展主要是通过发展产业来带动小城镇经济的发展，但小城镇在发展经济的过程中也产生了一定的生态环境问题，在西部地区脆弱生态系统的背景下，以此引起的生态环境问题现象较严重。

二、生态文明观下的西部地区特色城镇化发展道路选择

长期以来，受西方哲学中占主导地位的主客二分思想的影响，人类中心主义伦理观一直占据主导地位，它主张人为主，其他万物为客，自然界除人之外的所有万物只不过处于被认识、被征服的地位。在实践中表现为占有性、功利主义、利己主义、经济主义、消费主义，结果是使人类在资源和生态环境方面陷入了空前的困境，自然越来越疏离人类、威胁人类。人类经过多年的努力，将伦理的范围逐渐自人类扩展至非人类，即所谓对自然界的生物体给予道德考虑，此类学说通称为生命中心主义，认为所有生命特别是动物都有价值，判别善恶以是否伤害生命为标准，导致生物痛苦的行为是不道德的。后来，生态伦理又有了新的发展，产生了生态中心伦理的主张，认为天下万物（包括无生命的岩石等）都是有价值的，生态系统是一个整体，休戚与共，对局部或个体的破坏就是对整体的伤害，不能够为了局部的利益伤害整体。

（一）西方生态观及城镇化模式演化：从"人类中心主义"到"生态中心主义"

工业革命以来的两个多世纪是西方社会经济发展最快速、城镇化最快速的时期，而支撑这种发展的生态观就是"人类中心主义"。随着人类改造和利用自然形式的多样化，其强度也越来越大，人力迅速成为地球上除了水和风两大自然营力之外的第三营力，人与自然间的伙伴和合作关系烟消云散，而代之以征服者与被征服者的关系，即纯粹从人类利益的角度来判定世间一切事物的价值，认为人类文明的每一种进步都是征服自然的结果，对方付出必需的代价是合情合理的事。A模式是建立在人类中心观下的城镇化模式，其主要特征为城市低密度蔓延、私人

轿车为主导的机动化、化石燃料为基础、一次性产品泛滥等，其结果是资源短缺、环境污染和生态破坏等诸多全球性环境问题的扩展。

20世纪60年代，为了改变A模式城镇化所带来的各种毁灭性问题，西方部分科学家开始反思人类中心主义带来的发展困境，提出自然中心主义，主张用一种非增长的社会来代替目前增长的社会。该理论强调人类适应自然这一客体，主张实行城乡环境保护和实现城市经济零增长的战略。该理论的提出是以西方发达国家城镇化发展的程度为背景的，其客体中心论的思路必然带来对他国特别是发展中国家城市自然生态环境的人为破坏。因为在目前历史条件下生态中心主义的城镇发展必然以其他国家的城市生态环境的牺牲为代价。

（二）中国特色社会主义生态文明观及其城镇化发展要求

生态文明的提出要求我们在生态伦理上将"人类中心主义""自然中心主义""生态中心主义"有机整合、辩证统一起来，形成以人与自然和谐共生、良性循环、全面发展、持续繁荣为基本宗旨的生态伦理形态，主张人类不应该是自然的征服者和主宰者，而应是自然的一部分，既要维护人类的利益，又要维护整个生态系统的平衡。

生态文明的提出要求我们创新发展模式、破解发展难题。循环经济就是一种新的发展模式，通过发展循环经济可以达到物质文明与生态文明的共赢。基于对生态环境的理解和认识，人类在经济发展过程中经历了三种模式，代表了三个不同的阶段，其本质是一种生态经济，倡导的是一种与环境和谐的经济发展模式，遵循"减量化、再使用、再循环"原则，以达到减少进入生产流程的物质量、以不同方式多次反复使用某种物品和废弃物的资源化的目的，强调"清洁生产"，是一个"资源—产品—再生资源"的闭环反馈式循环过程，可以最终实现"最佳生产，最适消费，最少废弃"。发展循环经济符合中国传统天人调谐的理念，是建设生态文明的基本模式。

生态文明的提出要求我们在区域发展中充分考虑生态环境的承载能力，即生态阈值。生态阈值即环境容量，是指某一环境区域内对人类活动造成的影响的最大容纳量。环境的净化能力和承载力是有限的，一旦社会经济发展超越了生态阈值，就可能发生灾难性的后果，并且这个后果是不可逆的。大气、土地、动植物等都有承受污染物的最高限制，就环境污染而言，污染物存在的数量超过最大容纳量，这一环境的生态平衡和正常功能就会遭到破坏。

（三）从"万物有灵"到"生态文明"：少数民族城镇化的哲学背景与理想

我国西部生态脆弱区无法走东部城镇化发展模式的老路。西部少数民族的人与自然观具备生态文明的基础。在长期的生产生活过程中，少数民族形成了一整套处理人与自然关系的世界观和方法论，这些世界观和方法论蕴含着朴素的人与自然和谐的思想。对许多少数民族而言，其认知范式的核心就是人类与自然万物"同源共祖"。人类与自然万物"同源共祖"的观念是这些民族认识人与自然关系的起点和重要基石。比如，哈尼族有几则讲述人类与自然起源的神话传说：《天、地、人的传说》讲，人类与虎、鹰、龙等动物都是先祖"塔婆"所生的同胞兄妹；《神和人的家谱》讲，人类与"会跑的野物""会爬的野物""会飞的野物"都是先祖"梅炯恰"所生的亲姐妹；《俄八美八》讲，人类与飞禽、走兽、花草、树木都是先祖"阿妮"所生。苗族古歌《枫木歌》讲，枫树生蝴蝶妈妈，蝴蝶妈妈生人类及其他动物。侗族古歌《人类的起源》认为，最初的人和动物是兄弟。纳西族东巴经神话《署的来历》讲，人类与自然（"署"）是同父异母的兄弟。尽管各民族传说中的"共祖"各有不同，甚至同一民族不同支系的"共祖"也各有差异（如有20余个支系的哈尼族），但有一点是惊人一致的：人与自然万物（动物、植物等）有一个共同的本源和始祖，都是地球大家庭的兄弟姐妹。神话传说是这些民族"形象化的历史"或"保存关于过去的回忆的宝库"。

如果进一步地培养"人与自然和谐"的新观念，充分发挥各族人民保护生态环境的普遍性和自觉性，就能够在传承传统文化的同时，实现建设生态文明的目的。生态文明的核心是"人与自然协调发展"，它以人与自然协调发展为行为准则，通过建立健康有序的生态机制，实现经济、社会、自然的可持续发展。有学者指出："从心理学的角度讲，生态平衡要走出进退维谷的境地，就必须引进一个'内源调节'机制，在动态中通过渐进式的补偿，在推动社会发展的同时，达成人与自然的和解。而这个'内源'就是'心源'，就是人类独具的精神因素。人类的优势仍然在于人类拥有精神。"因此，生态文明建设除急需解决科技、法律等问题外，还应在各民族中培养"内源调节机制"，使保护生态成为一种价值观和世界观。在少数民族传统文化中，人与自然同根同源的意识根深蒂固，如侗族将杉树视为"杉仙"，苗族将枫香树视为"祖母"，彝族将桫椤视为"图腾"。彝族文献《宇宙源流》认为，宇宙万物都是由气形成的，先形成的是天地，然后形成了日月、星辰、昼夜、年月、寒暑，并由此化生了万事万物。苗族则称枫树为"豆民"，即"祖母树"，传说远古时期，枫树芯中飞出一只蝴蝶，生下 12 枚蛋，其中一枚孵出的便是人类始祖姜央。布依族还有给孩子认"保爷树"的习俗，逢年过节，父母都会带上孩子专门用米酒、糯米、鸡等物品祭祀"保爷树"，并在树上粘贴纸钱、鸡血，祈求保佑孩子福寿康宁……西部地区少数民族众多，民族文化丰富多彩，如果在尊重各民族文化传统的基础上，重新审视民族生态观在生态文明建设中的现实意义，就能大力培养"人与自然和谐"的新观念。

第一章 宏大的地域、多样的形态与复杂的动因——西部地区特色城镇化的基本特点

第一节 西部地区地理特征与聚落形态

一、西部地区的地理特征

（一）西部地区的自然环境特征

我国西部地区地域辽阔，资源丰饶（表1-1）。丰富的自然资源不仅是西部地区经济社会发展的坚实基础，对我国宏观经济的发展也有着重要的影响。

表1-1 西部地区部分自然资源统计

自然资源	资源储量	占全国的比例 / %
牧区、半农牧区草原面积 / 万公顷	30 000	75.0
森林面积 / 万公顷	5 648	42.2
森林蓄积量 / 亿立方米	52.49	51.8
水力资源蕴藏量 / 亿千瓦	4.46	66.0

数据来源：《中国统计年鉴2011》。

虽然地域辽阔，但是由于西部地区80%以上的地域为山地、高原、沙漠、戈壁、裸岩、冰川积雪及干旱半干旱和高寒阴湿地区，能够被生产、生活利用的有

效空间极为有限，所以西部地区经济社会发展受到极大限制 ❶。一方面，西部地区资源丰富，山川秀丽；另一方面，西部地区自然环境恶劣，自然灾害频繁。这便形成了我国西部地区地理条件的两大主要特征。毫无疑问，这是西部地区经济发展所必须面临的前提条件，也必将对西部地区城镇化道路的选择产生重大影响。

（二）西部地区的区位特征

从地理位置来看，我国西部地区幅员辽阔，且大多处于内陆边境地区。西部地区的这种分布特点对西部地区的经济社会发展造成了非常复杂的影响。一方面，得天独厚的地缘优势是西部地区发展对外贸易的重要条件，有利于西部地区发展对外经济贸易和文化交流；另一方面，这一特殊的地理区位往往被国内外敌对势力所利用，在我国西部地区进行分裂颠覆活动，破坏民族团结，危害国家安全。同时，边境地区共有的跨国犯罪、走私等问题也加大了我国西部地区社会稳定、民族团结的工作难度。

从地理环境来看，我国西部地区多分布在交通不便、信息闭塞、自然条件较为恶劣的边远地区，如西北干旱区和青藏高寒区占据了西部地区的绝大部分。这种特殊的自然地理条件使西部地区在较长的历史时期内处于信息不畅、生产力低下、文化观念落后的状态，从而形成了较为封闭的社会系统，这也是导致西部地区经济社会发展相对落后的重要因素之一。然而，随着经济的发展和人们生活水平的提高，西部地区的地理环境为其提供了独有的旅游资源，这也为许多不宜进行大规模农业、工业生产的西部地区提供了一条独特的发展路径。

区位因素对西部地区的经济社会发展至关重要，但其优势和劣势并不是一成不变的。我们要在深入考察西部地区自然、经济、社会发展现状的基础上，制定切合实际的发展策略，使西部地区的区位优势得到充分发挥，实现跨越式发展。

二、西部地区的聚落形态

聚落是人类居住和生活的场所，村寨、集镇和城市都是聚落的具体形式，它是一个地区文化景观、经济水平、风土民情的重要反映，如典型的有黄土高原的窑洞、内蒙古游牧民族的毡房等。西部地区由于其特殊的自然地理条件，因而在漫长的历史中也形成了各具特色的聚落形态。不同的民族文化会产生不同的聚落

---

❶ 温军.中国少数民族地区人口、资源、环境与社会协调发展问题研究 [J]. 资源科学，1999，21（2）：38-45.

形态，同一民族在不同的自然条件下也会形成差异巨大的聚落形态，因而对西部地区全部的自然生长聚落形态进行了解几乎是不可能的，故本研究仅在总结其共有特征的基础上进行概要介绍。

（一）自然地理条件决定聚落的选址

由于生产力低下，西部地区的传统聚落受地理条件制约较大，其选址往往是迫不得已的选择。比如，云贵高原地区"地无三尺平"的地貌使村落大多首选平坝地区，其次为山脚、丘陵缓坡等地；西藏、青海聚落大多建造在河谷山麓避风向阳处或交通便利、土地肥沃、水草丰茂之地。

（二）宗族制度是聚落最初形成的原因

从氏族社会开始，血缘纽带关系及宗法关系就贯穿在许多少数民族的历史发展过程中，人们在居住形态上往往聚族而居，每一个村寨由一个或几个家族组成。如位于湘、黔、桂三省交界地区的侗族自古便有"未建寨子，先修鼓楼"的传统。鼓楼是侗族聚落的象征，同一家族或同一姓氏的侗族往往围绕着鼓楼聚居在一起。对于不同的民族尤其如此，在桂北地区曾有"汉族、壮族住平地，侗族住山脚，苗族住山腰，瑶族住山顶"的说法。

（三）宗教、风水观念对聚落格局有重要影响

宗教生活在少数民族中占有重要的地位，聚落中也必然会存在宗教空间。在甘南地区，许多村落都是围绕着宗教寺庙而建，或以宗教象征场所更迭为中心逐步发展。比如，藏族聚落的组成除了生活、生产的必要空间（如民居、磨房等）外，还包括寺庙、喇嘛塔等；对土家族而言，村址、建房基地的选择都需要相"风水"，同时按其族姓分别设"土王庙"，即宗祠；广西地区许多民族聚落的风水观念主要体现在相地、种风水树、修风水桥和挖"龙池"等方面。

（四）防御功能在聚落外围多有体现

各民族在发展过程都会不可避免地与其他民族，甚至自己内部发生冲突，这也促使其形成了一些具有特色的聚落形态。比如，依山择险而居的苗族的苗寨是一种具备明显军事防御性质的聚落族群；古老的侗寨周围一般有寨门、围墙、栏杆或荆棘，陌生人一般不允许随便出入；西南地区的羌寨也有较强的防御要求，

在形式上体现为标志性的石砌高碉建筑，建筑外形一律为收分的石砌堡垒形。

（五）生产方式对建筑形式影响较大

建筑形式是聚落形态的重要内容之一，在很大程度上反映了当地的生产、生活方式。比如，北方游牧民族往往逐水草而居，以畜牧为生，因而产生了蒙古族的蒙古包和哈萨克族的毡房；西南地区山势绵延，狩猎是人们生活中的重要组成部分，因而其聚落中也都为此留有专门的空间。

总体而言，不同的聚落形态最初往往是由其特定的地形地貌、气候水文等自然条件决定的，但随着人口的增长、生产力的提高，宗教活动、政治活动、经济发展也会在聚落演变中产生重要的影响。因此，我们需要在深入了解西部地区自然生长聚落形态的基础上，准确把握氏族结构、土地所有、生产方式等社会经济活动变迁对聚落形态演变的影响，从而对西部地区当前聚落形态进行合理解释，为其发展方向提出因地制宜、切实可行的建议。

第二节　西部地区的人口特征与族群形态

一、西部地区的人口特征

人口问题是西部地区城镇化发展过程中必须面对的问题。研究西部地区的人口规模、分布、迁移、演变和发展规律，可以为西部地区的区域规划、城市建设和社会经济的可持续发展提供科学依据，使西部地区实现人口、资源、环境与经济社会发展相协调，从而走上可持续发展的道路。

（一）人口总量增长较快

根据 2010 年第六次全国人口普查，我国少数民族总人口为 11 379 万人，占全国总人口的 8.49%，比 2000 年上升 0.08 个百分点。少数民族人口 10 年年均增长 0.67%，高出汉族 0.11 个百分点。西部地区的人口规模，尤其是少数民族人口规模的快速增长，除了医疗卫生水平、居民健康水平的因素外，与少数西部地区长期以来一直实行较为宽松的生育政策密不可分。值得注意的是，改革开放以后，西部地区经济的发展吸引了大量其他地区的人口向之迁移，这种自发的、市场机制作用下的机械迁移虽然在很大程度上带动了西部地区的经济发展和各民族之间的交流，但也对当地的生态环境、民俗文化造成了很大的冲击，潜在的不确定性因素大大增加。

（二）人口流动加快

人口流动是社会经济发展的必然结果，生活水平和就业机会上的区域落差是西部地区人口流动的主要原因。受自然地理环境、经济发展水平的限制，西部地区越来越多的人选择跨区域寻找发展机会。人口流动规模的扩大为当地居民更新观念、提高素质提供了有利的条件，也有利于促进民族交往与民族融合。另外，国家先后通过"西部大开发"战略以及其他一系列优惠政策，为西部地区吸引人才提供了良好的契机，为拉动西部地区的经济发展增添了动力。未来一段时间内，西部地区的人口流动将呈增长趋势，经济性流动将成为主要形式。毫无疑问，这对西部地区劳动力资源优化配置、产业结构调整等发挥着重要的作用。

（三）贫困人口比例较大

贫困是我国大部分西部地区普遍面临的严重问题，我国民族自治地方共有 341 个县被确定为国家扶贫工作重点县。长期以来，西部地区的经济发展一直处于落后状态，有相当数量的人口长期处于贫困之中。造成这一现象的原因是多方面的，恶劣的自然环境限制了农业、工业的发展，生产方式的落后导致人们的思想观念陈旧、僵化，从而阻碍了教育的普及、人口素质的提高，导致西部地区长期保持着较高的人口增长率，尤其是贫困人口增长率。而较高比例的贫困人口又给当地的教育、医疗、基础设施建设等各项事业带来了沉重的压力，经济社会发展进入恶性循环。

二、西部地区的族群形态

"族群"概念是西方人类学研究社会实体的一种范畴分类法 ❶，可以被认为是具有共同的起源、世袭和文化传统，自我认同并被其他群体认为是同一群体的人群 ❷。对任何族群而言，当族群成员同外族发生接触时，不同的语言、习俗会使他们产生"非我族类"的观念，同时对自己族群的归属感和感情依附会自然产生，这便意

❶ 李晓明.族群认同的"多元性"——以南岭民族走廊瑶族为例 [J].前沿，2010（22）：148-151.

❷ 陈心林.族群理论与中国的民族研究 [J].贵州民族研究，2005（6）：1-5.

味着族群认同开始产生。族群认同是族群意识的基本构成，更是其存在和发展的基石。

族群认同并不能凭空存在，而要借助语言、习俗等具体形式表现出来，并通过这些方式得到强化和传承。以南岭民族走廊的瑶族为例，瑶族人从小就通过本族老人了解和熟悉山中各种动植物的习性，学习防范和应对山中各种危险的技巧。他们虽然到集镇赶圩或与外面进山的客人交流大都使用汉语方言，但在家庭内部和村寨内的日常交流都使用瑶语。这种对族群文化的坚守在漫长的历史过程中对弱势族群的生存与发展起到了很大的作用，但任何族群都要保持同周边各族的和谐共生，族群之间的相互交融也影响着彼此的文化和生活方式。

中华人民共和国成立初期，我国境内共有 400 多个族群，除汉族以外的这些族群经过中央政府组织的规模空前的民族识别之后，最终于 1979 年被确认划分为 55 个少数民族。然而，依据 2010 年的第六次人口普查资料，中国仍有 64.01 万人属于其他未识别的民族，相比第五次人口普查时下降了 9.43 万。未识别民族之所以难以识别，主要在于族群自我认同不强以及自我认同与他者认同的不符合。这里，我们要注意到"族群"与"民族"的区别，如土家族作为一个少数民族，其根据语言的不同又可分为北部方言区和南部方言区，居住在不同区域内的土家族具有不同的族群性。

值得注意的是，经济的快速发展改变了传统的以血缘和文化为族群纽带的社会关系，族群之间人口迁移频繁、文化交融深入、生产方式趋同，这使原有的族群认同受到了冲击。比如，长期以来宗教在藏族族群文化中占有重要的地位，传统的藏族聚落往往把最好的地块留给寺庙，每家都设经堂，都会在墙面上装饰一些祈福的图案等 ❶。而现在有些藏区的藏族人民特别是年轻人在现代文化的冲击和影响下开始崇尚现代城市的居住方式和生活方式。

西部地区的城镇化迅速发展，这一社会变革必然带来不同族群的碰撞与整合，族群之间的摩擦与融合不可避免。整体来看，族群演化的发展趋势主要有两个取向：一是物质生活水平提高的现代化取向，这一过程伴随着西部地区经济发展水平的提高而发展迅速，交通、居住、出行条件的改善使许多少数民族的特色传统显得过时，族群文化在不知不觉中流失；二是适应现代生活下的民族化取向，即多元文化的交流在某种程度上会使族群认同得到强化，从而使族群内部更加坚守

---

❶ 刘艳梅.族群演化下的四川阿坝藏区居住形态变迁初探 [J].西南民族大学学报（人文社科版），2009（7）：45-48.

原有的族群特色，保持一定的族群文化差异。这一取向随着西部地区旅游业的发展而日益凸显，族群特色的价值得到了深度开发。

第三节　西部地区的经济特征与增长形态

一、西部地区的产业结构特征

产业结构是影响经济增长的重要因素，合理的产业结构能够实现资源优化配置，加速经济发展。西部地区历经多年的发展，如今已经形成相对完整的产业体系，这为西部地区经济社会的进一步发展奠定了基础。总体来看，西部地区的产业结构具有以下特征。

（一）第一产业比重较大

随着工业化进程的加快，产业结构演变的普遍规律是第一产业在国民生产总值中的比重不断下降，第二、三产业比重不断上升。西部地区的产业结构正是沿着这一方向调整，但是第一产业的比重依然较大。以 2009—2011 年三年平均数据为例，西部地区第一、二、三产业所占比重分别为 16.26%、48.32%、35.16%，而同期我国第一、二、三产业的比重分别为 10.16%、46.51%、43.34%。同时，由于西部地区第一产业多以农牧业为主，农业生产率较低，因此较大的第一产业比重意味着有限的资金、土地、劳动力等生产要素被第一产业过度占用，这将对西部地区的工业化进程造成不利影响。

（二）工业发展相对落后、轻重工业比例失衡

西部地区工业化起步相对较晚，工业化基础薄弱，因而工业发展普遍滞后于全国平均水平。西部地区的工业发展以能源、原材料加工工业为主，这很大程度上要归因于西部地区丰富的能源、资源储量，但这些行业通常处于产业链的上游，附加值低，尤其是容易对西部地区脆弱的生态环境造成较大损害。然而，直接服务于当地群众生活需要的轻工业（如纺织、日用化工等产业）发展不充分，在某种程度上影响人民群众基本生活条件的改善。

（三）服务业发展水平较低、结构不合理

西部地区长期以来在教育、交通、通信等基础设施建设领域发展落后，以至于制约了第三产业的发展。相比全国平均水平，西部地区的第三产业在经济总量中所占比重偏低。同时，第三产业内部结构性问题突出，主要体现在传统服务部门占主导地位，新兴服务业（如金融保险、信息咨询、旅游观光、商务会展等行业）的发展水平较低。

（四）特色产业发展潜力较大

独特的资源、区位优势使西部地区具备了发展特色产业的基础条件，如新疆的棉花、瓜果等品质出众，云南的烟叶、香料等热带产品极具特色。新疆在2011年已拥有17个国家一类口岸和12个二类口岸，其边境贸易已占据我国对外贸易的半壁江山。此外，复杂多样的地理条件、独特的民族文化风情为西部地区提供了得天独厚的自然、人文旅游资源。从长远来看，民族产业要建立在其特色资源的基础上，发挥区位优势，加快产业结构升级，充分挖掘特色产业的发展潜力。

二、西部地区的生产要素特征

（一）西部地区的劳动力要素特征

经济发达地区对人力资源具有较强的吸引力，而经济社会发展落后的西部地区的工业化进程在很大程度上要依靠本区域内的劳动力资源。因此，劳动力要素对西部地区发展有着至关重要的作用。随着国家对西部地区教育事业投入力度的加大，西部地区的劳动力受教育程度普遍有所提高，但仍存在一些问题。

1.劳动力职业技能缺乏

随着社会分工的细化，各行业对劳动力职业技能的要求不断提高，对从事简单劳动的需求逐渐萎缩。然而，由于语言、基础教育等原因，西部地区的劳动力大多很少或几乎没有参加过职业技能培训，多数人群文化程度不高，少数甚至存在语言沟通障碍，从而很难获得报酬较高的职业岗位。

2.农村劳动力转移的盲目性与自发性

盲目性是指农村劳动力的转移多以短期的、直接的利益为目标，缺乏长期规划，工作具有不稳定性，自身利益得不到保障。自发性是指劳动力转移通常是以

亲缘、地缘、人缘关系为依托，自发地、无序地流动。近年来，政府有组织的劳务输出比重正在不断上升，这对解决西部地区的"三农"问题、提高农民收入有着重要的贡献。

3.劳动力流出规模远大于流入规模

西部地区的劳动力转移固然可以减轻劳动力过剩的负担，提高居民的收入水平，但是若大量的劳动力持续向发达地区转移，会使落后的西部地区与经济发达地区的差距拉大，削弱其自身发展经济的实力，从而对西部地区的经济社会可持续发展造成很大的负面影响。对此，政府要做好引导工作，采取各种激励措施，促进资金、技术、信息等资源的回流，实现当地劳动力资源的转型。

（二）西部地区的资本、技术要素特征

资源优势是西部地区经济发展的有利条件，但其能否转化为生产力的关键在于资源能否与资本、技术很好结合。比如，青海、宁夏的部分地区年日照时数达到 3 000 小时以上，但只有在引进光伏企业、技术条件成熟的情况下才能转化为可供生产、生活利用的太阳能。因此，资本与技术是西部地区经济发展需要重点解决的问题。1999 年，国家提出了"西部大开发"战略，但西部地区由于基础设施不完善、人才缺乏等原因，始终很难吸引外部资金的进入，而这又进一步导致了技术更新换代的滞后。因此，对于西部地区而言，要先营造良好的投资环境，探索特色资源资本转化的体制创新，改变陈旧落后的管理制度与观念，为社会资本的流入创造一个良好的平台。社会资本的投入能够很好地激发市场活力，带动技术更新，提高经济效益，进而提高西部地区整体的经济发展质量和发展速度。

三、西部地区的经济增长形势及空间差异

21 世纪以来，西部地区一直保持了较快的经济增长，各项事业不断迈上新的台阶，虽然许多领域仍然相对落后，但其经济增长态势值得期待。比如西部地区拥有丰富的石油、天然气、矿产、太阳能等资源，若能引进国内外先进技术，延长产业链条，就能极大地促进西部地区的产业升级，并且带动下游产业的发展，形成完善的工业体系，为我国的能源事业做出巨大贡献。同时，西部地区地域广阔，污染较轻，这为西部地区发展绿色农业、生态农业提供了先天的优势。随着当地投资环境的改善，必然会有更多的企业进入这一领域，实现西部地区由传统农牧业向现代农业的转变，并且这在很大程度上减轻了西部地区的生态压力。与

此同时，旅游产业毫无疑问是西部地区的重点产业，随着人们生活水平的提高，这一市场必将随之扩大。因此，西部地区要充分发挥自身自然风光、文化风情的优势，完善旅游配套服务行业，促进服务业良性发展，实现产业升级与经济结构调整。综合来看，西部地区的经济发展仍有较大的上升空间，国家在加大财政支持力度的同时，要重点扶持当地优势产业的发展，促使其走上地域化、生态化的经济发展道路。

第四节　西部地区的社会特征与发展形态

一、西部地区的法规与制度

民族区域自治是我国民族法律法规的基本原则，在这一框架下的西部地区法律制度对西部地区的社会发展起着至关重要的保障作用。2005 年，国务院颁布了《国务院实施〈中华人民共和国民族区域自治法〉若干规定》，并在此基础上先后制定了 35 件配套法规和具体办法。2008 年，全国 155 个民族自治地方出台了自治条例 134 个、单行条例 418 个、对相关法律的变通和补充规定 74 件，这意味着西部地区的法制体系初步形成❶。

西部地区法制建设的成就有目共睹，但法律体系仍面临许多亟须完善的问题。首先，备受关注的 5 个少数民族自治区的自治条例尚未依法出台，这极大地限制了民族区域自治法发挥应有的保障作用，也使实行自治的少数民族的权利在许多具体方面难以落到实处。其次，现有的法律法规重点在于政治权利的保障，对于经济建设领域的立法不够重视。提高经济发展水平是解决民族问题的根本途径，要依据西部地区的产业类型、产业发展阶段等特点加快地方立法，为西部地区实现跨越式发展提供法律制度保障。比如，基于西部地区的地缘优势与口岸优势，要加快完善与东盟、中亚、俄罗斯等国家和地区进行对外贸易和经济技术合作的地方法规，从而拓宽西部地区的经济发展空间。

西部地区由于自身历史、文化的特殊性，在经历工业化、城镇化的过程中，需要借助与其发展阶段相适应的地方性法律法规来保障社会稳定、民族团结。我国宪法和相关法律给予民族自治地方在国家相关法律的框架下进行适当变通、补

---

❶ 阿丽亚·阿地力江.浅议民族地区法制建设 [J].西藏发展论坛，2010（2）：48-50.

充的权力，因此各民族自治地方应该在不违背宪法和法律总原则的前提下，勇于创新，大胆尝试，对西部地区的法律法规进行改革、完善，使其更好地为西部地区经济发展和和谐社会建设服务。

二、西部地区的文化结构与发展形态

实践证明，文化已经成为支撑区域经济发展的重要资源，独特的民族文化在西部地区经济社会发展的过程中扮演着越来越重要的角色。因此，深入了解西部地区文化特性的形成、发展、局限性及其发展态势对探索西部地区现代化进程道路的选择有着重大意义。

独特的自然地理环境给予了民族文化生长的空间，相对封闭的区位特征使民族文化得以在较长时间内保持自己的特色、延续自己的传统，而在此基础上的民族杂居、迁移促使不同的民族文化发生碰撞、融合、共生，这便形成了西部地区多姿多彩、丰富独特的文化发展现状。从历史的角度来看，西部地区的文化始终处在一个动态发展的过程中，这便构成了西部地区的文化发展特征。

（一）具有鲜明的地域性

由于生产力水平低下，任何一个民族在其早期的发展过程中都会受到自然环境的极大影响。因此，在特定的地域环境下所形成的生活方式、习俗等文化基因会世代传承下来，这不仅提高了民族生存、发展的技能，还形成了独具特色的地域文化。比如，居住在西北草原地区的蒙古族、哈萨克族等，其长期的游牧生活催生出了高亢激昂、粗犷悠扬的草原牧歌，成为当地独具魅力的草原文化象征。

（二）封闭性和开放性并存

地处偏远、信息阻隔的地理环境是西部地区与外界进行经济、文化交流的巨大障碍，这在给予民族文化独立发展空间的同时，导致民族文化在长期的发展过程中自我繁衍、自我封闭。我国城市化进程发展迅速，这一变革极有可能会对民族文化传统造成冲击，存在着引发深层次矛盾的风险。然而，对于多民族杂居的地区而言，不同民族之间必然会发生姻亲、贸易、政治交往等有形和无形的交流，这些不同形式的社会活动为民族文化打开了通向外界的窗口，也促使民族文化主动或被动地接纳、吸收外来文化，从而成为一个开放性的文化系统，在社会发展的过程中不断演化。

第五节　西部地区的生态特征与可持续形态

一、西部地区的人地关系形态

土地是财富之母,人地关系在相当长的历史时期内影响着经济技术的发展、社会的变革,尤其是生存条件恶劣的西部地区。城镇化并没有一成不变的模式,西部地区的城镇化道路选择必须建立在对土地资源合理开发与利用的基础之上,因此深入了解西部地区的人地关系现状就显得非常有必要。

(一)生存条件较为恶劣

在传统历史条件下,西部地区大多地处偏远、深居内陆、自然灾害频繁,缺乏发展农业所需的水、地资源,只能以较为落后的畜牧、捕猎等方式生存,生存空间相对狭小。比如,我国西部地区虽然地广人稀,但是大部分地区属于戈壁、荒漠,仅有的可以进行农业生产的小部分地区还大多存在肥力不足、盐碱化程度过高、水资源严重缺乏等问题,这些问题最终导致当地农业生产长期落后,人民生活条件较为贫困。

(二)后备土地资源丰富

可利用空间的狭小给西部地区的经济发展造成了极大的限制,但随着科技的进步和人们观念的改变,西部地区的可利用土地范围逐渐扩大,土地利用效率也得到提高。比如,干旱农业的发展使许多之前难以利用的土地变成了高产的农田;基础设施建设促使许多偏远地区的土地也可以投入利用,并带动了当地经济发展。值得注意的是,后备土地资源开发需要谨慎对待可能产生的环境问题,要着眼于长远利益,在科学规划的基础上合理开发。

(三)土地利用方式不合理

在国家的政策支持下,西部地区的许多未利用土地得到了开发利用,这在促进了西部地区经济发展的同时,带来了一些负面影响。西部地区的生态环境比较脆弱,大部分地区的土地产出较低、载荷重,而且缺乏科学合理的规划指导和制度约束，以至于生态环境遭到一定的破坏。另外由于过分强调粮食生产，许多宜林地和宜牧地也都被开垦成耕地。这种单一的土地利用方式无法发挥西部地区的资源优势，同时耕地的产出率受自然条件限制难以提高，最终使土地资源配置处于低效率，加剧了人地矛盾。

二、西部地区的生态环境特征

生态环境问题一直是社会关注的重点，这一点在西部地区显得尤为重要。这不仅是由于西部地区的生态环境较为敏感，更重要的是西部地区是维护我国生态环境安全的生态屏障，其已成为中国的主要生态环境问题的发生地或根源地[1]。基于上述原因，我们需要充分了解西部地区生态环境问题的表现和成因。

（一）西部地区生态环境问题的表现

长期以来，由于自然因素和人为因素综合作用的结果，西部地区生态环境演化剧烈，由此而引发了一系列的环境问题：一是林草植被破坏严重，由此导致大范围的水土流失，而水土流失又进一步使生态系统处于恶性循环状态；二是乱垦滥挖、过度畜牧等导致草原退化；三是森林植被锐减，森林生态系统失衡，生物多样性遭到破坏。其中，水土流失已经成为全国性的生态环境问题。首先，江河源头水量减少，造成下游广大流域所需水资源严重不足；其次，沙尘暴肆虐；最后，各种生态环境问题引发的灾害性气候，对全国的影响日益增大[2]。

（二）西部地区生态环境问题的成因

首先，我国的西部地区大部分属于高原、丘陵、山间盆地和沙漠、戈壁滩等，气候条件恶劣，自然灾害频发，这些区域本身就是典型的自然生态环境极其脆弱的区域。其次，人为因素的破坏是我国西部地区环境问题的根本原因，这要归因于我国传统的发展战略下环境保护意识的缺失。中华人民共和国成立初期，农业上以粮为纲，导致盲目毁林开荒、围湖造田；工业上以钢为纲，导致小工厂、小高炉遍地开花。此外，人口的持续不断增长加大了生态环境的承载压力。改革开放初期，经济体制的转型促使人们过分强调经济增长的重要性，忽视了环境破坏

---

[1] 张金鹏.社会学视野下的民族地区生态环境研究[J].云南民族大学学报（哲学社会科学版），2007，24（3）：5-9.

[2] 同上。

可能造成的危害。同时，国家向东部倾斜的发展战略客观上形成了西部对东部的依附性发展，从而使西部形成了以资源开发为主的产业体系。这些产业的发展使西部某些地区污染加重，生态环境进一步恶化。

三、西部地区可持续发展路径探讨

过去恶化的生态环境不仅限制了西部地区经济的可持续发展，还影响到我国全面落实科学发展观、建设和谐社会的进程。西部地区生态环境问题的本质是经济发展方式的问题。因此，走可持续发展的道路是解决西部地区生态环境问题的根本措施，也是西部地区实现跨越式发展的必然选择。

首先，我国众多的少数民族在长期的改造自然过程中都形成了传统的保护生态环境、珍惜野生动物、遵循自然规律等生态伦理观念。例如，每年的正月初一至十五，所有的藏族人民都要种树，因为老人会和晚辈说，种一棵树，可以延长5年寿命；反之，损一棵树，就要折寿5年。生孩子时请喇嘛取名、人生病时请喇嘛祛病，喇嘛都会让你去种树。正因为藏族人民的这种生态保护意识和生态保护行为，云南香格里拉和德钦的大面积森林植被才得以保存下来，也才使迪庆藏族自治州至今仍是云南省生态环境保护得最好的地区之一❶。这些根植于少数民族群众中的对大自然的敬畏与崇拜的文化传统体现着现代生态文明的理念，其中的古老智慧若能与科学技术相结合，就能成为推动西部地区走可持续发展道路的关键。

其次，经济发展的压力一直是造成西部地区生态环境破坏的重要因素，这种不可持续的经济增长方式对西部地区的长远利益损害极大。转变经济发展方式不仅是生态环境保护的被迫选择，还是西部地区提高经济发展质量、实现包容性增长的最优选择。西部地区拥有独特的区位、资源优势，随着人们对生活质量要求的提高，旅游业、绿色食品产业、新能源产业、文化创意产业等均具有较大的发展潜力。优质的、永续的生态环境资源是上述特色产业发展的前提条件，在这种情况下，经济发展的承载不仅不会给生态环境造成压力，反而能够成为保护生态环境的重要力量。同时，生态环境质量的提高反过来又能为这些产业提供推动作用，从而形成了经济发展与生态环境保护的良性循环。

最后，走可持续发展道路不是仅指生态环境的保护，而是指生态、社会、经济等区域整体的良性发展。因此，要从各个方面着手，提高西部地区的可持续发展能力。比如，创新资源开发利用机制，提高资源利用率；控制人口规模，提高

---

❶ 郭家骥.云南少数民族的生态文化与可持续发展 [J].云南社会科学，2001（4）：51-56.

人口素质；建立生态补偿机制，采取工程技术措施治理生态退化；加强公众参与，充分调动社会各界的积极性等。

第六节　西部地区特色城镇化：全球化下的变革

城镇化是农村人口和各种生产要素不断向城镇集聚而形成的经济结构、生产方式、生活方式以及社会观念等向城镇演变的过程。城镇化水平是衡量一个国家或地区发展水平的重要标志，城镇化的发展也将成为未来一段时间内中国经济增长的动力。我国西部地区城镇化发展的滞后，已经成为制约西部地区经济社会发展的主要瓶颈。

一、西部地区城镇化发展现状

城镇化发展水平不仅体现在城镇人口占总人口的比例，还体现在城镇体系是否合理、城镇吸纳劳动力等生产要素的能力、城镇规模等诸多方面。因此，西部地区的城镇化发展不能只追求城镇化率的提高，还应该正视发展中存在的问题。

（一）城镇数量少，无法形成体系

城镇体系通常是指在一个区域内有大中型城市、小型城市、建制镇与集镇所形成的系统，呈"金字塔"状结构。西部地区由于自然条件限制，难以形成大中型城市，现有的小型城市、建制镇的要素聚集和辐射能力普遍较弱，难以有效带动腹地经济发展。另外，城镇体系内部需要形成合理的分工协作关系。然而，西部地区的城镇多以内向型自我服务职能为主，相互间联系不紧密。县域中心城区大多以行政管理型、农业服务型职能为主，经济集聚和扩散作用不强。

（二）城镇建设盲目无度

由于管理理念的落后，西部地区的城镇建设往往缺乏长远、合理、统一的规划，低水平重复建设严重，城镇内部土地利用结构不合理，基础设施建设、管理服务比较滞后。与此同时，城镇规模呈现无序扩张，使本已稀缺的农业、牧业用地大量被侵占，这不仅造成很多地区水土流失、草原退化等生态问题，还极易引发各民族群众之间的利益冲突，影响民族团结。

（三）城镇居民的思想观念、生活方式依然落后

城镇化发展的最终目的是为了满足人的需要，"人"的城镇化不仅是指户籍的转变，更重要的是人的思想观念、生活方式的转变。西部地区由于经历现代化的时间较短以及传统思想观念所具有的封闭性、交流的障碍性等因素的影响，城镇居民的生产生活方式和思维习惯依然保留着许多落后的、过时的方面。

二、西部地区城镇化发展的困境

2011 年，中国的城镇化率超过 50%，城镇人口首次超过农村人口，这标志着我国的城镇化发展进入新的阶段。党的十八大报告指出，在现实工作中要强调"新型工业化和城镇化协同，工业化和信息化协同""推动信息化和工业化深度融合、工业化和城镇化良性互动、城镇化和农业现代化相互协调，促进工业化、信息化、城镇化、农业现代化同步发展"。党的十九大报告也指出推动新型工业化、信息化、城镇化、农业现代化同步发展。由此可见，城镇化已经上升成为全面建成小康社会的载体之一，也已经成为转变经济发展方式的重点工作。对于西部地区而言，分散的人口聚居地迫使教育、医疗、交通等有限资源分散投入，无法形成规模优势，社会各项事业发展受到阻碍。这一指导思想的提出，为西部地区的城镇化进程提供了大好的发展机遇，城镇化的发展必将带动西部地区经济社会的全面发展。

城镇化的推进是一个巨大的系统工作，需要"硬件"和"软件"协调发展、齐头并进。"硬件"的缺陷可以改变、可以转化，而"软件"的落后则是西部地区实现城镇化所面临的严峻挑战。社会思想、文化习俗等非正式制度对西部地区的影响较大，许多群众甚至政府部门的市场意识、竞争意识不强，这正是西部地区体制机制创新滞后的根本原因。体制僵化压制着经济发展的活力，造成西部地区投资渠道狭窄、招商引资困难、人才流失严重等一系列问题。值得注意的是，城镇化的发展必然对人们的传统思想观念造成一定的冲击，迫使人们接受现代化的思维、生活方式。然而，民族文化传统是民族发展的灵魂，无视民族特色的城镇化最终将走向衰落。因此，把握两者之间的平衡至关重要，既要认识到传统习俗、宗教仪式的价值，又不能瞻前顾后，坐失发展良机。

三、西部地区城镇化的特色之路

城镇化的发展从来没有一成不变的模式，对于西部地区而言尤其如此。"靠

山吃山，靠水吃水"这一传统生存智慧对西部地区的城镇化发展同样适用。西部地区地域辽阔，自然条件、经济发展水平、发展优势、主导产业都不尽相同，因此只有从地区特色出发，发挥比较优势，才能走出一条具有西部地区特色的城镇化之路。

（一）特色产业带动城镇化发展

城镇化建设必须依靠主导产业的支撑，否则就会缺乏发展的动力。以大规模的工业建设来带动城镇化的模式在西部地区并不适用，在地方特色的基础上发展起来的优势产业才能为城镇化提供持续不断的驱动力。例如，以历史文化、民族风情为特色的地区，要大力发展旅游服务、影视文化等产业，以此带动当地传统服务业的升级、公共服务质量的提高与城镇土地的集约利用等。

（二）建设中小型特色城镇

西部地区复杂的自然地理特征限制了城区建设大规模发展的空间，并且恶劣的交通条件提高了人口流动的成本，因此中小型城镇是西部地区城镇化的最优选择。同时，只有以具有地方特色的中小型城镇为依托，特色产业的发展才可能落到实处。小城镇不仅可以成为连接农村与大城市之间的纽带，还可以选择灵活的发展道路，以特色手工业、边境贸易等各自的特点打造"小而特"的城镇，走差别化的竞争战略，使其成为小区域内的经济、信息、教育中心，发挥城镇的增长极作用。

（三）区域性的城镇发展规划

西部地区城镇的分布通常是由历史原因形成的，这与如今的行政区划并不完全一致。因此，针对自然地理条件相同、经济发展水平相近、民族文化相通的西部地区，要能够打破行政区划的壁垒，充分依托交通设施、自然风光等共有资源进行区域发展规划。小到跨县区的旅游景点开发，大到跨省交界地区的城镇体系规划，都要在遵循自然、经济规律的基础上，平衡各方的利益诉求，打造具有集聚和扩散优势的增长极，进而带动区域内城镇的整体发展。

党的十八大以来，习近平总书记多次到西部地区视察调研，深入基层边疆一线，发表系列重要讲话，为新时代西部大开发指明了方向，提供了基本遵循。党的十九大明确提出，强化举措推进西部大开发形成新格局。针对国内外环境的新变化，在系统总结西部大开发战略实施经验基础上，制定实施新时代推进西部大开发形成新格局的政策性文件，对于推动西部地区高质量发展、决胜全面建成小康社会、开启全面建设社会主义现代化国家新征程具有重要意义。2020 年 5 月 17 日，《中共中央 国务院关于新时代推进西部大开发形成新格局的指导意见》（以下简称《意见》）发布。《意见》提出了三十六项举措，包括强化西部基础设施规划建设，加快重大工程规划建设；继续加大西电东送等跨省区重点输电通道建设，提升清洁电力输送能力；完善北部湾港口建设，打造具有国际竞争力的港口群；提高西部地区直接融资比例，西部贫困地区企业 IPO 适用绿色通道政策；将在西部地区建设一批石油天然气生产基地等。

第二章　元素：西部地区特色城镇化的有机构成

城镇化的实现过程伴随着人们的生产和生活方式的转化，推动一个地区的经济、科技、文化、教育等事业的发展。西部地区在自然、历史、社会经济等条件的作用下，在其建设功能齐全、产业支撑、优势尽显、环境优美的城镇化发展过程中，其民族文化环境和生态环境体现了一定的特殊性，其基础设施水平、基本公共服务水平和特色产业发展也有着自身的特色。

第一节　基础设施元素

一个国家的基础设施越发达，其经济运行越顺畅、越有效，人们生活越便利，生活质量越高。直接性生产的基础设施包括电力、电信邮电设施，自来水、煤气、卫生、排污设施，公路、大坝、铁路、港口及机场等。社会性的基础设施包括教育、文化、社会福利、研究机构等❶。

我国少数民族主要分布在内蒙古、广西、西藏、宁夏、新疆、云南、青海、贵州、甘肃等西部地区。这些地区拥有丰富的自然资源，但基础设施建设与东部、中部地区相比相对落后，这已成为提高西部地区经济竞争力的短板，明显制约了西部地区经济社会的发展。

一、交通运输设施

西部地区的交通设施总量和规模在"十二五"时期较以前有了大幅提高，运输能力和质量也得到快速发展，对西部地区经济发展的支撑作用明显增强。

---

❶ 唐毅.基础设施投资与民族地区经济发展研究——以恩施州为例 [D].武汉：中南民族大学，2009.

西部地区铁路营业里程、公路里程、内河航道里程从2005年到2011年分别增长了264%、342%和465%。全年铁路货运量、公路货运量分别由2005年的3.42亿吨和17.18亿吨增加到2011年的60.85亿吨和438.44亿吨。铁路客运量、公路客运量分别由2005年的0.76亿人和18.46亿人增加到2011年的29.82亿人和529.65亿人。

表2-1　2011年各地区运输线路长度

单位：千米

地区	铁路营业里程	内河航道里程	公路里程						高速路比例/%	等外路比例/%
			总计	等级路				等外路		
				合计	高速	一级	二级			
内蒙古	9 161.9	2 403	160 995	147 946	2 874	3 710	13 689	13 049	1.79	8.11
广西	3 194.2	5 433	104 889	87 296	2 754	944	9 132	17 592	2.63	16.77
贵州	2 070	3 442	157 820	79 643	2 022	164	3 831	78 177	1.28	49.54
云南	2 491.3	3 158	214 524	165 843	2 746	842	9 553	48 681	1.28	22.69
西藏	531.5	—	63 108	38 911	—	—	956	24 298	0.00	38.50
甘肃	2 441.5	914	123 696	91 692	2 343	170	5 856	32 003	1.89	25.87
青海	1 857.6	421	64 280	49 971	1 133	312	5 289	14 309	1.76	22.26
宁夏	1 266.5	130	24 506	23 875	1 306	696	2 567	631	5.33	2.57
新疆	4 319.7	—	155 150	104 336	1 459	1 433	11 099	50 814	0.94	32.75
小计	27 334.2	15 901	1 068 968	789 513	16 637	8 271	61 972	279 554	1.56	26.15
西部地区合计	63 986	79 617	2 749 478	2 246 424	51 387	40 698	190 385	513 163	1.86	18.66
全国	93 250	124 612	4 106 387	3 453 590	84 946	68 119	320 536	652 796	2.07	15.90

资料来源：《中国统计年鉴2012》。

由表2-1可知，2011年西部地区的铁路、航道、公路里程均较低，至2011年底，西藏还没有高速公路和一级公路，等级外公路比例为38.50%。西部地区的高速公路的比例偏小，绝大部分省市高速路比例低于全国平均水平。而西部地区等外路的比例偏高，其等外路的比例大大高于全国平均水平。

2011年，全国公路综合密度为4 277.49千米/万平方千米，铁路密度为97.14千米/万平方千米，与全国平均水平相比，内蒙古、西藏、甘肃、青海、新疆均较低，特别是西藏、青海和新疆铁路密度分别只达到 4.36 千米 / 万平方千米、25.8 千米 / 万平方千米和 27 千米 / 万平方千米。直到 2006 年 7 月 1 日，起自青海省西宁市，终抵西藏自治区拉萨市的青藏铁路才全线通车。2017 年 7 月 9 日，宝兰高铁（陕西宝鸡至甘肃兰州）开通运营，这标志着西北地区全面融入全国高铁网。1978 年，兰州局集团公司国有铁路及代维管合资铁路营业里程为 2419.9 公里，主要有陇海线、兰新线、包兰线、兰青线、干武线。截至 2017 年末，时隔 40 年，营业里程为 5377.8 公里，增加了 122.2%，等于再造了一个兰州局。

截止"十二五"末，甘肃省新增高速公路已达 1 607 公里，总里程约 3 600 公里。青海省高速化公路骨架基本形成。宁夏回族自治区通车里程将达到 3.32 万公里。陕西省全省公路通车总里程达到新高。新疆完成连接地州市及兵团师部的公路高速化建设，使国道二级及以上比重由 50% 提到 70%❶贵州省从中华人民共和国成立初期全省公路 1 950 公里的通车里程到今年底突破 20 万公里；从 2001 年第一条高速公路建成通车，到 2015 年在西部地区率先实现县县通高速公路；从 2009 年高速公路里程突破 1 000 公里到 2019 年突破 7 000 公里，贵州省高速公路总里程跃升至全国第四位、西部第二位，综合密度保持全国第一。西藏公路通车里程从 1978 年的 15 852 公里增长到 2018 年的 89 343 公里。

拉萨至林芝、泽当至贡嘎机场等高等级公路建成通车，一级及以上公路通车里程达到 660 公里，进出藏大通道高等级化步伐加快迈进。国省道里程由 11 955 公里增加到 28 922 公里，原有国省道黑色化改造基本完成，新增国省道黑色化改建正在推进。西藏自治区聚焦农牧区脱贫攻坚，加紧实施农村公路项目，农村公路里程达到 60 421 公里，通达深度、通畅水平全面提升，西藏自治区县城除墨脱外均通柏油路，乡镇通达率、通畅率分别达到 99.71%、77.62%，建制村通达率、通畅率分别达到 99.52%、38.11%。

二、邮电通信设施

现今是一个信息化时代，以信息化带动工业化。改革开放初期，我国经济发展落后的主要原因之一就是信息闭塞。因此，邮电通信的发展就成为西部地区重点发展的对象。以西藏为例，2016 年最终实现西藏所有乡镇及以上城区 100% 全光

---

❶ 崔杨，曾俊伟，钱勇生，等. 基于复杂网络的西部地区公路网可靠性研究. 公路工程. 2018（3）：46-51.

网覆盖，成功构建"20M普及，百兆到户，千兆到楼"的全光网城市，阔步迈入全球领先的"全光网时代"，为"宽带中国"国家战略和"互联网+"国家行动计划在西藏落地奠定了坚实基础。经济发达地区、沿海地区和中心城市的资源较为丰富，而资源较为匮乏的西部地区邮电通信服务任务繁重，生产运行成本高。比如，2011年，西藏邮路总长度2.51万千米，电话普及率78.72部／百人，大大低于全国平均水平。一方面，西部地区地广人稀，交通不便，游牧人口比重较大，使服务任务加重，服务成本提高；另一方面，西部地区的路况较差，加大了邮政车辆和其他邮电通信设施的损耗，使邮政通信设施的维护成本很高，加大了邮政通信的生产运行成本。

三、能源类基础设施

中东部地区具有良好的能源资源禀赋条件，煤炭资源和水资源的储备都较为丰富，相对而言西部地区能源发展较落后，但是自2000年开始实施"西部大开发"战略，5年的时间里西部地区的能源类基础设施条件大为改善，5年累计安排投资71亿元。西部地区的电力、煤炭、石油、天然气等能源类产业发展较快，在全国市场上占有越来越重要的位置。西气东输工程于2004年12月30日实现全线商业供气。西部地区电力消耗量不断增长，尤其是2004年的增幅达到了16.9%，电力消耗量由2000年的2 975.2亿千瓦小时增加到2005年的5 337.85亿千瓦小时，在2011年达到11 623.19亿千瓦小时。

以西藏民族自治区为例，解放前的西藏能源严重匮乏，仅有的一座125千瓦的小型水电站只供布达拉宫和少数贵族家庭使用，而生活在西藏的广大农奴只能靠酥油灯照明。和平解放以来，西藏电力发展迅速，以水电为主，地热、风能、太阳能等多能互补的新型能源体系全面建成。2010年，西藏电力装机总容量达到97.4万千瓦，全区用电人口近238万人，用电人口覆盖率达到82%以上；2011年6月，青藏交直流联网工程全线开始放线，并于同年年底投运，这从根本上解决了西藏缺电问题。

四、教育基础设施

西部大开发实施以来，中央和地方政府制定了一系列教育的发展规划和政策，为西部大开发的进一步深入发展提供了一定的人力资源基础。但东西部的差距依然存在，教育发展中还存在着一系列亟待解决的矛盾和问题，主要体现在：西部地区普通高中的整体资源不足，入学率不高，西部地区的普通高校相对中东部地区而言较少；高等教育发展水平低于其他省市，高等学校数为全国的 13.9%，且在校生和师资均低于这一水平，2011 年贵州、青海、西藏、新疆每十万人口高等学校平均在校生分别为 1 253.668 人、1 082.149 人、1 446.213 人、1 521.405 人，低于全国平均水平 2 252.641 人；西部地区教育经费投入不足，国家财政性教育经费 7 702.7 亿元，西部地区占 43.2%，社会捐赠经费 55.5 亿元，西部地区占 43%，教育投入的不足导致相应的教育配套设施不完善。

五、卫生设施和社会福利设施

西部地区卫生事业稳步发展，卫生设施日趋完善。以 2018 年 9 月底，西藏医疗卫生机构数为例，西藏有医院 154 个，基层医疗卫生机构 6540 个，专业公共卫生机构 144 个，基地机构 2 个。

改革开放以来，社会福利事业进一步发展。2011 年底，西部地区社会福利企业 9 289 个，有残疾职工 25.4 万人，民政部门城市医疗救助 526.9 万人次，农村医疗救助 1 116.8 万人次，社区服务机构 91 408 个，占全国的 57%，便民、利民服务网点 250 880 个，社区服务结构覆盖率到达 21%。社会救济工作有序开展，2011 年城市居民最低生活保障 1 594.5 万人，占西部地区城镇人口的 4%，农村居民最低生活保障 3 738.7 万人，占西部地区农村人口的 9%，农村传统救济 49.1 万人。

第二节　基本公共服务元素

公共服务是指由政府作为责任主体为社会成员生存与发展提供的基本公共产品和公共服务，主要包括义务教育、医疗卫生、社会保障、就业收入、居住条件、生存环境、公共基础设施等涉及城乡居民切身利益的服务领域[1]。

一般认为，义务教育、公共卫生、基础科学研究、公益性文化事业和社会救济属于基本公共服务范围[2]。基于发展阶段、需求层次、外部性范围和数据获取等方面的综合考虑，本书所指公共服务支出包括教育事业费、文体广播事业费、社

---

[1] 张瑾燕，德央，商景博.加快推进民族地区城乡公共服务一体化[J].大连民族学院学报，2011，13（2）:129-134.

[2] 安体富，任强.公共服务均等化：理论、问题与对策[J].第一资源，2009（2）:28-41.

会保障费和医疗卫生经费之和。

2011 年，全国财政支出 109 247.79 亿元，我国 31 个省市区地方财政支出为 92 733.68 亿元，平均为 2 991.41 亿元，但各地区分布不均衡，差别较大。民族 20 省区地方财政支出为 54 974.22 亿元，占全国的 50.3%，但是宁夏、西藏、青海财政支出不足 1 000 亿元。

与中东部地区相比，大部分西部地区的公共服务供给不足。2011 年，西部地区公共服务占财政支出比重为 36.04%，其中教育、文体广播、社会保障和医疗卫生所占比重分别为 15.15%、1.77%、12.08% 和 7.05%。

人均基本公共服务支出反映了地方财政的实际支出水平。2011 年，西部地区基本公共服务人均为 2 519.25 元，为全国水平的 94.5%，其中人均教育事业费、人均文体广播事业费、人均社会保障费和人均医疗卫生费分别为 1 092.99 元、125.91 元、825.87 元和 474.48 元，除了人均社会保障费高于全国平均水平，其他的均低于全国平均水平，但都接近全国平均水平。由于国家近年来加大对西部地区的投入，且西部地区地域广、人口少，因此西部省市人均基本公共服务支出大部分高于全国水平。

中央政府对西部地区在基础教育、基本医疗、社会保障、文体广播等方面的支持力度不断加大，财政拨款和优惠政策不断增加，西部地区的基本公共服务水平有了大幅提升，与中东部地区的差距逐渐缩小 ❶。

以西藏民族自治区为例，其公共服务的发展成就如下。

（一）教育事业

西藏农牧民子女自 1985 年起接受免费义务教育，对西藏城镇困难家庭子女还实行"三包"政策以及同等标准的助学金制度和财政补助政策。"三包"政策的范围不断扩大、标准不断提高，到 2011 年秋季学期，已经涵盖了从学前到高中阶段教育所有农牧民子女和城镇困难家庭子女 ❷。

在包括"两基"攻坚计划的一系列政策支持下，截至 2011 年 9 月 29 日，西藏自治区学前教育、小学、初中和高中的毛入学（园）率分别为 35%、99.4%、98.5% 和 63.4%，各级各类在校生达 57 万多人，人均受教育年限达到 7.9 年，九年义务教育基本普及；该区累计脱盲人口近 180 万人，青壮年文盲基本扫除，青壮年

❶ 阙芳菲 . 西部民族地区基本公共服务均等化问题研究 [D]. 长沙：湖南大学，2011.
❷ 唐放 . 西藏全面实现 15 年免费教育：对农牧民子女入学实行"三包"[J]. 农村百事通，2012（21）:10.

文盲率不足 1%●。

（二）文化事业

2011 年，西藏计划安排文化事业发展资金 1.883 4 亿元，比上年增加 8 524 万元，增长 83%。"十一五"以来，西藏自治区通过实施非物质文化遗产保护、乡镇文化设施建设、文化信息资源共享等一系列惠民工程，让所有的农牧民享受到公共文化服务。在综合文化活动中心覆盖至县、文化设施网络覆盖至村的目标指引下，截至 2010 年，西藏自治区拥有 62 个乡村卫星三级站和 13 部流动舞台车，已建成的县级综合文化活动中心、乡镇综合文化站、群众艺术馆、图书馆和村文化室分别为 74 座、149 个、6 座、4 座和 300 余个，丰富了西藏少数民族的文化生活。

（三）医疗卫生事业

西藏卫生事业是在封建农奴制度的废墟上，逐步创立和发展起来的。党的十六大以来，西藏卫生事业发展迅速。截至 2011 年，西藏自治区基本形成了以拉萨为中心、辐射全区城乡的医疗卫生服务体系：全区乡村医生和卫生医护人员分别由 2002 年的 2 758 名和 9 946 名增加至 5 323 名和 12 995 名，增幅高达 93% 和 30.66%；全区农牧民年人均医疗补助标准为 300 元，是 2002 年的 10 倍；各级各类卫生医疗机构达到 1 380 个，病床数达到 8 838 张，与 2002 年相比增幅为 45.19%；随着医疗卫生水平的不断提高，全区孕产妇和婴幼儿死亡率也由 2002 年的 29.28‰降至 22.7‰。

（四）社会保障事业

2011 年，全区城镇企业基本养老保险人数为 11.2 万人，其中，参保企业在职职工 8 万人，离退休人员 3.2 万人。

全区基本医疗保险参保人数为 43.6 万人，其中，城镇职工参保人数为 24.9 万人，城镇居民参保人数为 18.7 万人。在职工基本医疗保险参保人数中，参保职工 18.3 万人，参保退休人员 6.6 万人。

全区失业保险参保人数为 9.6 万人。2011 年末参加工伤保险人数 11.8 万人。参加生育保险人数为 16.1 万人，共有 0.3 万人次享受了生育保险待遇。参加新型农村社会养老保险试点人数 119.1 万人，其中达到领取待遇年龄参保人数 20.1 万人。

● 米玛．强大助力促跨越 [N]．西藏日报（汉），2012-11-02（1）．

第三节 特色产业支撑元素

西部地区特色城镇化需要选择重点产业，实现集约化生产❶。发展城镇化的最终目标是要增强城镇的综合实力，健全完善城镇的功能，提高城镇吸纳农村富裕劳动力的能力，实现这一目标的根本就是要有产业的支撑❷。同时，城镇化的发展也有利于推动特色产业的发展，为其提供强有力的外部环境保障，西部地区应依靠其独特的资源禀赋，看到自己的优势、特点，集中精力做好优势产业，发展特色产业推动其城镇化发展。

一、特色产业的选择路径

我国地域广阔，资源分布不均衡，在西部地区特色产业的发展过程中，应结合当地实际和市场需求，选择适合本地区的特色产业，主要有四种方式：一是依靠本地资源优势，精选特色，如内蒙古的奶制品产业、云南的烟草产业、顺德市的家电产业、义乌的小商品产业、清真饮食产业和桂林旅游等；二是引进资源要素，组合创造特色；三是利用人文历史资源，创造特色，如各种民族特色手工艺品、特色小吃、特色农产品等；四是充分利用区位、机遇，构建地区特色，如石狮、义乌、瑞丽、普洱等地创建的小商品市场、边贸市场、茶叶市场等❸。

二、西部地区主要特色产业

（一）文化产业

西部地区的文化产业别具特色。少数民族的音乐、舞蹈、曲艺及影视作品，如云南原生态歌舞《云南映象》、广西大型山水实景歌舞《印象刘三姐》、西藏歌舞乐《藏迷》、蒙古族曲艺音诗《草原传奇》、大型草原实景歌舞《天骄成吉思汗》

---

❶ 王丽铭，王丽均. 以特色畜牧业产业化牵引民族地区建构和谐社会——以四川阿坝藏族羌族自治州牦牛产业为例 [J]. 西华大学学报（哲学社会科学版），2007，26（2）:34-36.

❷ 李美荣. 基于特色产业发展的西北民族地区城镇化研究——以新疆维吾尔自治区为例 [C]// 金炳镐，第四届全国民族理论研究生学术研讨会论文集，2009：240-244.

❸ 袁凯. 宁夏回族自治区特色经济发展研究——以特色农业为例 [D]. 武汉：中南民族大学，2009.

等，将民族原生态元素与现代歌舞艺术融合，既体现了浓郁的少数民族风情，又具有优良的艺术品质，在赢得市场认可的同时获得了丰厚的经济回报❶。

（二）工艺美术业

西部地区的特色手工艺品造型优美，制作精良，极具民族特色，深受国内外游客喜爱。例如，藏族工艺品藏刀、唐卡、地毯、挂毯、卡垫、珠宝玉器、佛像、石刻经板、转经筒、木碗等，唐卡以其独具特色的绘画艺术形式及绘制工艺，记载着西藏的文明与历史。壮族以棉纱和丝绒为原料编制的壮锦具有很高的观赏价值，既色彩鲜丽，又经久耐用。苗银由苗族地区手工制作，图案精美，富有寓意，有头饰、胸颈饰、手饰、衣饰、背饰、腰坠和脚饰等。傣家竹编品种类繁多，造型古朴，美观实用，是上好的工艺品，内施朱，外漆金，并压印出孔雀羽纹饰，镶嵌上五彩的琉璃图案。

（三）饮食产业

西部地区由于生活习惯的不同，各个地区都有其特色的饮食习惯，且其食品受各个民族的喜爱，可以结合当地的特色饮食，结合旅游业，发展本地区的饮食业。例如，我国的清真饮食，不仅满足了民族饮食需要，还为众多旅游爱好者提供了多种文化体验：甘宁一带的蒸羊羔肉和烩羊杂碎、陕西的羊肉泡馍、兰州的牛肉拉面、回族的盖碗茶，口味多样且各具特色，构成了具有穆斯林特色的饮食文化❷。

（四）特色农牧业

西部地区应以市场为导向，以特色资源为基础，大力发展特色种植业、特色林果园艺业、养殖业等具有竞争力的特色产业，加快实施特色农业发展战略，全面树立"名、优、特、新、野、珍、稀"意识。

宁夏依托地域资源优势发展精品农业品牌，枸杞、清真牛羊肉、奶牛、马铃薯、果菜、淡水鱼、葡萄、红枣等特色产品都已名满海内。

---

❶ 王雅荣，张璞 . 少数民族地区文化产业特色推进发展 [J]. 技术经济与管理研究，2011（9）：106–109.

❷ 罗小芳，丁士仁 . 清真饮食文化的深刻内涵及其社会功能探析 [J]. 西北民族大学学报（哲学社会科学版），2011（4）:93–97.

西藏的绿色农牧产品,如阿里地区的"金哈达"羊绒制品、那曲县的"羌牛"牌乳制品、拉萨市的"圣鹿"食用油、南木林县的"艾玛"牌土豆、曲水县的"绿宝"牌芜根酱菜等,同时藏区的牦牛肉以其高蛋白、低脂肪、无污染而享誉世界,制成品有肉干、肉松、卤牛肉等。

内蒙古作为我国最大的畜牧业生产基地,通过引进国内外优良畜种对当地牲畜进行改良,培养出了三河牛、草原红牛、科尔沁牛、三河马、乌珠穆沁肥尾羊、鄂尔多斯细毛羊、内蒙古白绒山羊、乌兰哈达猪等优良畜种。

(五)旅游业

少数西部地区不仅具有良好的自然生态环境,还拥有特色民族文化风情,其民族特色旅游产品和旅游市场拥有很大潜力。例如,广西秀丽的喀斯特岩溶景观和壮族文化古迹、云南优美的自然环境和多民族文化融合的民族风情、内蒙古辽阔的草原风光和蒙古族特色风貌都引来国内外众多游客的青睐。2011年,广西、云南和内蒙古的旅游人数分别为1.76亿人次、1.67亿人次和5 329.52万人次,旅游总收入分别达到1 264亿元、1 300.3亿元和889.55亿元。

第四节　民族文化适应元素

民族文化是一个民族创造的物质文明和精神文明的总和,也是一个民族的生活样式。它既有以上层建筑形式外显的族群制度、规范,又有沉淀在族群集体无意识中的内化的认知模式、情感模式及审美模式 ❶。

一、民族文化资源概况

(一)建筑文化

少数民族传统建筑形式多样,富于变化,内容丰富。比如,土家族民居建筑多依山而建,且多在山脚,房屋呈带状一字排开;羌族建筑以碉楼、石砌房、索桥、栈道和水利筑堰等最出名;侗族寨鼓楼;纳西民居大多为土木结构,比较常

---

❶ 黄守斌,韦磐石,张军,等.城镇化与民族文化的传承——基于黔西南布依族传统文化的田野调查与美学思考 [J].兴义民族师范学院学报,2011(3):33-37.

见的形式有三坊一照壁、四合五天井、前后院、一进两院等几种形式；苗族有吊脚楼、落地式房屋等根据地形而建的房屋；蒙古族的蒙古包；壮族传统民居多为"干栏式"建筑，有的建成望楼、排楼或晒台等；傣族村寨都建在平坝中近水之处，村寨翠竹环绕。

（二）饮食文化

中国的饮食文化源远流长，其中，少数民族的饮食风俗占有重要的地位，最有代表性的有蒙古族、回族、藏族、维吾尔族等的饮食。马奶酒、手扒肉、烤羊肉是蒙古族人日常生活最喜欢的食品和待客佳肴；回族的典型食品主要有清真万盛马糕点、羊筋菜、金凤扒鸡、翁子汤圆和绿豆皮等；藏族，以青稞等制作的糌粑、酥油、青稞酒是藏族农牧民的主要食品；维吾尔族人以面食为日常生活的主要食物，喜食肉类、乳类，蔬菜吃得较少，夏季多拌食瓜果。

（三）服饰文化

中国少数民族服饰绚丽多彩，精美绝伦，各具特色。它是各民族优秀历史文化的重要组成部分。服饰的原料、纺织工艺以及样式、装饰都保持着鲜明的民族和地区特色，大体上有长袍和短衣两类。穿袍子的民族一般戴帽蹬靴，穿短衣的民族多缠帕着履。袍子形式也多种多样，有蒙古族、满族、土家族等民族的高领大襟式，有藏族、门巴族等民族的无领斜襟式，有维吾尔等族的右斜襟式等。短衣有裤和裙之别。

（四）节日文化

每个少数民族都有本民族独特的节日，每逢节日，人们总要盛装打扮，置办酒宴，歌舞欢庆。有的还要举行一定的传统仪式或宗教活动，其内容丰富多彩，情趣盎然。比如，彝族的"火把节"、瑶族的"达努节"、蒙古族的"那达慕"、纳西族的"火把节"、苗族的"芦笙节"、京族的"哈节"、毛南族的"分龙节"、白族的"三月节"、傣族的"泼水节"、藏族的"雪顿节""藏历新年"、回族的"开斋节"等。通过节日活动可以集中看到一个民族的传统服饰、饮食、歌舞以及独特的风俗习惯等，吸引中外游客观光，促进当地运输、旅游等事业的发展，繁荣民族经济。

（五）民间工艺

少数民族民间艺术工艺品历史悠久，内容丰富多彩。这些工艺品大都与民间传说有关，有陶瓷、泥塑、布艺、木头、灯彩、吊饰、剪纸、丽江木刻、桦皮工艺、漆器工艺、兽皮工艺、砚石工艺、竹编工艺、玉器工艺、大理石工艺、土家族黄杨木雕、风筝、剪纸、麦秆画、年画、铅笔屑画、唐卡、拓真画、银饰、纸编画、苏绣、鱼皮衣等。内容大都是活泼向上、吉祥如意、长命健康、富贵有余、儿孙满堂等，用于民间传统节日、传统宗教等。

（六）歌舞艺术

少数民族歌舞具有强烈的民族特色和生活气息，主要是音乐、舞蹈和诗歌融为一体，体现了各少数民族的信仰以及对大自然、生产劳作与社会生活的情感。早在1991年《中国少数民族艺术词典》一书收录的9 000多个词条中，少数民族音乐就占有5 000多条，少数民族舞蹈就有600多个。

综上所述，西部地区传统建筑、服饰、饮食、节庆活动、民间工艺、歌舞艺术等文化资源具有鲜明的地方民族特色，其历史价值和艺术欣赏价值都比较高，是该地区发展少数民族旅游、推动经济和文化发展的重要资源。保持这些地区的特色，将保护与开发、传承与创新有机结合起来，对于实现西部地区特色城镇化建设和民族文化传承、创新具有重要意义❶。

二、西部地区的文化保护

（一）少数民族文化遗产

中华人民共和国成立以来，国家收集了百万余种少数民族古籍，出版了5 000余种；出版了全面介绍少数民族各方面情况的5套丛书共400多种；研究、整理《格萨尔》《江格尔》《玛纳斯》等大批民间文学；出版了《中华大藏经》等大批历史经典；编纂出版了包括文学、音乐、舞蹈诸门类的10部《中国民族民间文艺集成志书》；抢救了《十二木卡姆》等大批濒临消失的民族民间文化艺术遗产；挖掘、整理了一批少数民族传统体育项目和传统医药项目；投入巨资对布达拉宫等大批少数民族文物古迹进行维护。

据悉，国务院已先后于2006年和2008年公布了两批国家级非物质文化遗产名录，在所有项目中，少数民族内容占到了300多项，将近三分之一，而且许多项

---

❶ 杨顺清. 繁荣发展少数民族文化的原则与政策浅析 [J]. 西南民族大学学报（人文社科版），2007，28（11）：32–37.

目的内容和形式都具有唯一性，特色鲜明，弥足珍贵。

（二）少数民族文化人才

中央民族大学、中南民族大学、西南民族大学、西北民族大学、北方民族大学、大连民族大学 6 所国家民委直属高校以及西部地区高等院校开设了培养少数民族文化人才的专业，还存在很多开设少数民族班的高、中等艺术院校和少数民族文化艺术团体，对少数民族文化研究和少数民族文化人才的培养起到重要作用。

一大批少数民族文化工作者和艺术家创造了《刘三姐》《五朵金花》等少数民族题材的电影、藏族歌剧《格萨尔王》、维吾尔族音乐《十二木卡姆》等众多文化产品，为宣扬和传承民族文化做出了极大贡献。

（三）少数民族语言文字

在图书、报刊、广播、影视中，少数民族的语言文字被广泛使用。《国家"十二五"少数民族语言文字出版规划》规模为 284 种，其中图书 214 种、音像制品 65 种、电子出版物 5 种，承担出版任务的出版单位 61 家，涉及蒙古族、藏族、维吾尔族、哈萨克族、朝鲜族等 30 余个少数民族的语言文字。

（四）少数民族的风俗习惯

国家尊重少数民族的服饰、饮食、居住、婚姻、礼仪、丧葬等风俗习惯，对少数民族保持或改革本民族风俗习惯的权利加以保护。藏历新年、广西"壮族三月三"等少数民族的传统节假日，地方政府会依据民族习惯安排假日。对于清真食品的生产、储存、销售等环节，国家也做出了相应规定，以满足回民等食用清真食品的饮食习惯。

（五）少数民族文化活动

各种国家和地区性的民族文化活动经常举办。自 1953 年起，全国少数民族传统体育运动会每 4 年举办一次，截至 2019 年已举办 11 届，全国少数民族传统体育运动项目已达 150 多项，许多运动项目逐渐趋于规范化。根据《国务院实施〈中华人民共和国民族区域自治法〉若干规定》，全国少数民族文艺会演汇集了 55 个少数民族的艺术家，每 5 年举办一次，截至 2019 年已举办 5 届，是各民族艺术和感情交流的盛会。

（六）少数民族文化机构和设施建设

在国家资金和政策等方面的大力支持下，广播电视村村通工程、西新工程、农村电影放映工程、万里边疆文化长廊工程等铺陈开展，西部地区文化基础设施得到极大改善。2011年末，西部地区有艺术表演团体3 405个，艺术表演场馆1 016个，博物馆1 479个，公共图书馆1 919个，广播节目和电视节目综合人口覆盖率分别为95.8%和96.9%。

第五节　生态环境元素

一、西部地区森林覆盖率

中华人民共和国成立以来，截止2019年共进行了九次森林覆盖率调查（图2-1），除第二次以外，森林资源总体上呈现出森林资源面积和蓄积继续增加、森林质量和结构有所改善的态势。西部地区增速与全国基本保持一致。

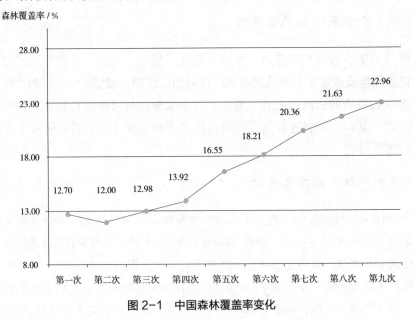

图2-1　中国森林覆盖率变化

（数据来源于国家林业局官网）

综合数据显示，2019 年，新疆森林覆盖率为 4.87%，青海省森林覆盖率由 1978 年的不到 1% 提高到 6.3%，西藏森林覆盖率由 2015 年的 11.98% 提高至 12.14%，宁夏森林覆盖率达到 15.2%，内蒙古自治区森林覆盖率 22.1%，贵州省森林覆盖率已超过 58.5%，广西森林覆盖率已达到 62.37%。❶总体看，西部生态环境与中东部还是差距大。

（一）森林资源状况

第七次全国森林资源清查结果显示，全国森林面积 1.95 亿公顷，森林覆盖率 20.36%，相对第六次清查结果增加了 2.15 个百分点。西部地区森林面积共 1.77 亿公顷，森林覆盖率达到 21.21%，其中广西的森林覆盖率超过 50%。国家一直加大西部地区的造林投入，森林覆盖率显著提高。

（二）草地、湿地和红树林资源状况

2011 年，西部地区草原面积 36.51 亿公顷，占全国草地面积的 92.9%，其中可利用草原面积 0.21 亿公顷。其中，新疆、内蒙古、西藏的草地面积分别为全国的 13.9%、20.1% 和 20.9%。

西部地区共有湿地面积 3 098.8 万公顷，占全国的 80.5%，其中青海、内蒙古、西藏湿地面积多。

（三）水资源情况

2011 年，全国水资源总量 2.33 万亿立方米，西部地区水资源总量为 1.89 万亿立方米，占全国的 81.2%，其中地表水资源总量 840.97 亿立方米，地下水资源量 540.2 亿立方米，人均水资源量为 2 363.90 立方米 / 人，高于全国的 1 730.38 立方米 / 人，接近 50% 的省市的人均水资源量高于全国平均水平。

二、西部地区生态环境恶化现状

就西部地区的生态现状而言，形势较为严峻，应当引起高度重视和警惕。长期以来，理论界普遍认为，城镇化在很大程度上带来生态环境的破坏❷。在西部地区，为了地方经济的发展，攫取资源、忽略生态环境保护的现象十分突出。西部地区生态环境恶化主要表现在环境污染严重、自然景观遭到破坏、水土流失等。

---

❶ 根据各省市自治区官网数据整理。

❷ 李明秀 . 城镇化与贵州民族地区生态环境安全 [J]. 贵州民族研究，2003，23（2）:96-101.

（一）草原严重退化

西部地区可利用草场面积大，2004 年 90% 的可利用天然草原不同程度退化，过度放牧、靠天养畜和对草场载畜量缺乏有效的控制最终导致草场严重退化和荒漠化。

2000 年，内蒙古可利用草地面积为 6359 万多公顷，退化草地面积达 3 867 万公顷，占可利用草原的 60%。素以水草丰美著称的全国重点牧区呼伦贝尔草原和锡林郭勒草原退化面积分别达 23% 和 41%，鄂尔多斯草原的退化面积达 68% 以上。

（二）沙漠化加剧

西部地区是沙漠化最严重地区。2011 年 1 月国家林业局发布的第四次全国荒漠化、沙漠化土地监测结果显示，截至 2009 年底，全国荒漠化土地面积 262.37 万平方千米，沙化土地面积 173.11 万平方千米，分别占国土总面积的 27.33% 和 18.03%。从各省区荒漠化现状看，荒漠化主要分布在新疆、内蒙古、西藏、甘肃、青海 5 省（自治区）。2010 年，新疆荒漠化面积 107.12 万平方千米，内蒙古沙漠和戈壁面积 40 万平方千米，且荒漠化正以每年 5 万～7 万平方千米的速度扩大，内蒙古乌拉盖湿地消亡是干旱草原荒漠化的典型案例。

我国的八大沙漠和四大沙地几乎都在西部地区，其中新疆的塔克拉玛干沙漠面积 33.76 万平方千米，是我国最大的沙漠，也是世界著名的沙漠之一。我国荒漠化扩展速度由 20 世纪 50 年代的每年 1 560 平方千米增加到 20 世纪 90 年代的 2 460 平方千米，相当于损失一个中等县的面积 ❶。

（三）水土流失严重

大量原始森林毁坏、植被退减、陡坡垦种等现象大大降低了森林在保持水土、防风固沙、调节气候、保护生物多样性等方面的重要功能，导致气候明显异常，水土流失严重，西部地区成为水土流失的重灾区。

我国是世界上水土流失最为严重的国家之一。2009 年，黑龙江、吉林、辽宁及内蒙古四省区水土流失面积已近 18 万平方千米；长江上游水土流失面积 43.83 万平方千米，其中四川省的水土流失面积最大，重庆次之，其后依次为青海、云

---

❶ 中国工程院"21 世纪中国可持续发展水资源战略研究"项目组．中国可持续发展水资源战略研究综合报告 [J]．中国工程科学，2000（8）：1-17.

南、贵州、甘肃、西藏、湖北、陕西；西南诸河区域涉及云南、西藏、青海三省区，水土流失面积88.58万平方千米，约占西南诸河区总面积的61.88%。西部地区是水土流失严重的地区。

（四）水资源状况形势严峻

西部地区北部大多属干旱半干旱区，降雨稀少，蒸发量远远大于降水量；西部地区南部虽降雨较多，但山区崎岖不平，降水不均，积水较难，加上水利设施落后，森林植被减少，水源涵养能力下降，水资源利用率很低。西部地区由于受地理位置和气候的影响，大部分地区降水稀少，全年降水量多数在500毫米以下，2011年西部地区水资源总量1.29万亿立方米，由于人口密度低，大部分地区人均水资源量高于全国平均水平，但水资源分布不均匀，部分地区人均占有量低，如宁夏人均水资源量仅137立方米，甘肃为945立方米，内蒙古为1 688立方米，远远低于国际公认的人均1 700立方米的水资源紧张的警戒线（世界上同类地区：埃及为923立方米/人，以色列为380立方米/人，均包括境外流入的水资源）。另外，西部地区水资源浪费、污染的现象也相当普遍和严重。

（五）环境污染、破坏严重

根据《2017年中国水资源公报》，按照人均水资源量低于500立方米即为极度缺水的标准，宁夏自治区人均为158.4立方米，属于极度缺水。甘肃省人均为909.8立方米，内蒙古自治区人均为1 254.9立方米，均在全国平均水平以下 ❶。另外，西部地区水土流失严重，涉及陕西、山西、青海、内蒙古、宁夏、甘肃等6省（自治区）40个县（旗），水土流失面积41.9万平方公里，占总面积的67.14%。其中轻度水力侵蚀面积占30.32%，中度水力侵蚀面积占32.37%，强度以上水力侵蚀面积占37.31%。水土流失最严重的多沙粗沙区面积为7.86万平方公里，多年平均输沙量达11.8亿吨，占黄河同期总输沙量的62.8%。

西部地区有得天独厚的自然资源，然而随着工业化和城镇化进程的不断加快，部分资源过度开发，造成生态系统的恶化。因此，在发展城镇化的过程中兼顾社会经济发展和资源环境保护的良性循环，避免一味追求经济效益，只重视眼前利益而忽视了城镇的可持续发展。

---

❶ 中国水利部.2017年中国水资源公报[EB/OL].(2018-11-16)[2019-03-14].http://www.mwr.gov.cn/sj/tjgb/szygb/201811/t20181116_1055003.html.

第六节　西部地区特色城镇化：五大元素有机耦合

耦合是指两个或两个以上的体系或两种运动形式之间通过各种相互作用而彼此影响以至联合起来的现象，是在各子系统间的良性互动下，相互依赖、相互协调、相互促进的动态关联关系❶。城镇化是一个综合的系统，需要基础设施、基本公共服务、特色产业、民族文化、生态环境五个有机构成的耦合，它们之间存在多重关联的彼此促进、互相制约的作用关系，只有各元素相互配合、互相协调，才能形成合力，西部地区城镇化才能协调发展。

一、五大元素的角色和作用

从五大元素扮演的角色看，基础设施是城镇建设的物质载体，是城镇维持经济与社会活动的前提，是城镇存在和发展的基础保证，也是现代化的重要体现；基本公共服务能力是衡量政府职能好坏的标准之一，也是城镇化发展的要求，直接关系西部地区政治、经济与社会的稳定发展；特色产业使人力、物力从各个方面聚集，延长产业链条，是推动城镇化发展的直接动力；民族文化是城镇化发展的升华剂，是一个民族的灵魂；生态环境是城镇化发展的必要条件，是人类生存繁衍和社会经济发展的基础，人与环境交互作用共同影响，好的生态环境能提供城镇可持续发展的动力。

从五大元素所起的作用看，基础设施是城镇发展的硬环境，完善和便捷的交通运输、能源、通信等基础设施，将为地区产业发展提供良好的发展环境，有利于产业发展和民众福利的提升，够吸引高质量的要素向该地区聚集，从而为地区产业向高附加值转化创造条件；基本公共服务有利于促进结构调整和缓解社会矛盾；特色产业有利于增强城镇的经济实力，增强城镇的自我造血功能，提高城镇的综合实力，使之凝聚更多工业企业，最终提高城镇化的水平；发展民族文化，有利于保护少数民族的权益，增强民族的竞争力；良好的生态环境有利于招商引资，带来产业链发展，同时能带来人口的集聚，促进经济社会的发展，而恶劣的生态环境将造成水源污染、森林破坏、居民疾病等，危及工农业生产的基础，限制经济发展。总体来看，五个方面协调发展能加速城镇化的发展。

---

❶ 李欣燃.产业集群与区域经济系统耦合研究[J].当代经济，2010（7）:116-118.

二、五大元素有机耦合促进西部地区城镇化发展

（一）加快推进城镇基础设施建设

西部地区基础建设水平总体加强，但是西部地区基础设施建设相较而言还较落后，必须在注重城镇化水平提高的同时，完善软硬件设施建设，加大西部地区基本公共服务投资力度，做好城镇建设规划，如此才能增强城镇化的凝聚力。基础设施建设的重点是交通运输网络的完善，实现各地区的交通便捷化，为招商引资提供良好的硬件环境。

（二）保护西部地区资源优势

丰富的自然资源构成了西部地区建设和发展小城镇的自然基础。搞好西部地区的开发建设，把资源优势变为经济优势，在利用西部地区资源优势的同时，注重环境的监督管理，实现生态和经济的双重价值，规划建设具有资源承载、富有地域及民族特色、环境优美的小城镇。

（三）产业结构调整和结构优化

在西部地区城镇化建设的过程中，产业化发展要选择正确的方向，针对西部地区的实际情况，发挥地方优势，大力发展现代生态农业，走特色化、规模化、产业化的农业发展之路，走农业产业化与小城镇建设相结合的路子；大力发展旅游业，依靠民风、民俗、民居等推进城镇建设，转移周边民族人口非农就业；大力发展饮食业，让西部地区特色小吃走向全国。

（四）突出民族特色

西部地区城镇化建设要结合自己的区位、自然地理、经济实力、资源状况等，充分发挥西部地区本身优势，依靠西部地区的优势资源、特殊地理位置、文化背景等体现民族特色和地域特色，或以历史文化模式，或以产业优势模式，或以优越的自然生态环境模式，或以几种资源配置复合模式等保护西部地区文化传统、风俗习惯、手工艺术，打造特色城镇。

（五）平衡地区之间的共同发展

西部地区各有特色，可利用规划手段，把地区之间的不同优势集中利用，做到优势和劣势互补，以城镇中心辐射整个城镇圈地带，带动圈内产业和经济的共同发展，避免城镇化过程中区域发展不平衡太明显。例如，西部地区城镇化水平相对较高的内蒙古，在实行城镇化的道路中就可以以呼和浩特为中心大力发展以工业为首的城镇完整功能集群，而呼伦贝尔、锡林郭勒、科尔沁、乌兰察布有着丰富的自然草原，可以以各自为中心发展以草原牧业和旅游业为中心的城镇集群。

第三章 系统观：西部地区特色城镇化的形态演化

第一节 城镇区域系统 PREE 系统界定

PREE 是随着可持续发展的不断深入研究而逐渐形成和演化的。可持续发展的实质是以人为主体的自然与社会系统的协调发展，其核心内容可以归纳为人口（population）、资源（resource）、经济（economy）和环境（environment）四要素以及四要素间相互作用、与外界干扰互动作用等。可持续发展和 PREE 系统的协调发展是密不可分的研究，研究可持续发展必然研究 PREE 系统，研究 PREE 系统的宗旨和最终目的也是为了可持续发展。

PREE 可简单表达为在一定的地域背景下，人口、资源、环境、经济形成开放的动态复杂巨系统（PREE 系统）。PREE 系统具有一般系统的特征，其系统内部结构及子系统之间相互作用机制比一般系统要复杂得多。不同区域的 PREE 系统的内涵和表现方式各不相同，而特定的某一区域的 PREE 系统又从属于一个范围更大、层次更复杂的 PREE 系统。研究其协调性，不仅要研究各子系统内部的协调性，还要研究各子系统之间相互配合、相互作用的状况。这一复杂巨系统主要具有以下几个方面的特征。

一、复杂综合性

PREE 系统是一个巨大而复杂的综合性系统。在这个系统中，既有人口系统中的人口增长、人口规模、人口空间分布、人口时序涨落、人口城市化状况等，又有资源子系统中的资源空间分布、资源空间差异、资源开发与利用等，经济子系统中的经济发展速度、发展程度、空间差异、时间动态变化等，环境子系统中的生态系统破坏、环境污染、环境治理、环境保护等。并且，是各子系统之间的相互制约、相互作用和相互促进的关系等共同组成了这个综合的复杂巨系统。

二、非线性关联

PREE系统处在一个与外部环境相互依赖、相互作用的位置，不同的自然条件和地理环境有不同的PREE系统的发展和表现，同样区域在不同的时序上也存在着不同的关联作用和机制，而且每个子系统内部、每个子系统之间存在着各种作用和关系。这些相互之间的联系不仅具备多样性，还是非线性、不可逆的。正是这些非线性、不可逆的关联推动着整个系统不断地朝着稳定、有序、协调的方向发展。

三、动态有序性

PREE系统在很长的一个概念时间内存在着一定的时序性，并在这种时序性背景下保持动态发展。PREE系统在很长的一段时间内会有一种规律性，是由相对协调发展为不协调，再发展为协调的一个反复的过程。某一时刻，PREE系统表现为相对的协调，但也会随着某些因素限制打破这种相对的平衡，或在系统的协同作用和外部一些条件的作用下，系统又恢复到新的协调状态。PREE系统就在这循环递进的动态演化中发展。

第二节　城镇化系统融合发展内涵

协同学是由赫尔曼·哈肯（Hermann Haken）在20世纪70年代创建的一门交叉学科，它是研究开放系统通过内部子系统间的协同作用而形成有序结构机理和规律的学科，是自组织理论的重要组成部分。"synergetics"为古希腊语，意为"合作的科学"，表示在一个系统发生相变时，会因大量子系统的协同一致引起宏观结构的质变，从而产生新的结构和功能。

赫尔曼·哈肯对协同学概念和研究对象的具体表述是："协同学是一门横断学科（交叉学科），它研究系统中子系统之间怎样合作以产生宏观的空间结构、时间结构或功能结构（怎样产生'自组织'），它研究由完全不同性质的大量子系统所构成的各种系统。通过子系统之间的相互作用，整个系统将形成一个整体效应或者一种新型结构，这个整体效应具有某种全新的性质，而在子系统层次上可能不具备这种性质。"赫尔曼·哈肯还强调，协同学从统一的观点处理一个系统各部分之间的相互作用，导致宏观水平上结构和功能的协作。协同学的理论核心是自组织理论（研究自组织的产生与调控等问题），这种自组织随"协同作用"而进行。"协同作用"是协同学与协同理论的基本概念，实际是系统内部各要素或各子系统相互作用和有机整合的过程。在此过程中强调系统内部各个要素（或子系统）之间的差异与协同，强调差异与协同的辩证统一必须达到的整体效应。

协同学的有关观点如下。

（1）协同学所指的"系统"具有相当的普遍性，包括非生物界和生物界、微观的和宏观的，它涵盖不同领域和不同学科中的各类强调开放的系统。

（2）系统从无序到有序或形成新的结构和功能，主要是系统内部的因素自发组织建立起来的。

（3）协同理论中的"自组织"就是系统自身具有能使系统从不平衡状态恢复到平衡状态的能力，这种自组织能力赋予一个系统从无序到有序的转变机制和驱动力。

（4）各种自组织系统的形成都是由子系统之间的合作形成序参量，在序参量的作用和支配下形成一定的自组织结构和功能。

（5）控制参量的改变是系统自组织形成的重要途径。

协同学中的系统都是由多个子系统构成，当子系统间相互关联而引起的"协同作用"占主导地位时，意味着系统内部已经自发地组织起来，这时系统便处于自组织状态，其宏观及整体上便具有一定的结构及其相对应的功能。笔者认为，区域经济协同发展是指区域内各地域单元（子区域）和经济组分之间协同和共生，自成一体形成高效和高度有序化的整合，实现区域内各地域单元和经济组分"一体化"运作的区域经济发展方式。协同发展的区域体系有统一的联合与合作发展目标和规划，区际之间有高度的协调性和整合度，共同形成统一的区域市场，商品及生产要素可以自由流动与优化组合，具有严谨和高效的组织协调与运作机制，内部各区域之间是平等和相互开放的，同时向外部开放，使协同发展的区域体系形成一个协调统一的系统，既有利于内部子系统的发展，又有利于与外部系统（如全国性经济系统或全球经济系统）的对接和互动。

城镇化的过程是多要素组合协同推进的过程，不仅涉及经济、政治、社会、生态、文化，更重要的是人的城镇化，单一要素城镇化必定是畸形城镇化，与我们新型城镇化目标背道而驰。新型城镇化是以人民利益为中心的城镇化，是多因素高效协同的城镇化，协同理论为我们提供了理论指导。

第三节　城镇化系统自我发展特征

　　跨界地区经济协同发展可以由政府或专业组织规划进行构建（如各种工业园区），也可能是市场作用的自发形成过程，但无论何种演化方式，都要遵循市场规律，并不断适应外界环境，也就是具有自我生长、自我适应、自我复制等自组织特征。

一、自我生长特征

　　城镇化系统的自我生长特征是指在没有外界特定干预的情况下，一种趋向区域经济合作和产业集聚的从无到有的自我产生过程。大量实践表明，这种自生特征在城镇化系统演化过程中普遍存在。自我生长特征是区域经济协同发展的前提条件，强调区域经济协同发展的演进过程要遵循价值规律和市场机制。主要包括以下几项原则：①互惠互利原则。在充分兼顾各地利益的基础上，通过经济分工和协同，从中产生集聚和累积效益，从而实现多赢的效果。②优势互补原则。各地按照比较利益的原则进行合作，通过区域要素流动实行互补，最大限度地发挥各地的优势，促进各地共同发展。③市场主导原则。以市场机制调节为主导，政府推动为辅助，共同推动市场一体化进程。④系统协调原则。将区域协同发展视为一个大系统，全面创新和完善协调机制、制度和组织，形成统一的区域发展规划，实现经济发展的区域整体性。

二、自我适应特征

　　区域经济协同发展系统是从区域与外界关系的角度，对系统自组织过程的一种描述。它强调在一定的外界环境下区域经济系统通过自组织过程适应市场需求、产业转移等外界环境，进而出现新的结构、状态或功能。比如，我国长江三角洲地区的经济协同发展就是该区域在 20 世纪 90 年代世界其他地区劳动力资源紧缺的背景下，及时对自身区域进行分工，从而吸引大量国外知名企业来该地区设厂，进一步推动了长江三角洲区域经济的发展。自我适应特征是产业生态系统不断演化的动因，整个演化过程依赖外界获取的市场信息、资金和政策支持、科技成果等。

三、自我复制特征

区域经济协同发展系统通过自我复制实现自我完善、自我发展的自组织演化。区域经济协同发展系统的自我复制主要体现在区域合作的示范作用和扩散效应上。

综上所述，区域经济协同发展系统演化过程是一个从无序的区域发展到有序的经济协同发展，由旧结构向新结构的自组织演变过程。区域经济协同发展系统内部的各种子系统的性质和对系统的影响是有差异的、不平衡的，当控制参量的变动把系统推过线性失稳点时，这种差异和不平衡就暴露出来，于是区分出快变量和慢变量，慢变量主宰着演化进程，支配快变量的行为，成为新结构的序参量。通过对系统内部不同变量相互作用而发生的结构演化过程的分析，可以识别区域经济协同发展系统的演化机制。

四、城镇化系统融合发展的演化机制

（一）序参量的选择

协同理论把系统在相变点处的内部变量分为快弛豫变量和慢弛豫变量。慢弛豫变量是决定系统相变进程的根本变量，称之为系统的序参量，对系统起主导作用。本书利用哈肯模型建立区域经济协同发展系统的演化模型，并得到序参量方程。假设区域经济系统只有两个子系统：A 区域和 B 区域，将子系统的状态变量分别用 q_1、q_0 表示，这里不考虑随机涨落项，那么 A 和 B 两个子系统的一般非线性微分方程为：

$$\dot{q}_1 = -\lambda_1 q_1 - a q_1 q_0 \qquad (3-1)$$

$$\dot{q}_0 = -\lambda_2 q_0 + b q_1^2 \qquad (3-2)$$

式中：λ_1、λ_2、a、b 为控制参数，式（3-1）、式（3-2）反映两个子系统的相互作用关系。系统的一个定态解为 $q_1 = q_0 = 0$。假设当式（3-1）不存在时，式（3-2）是阻尼的，即 $\lambda_2 > 0$。如果绝热近似条件成立，即 $\lambda_2 > 0$，则可采用绝热消去法令 $\dot{q}_0 = 0$，则

$$q_0 \approx \frac{b q_1^2}{\lambda_2} \qquad (3-3)$$

它表示子式（3-1）支配子式（3-2），后者随前者的变化而变化。因此，q_1 是系统的序参量，将式（3-3）代入式（3-1），得到序参量方程为：

$$\dot{q}_1 = -\lambda_1 q_1 - \frac{ab}{\lambda_2} q_1^3 \tag{3-4}$$

可将该模型离散化为：

$$q_1(k+1) = (1-\lambda_1)q_1(k) - aq_1(k)q_0(k) \tag{3-5}$$

$$q_0(k+1) = (1-\lambda_2)q_0(k) + bq_1(k)q_1(k) \tag{3-6}$$

式（3-5）、式（3-6）就是一组非线性回归方程，其中 k 为时间变量，通过数据可以求解系数 λ_1、λ_2、a、b。

在区域经济协同发展系统中交通系统、科技系统、产业系统等均可以是系统结构变化的决定变量，在不同的变化范围区间，系统的快、慢变量均不同。比如，在欠发达地区，交通系统的不发达制约了区域经济整合，因此在区域经济协同发展系统中序参量 q_1 为区域交通系统。具体的证明可通过式（3-5）、式（3-6）进行显著性检验，从而证明把区域交通系统作为序参量 q_1 是成立的。

（二）协同度 ξ 分析

根据以上区域经济协同发展系统只有两个子系统的假设，设 A 与 B 最初是两个无耦合的系统，随着两个系统的合作加强，发生了耦合关系，而两个系统协同的耦合程度，本书称其为协同度 ξ。

ξ 用来分析 A 和 B 的关系演进过程，当 $\xi \to 0$，说明区域经济系统的协同度较低，此时，A 与 B 处于一种完全竞争关系或只有简单的买卖关系；当 $\xi = 0$ 时，二者不存在任何协同关系；当 $\xi \to 1$，说明该系统的协同度较高，A 与 B 处于一种高度有序的自组织状态；当 $\xi = 1$ 时，A 与 B 成为一体，可能产生协同发展现象。

序参量对系统有序性的贡献通常用功效系数 EC 表示，要求 EC 介于 0 和 1 之间，当协同目标最满意时取 $EC = 1$，当协同目标最差时取 $EC = 0$，描述 EC 的关系式称为功效函数，若序参量用 V_{ji} 表示，则

$$EC(V_{ji}) = F(V_{ji})$$

其中：F 代表关系式，j 为子系统的下标（$j \in [1，m]$），i 为子系统序参量

的下标（$i \in [1, n]$）。序参量 V_{ji} 在系统实际表现值为 X_{ji}（$j= 1，2，\cdots，m$；$i= 1，2，3，\cdots，n$），α_{ji}、β_{ji} 为系统稳定时指标变量 V_{ji} 的临界点上、下限，即 $\beta_{ji} \leqslant X_{ji} \leqslant \alpha_{ji}$，序参量的变化对系统有序度有两种功效：一种是正功效，序参量增大系统有序度的趋势增加；另一种是负功效，序参量增大系统有序度的趋势减少。功效函数可表示为：

$$EC\left(V_{ji}\right)=\frac{X_{ji}-\beta_{ji}}{\alpha_{ji}-\beta_{ji}}\left(\beta_{ji} \leqslant X_{ji} \leqslant \alpha_{ji} EC\left(V_{ji}\right)\right)\text{（具有正功效）} \quad （3-7）$$

$$EC\left(V_{ji}\right)=\frac{\beta_{ji}-X_{ji}}{\beta_{ji}-\alpha_{ji}}\left(\beta_{ji} \leqslant X_{ji} \leqslant \alpha_{ji} EC\left(V_{ji}\right)\right)\text{（具有负功效）} \quad （3-8）$$

式中：$EC\left(V_{ji}\right)$ 为指标 V_i 对系统的有序的功效。那么协同度 ξ 可用几何平均法表示如下：

$$\xi = \sqrt[n]{EC(V_{11})EC(V_{12})\cdots EC(V_{mn})} = \sqrt[n]{\prod_{j=1,i=1}^{m,n} EC(V_{ji})} \quad （3-9）$$

式中：m 代表子系统下标，n 代表序参量的下标，$\sum_{j=1,i=1}^{m,n} W_{ji} =1$，$W_{ji}$ 为 V_{ji} 的权系数。ξ 值愈大，说明系统的协同性愈好，反之，则说明系统协同性愈差。

因此，根据上文序参量的选择，在供应链系统中，设 A 与 B 两个子系统的序参量分别为 q_1 和 q_2，可得 $V_{11}=q_1,V_{21}=q_2$，则

$$\xi = \sqrt{EC(q_1)EC(q_2)} \quad （3-10）$$

从式（3-10）中可以看出，在供应链系统中，协同度 ξ 是关于一个 A 和 B 系统序参量的函数，随着它们序参量的变化而变化。

（三）协同学对发展的指导意义

（1）协同学原理要求区域经济发展要走"协同发展"的道路。我国地域广大，以各种标准划分（以行政区标准划分为主）的区域层次多、数量大，如果不走协同发展的道路就变得"无序"，内耗非常大，对各区域与全国的发展都不利。协同学认为，一个系统中各子系统和各要素的"协同"会使无序转化为有序，使分散甚至相互抵触的成分转变成有序的整体合力并形成整体功能，反之就无法形成合力，

无法形成整体功能和整体效益。

（2）区域经济是一个巨系统，必须按协同学基本理论要求给予区域经济系统发展运动的自主性（自组织）。一个大的区域包括许多子区域系统，还包括不同行业和诸多企业等经济组织，它们都是其中不同层次上的"系统"。大系统及子系统都应该让其包含的子系统或要素有充分的自主性（自组织）。例如，区域经济的协同发展必须避免政府和主管部门的行政性干预，要清除地区保护主义、区域市场的行政性壁垒、企业运作的政企不分与插手经营管理活动等。

（3）区域经济的协同发展和自组织过程要强调区域（子系统）必须向同一层次、上下层次的其他区域在时间、空间及组成内容等方面全方位开放。协同学和自组织理论所指的系统是强调开放的系统。按自组织理论的要求，只有开放才能不断地与系统（或子系统）外部进行物质、能量、信息、科技、人才等的交换，才能走向有序，形成更有利的区域经济结构与功能，使整体与局部效益同步走向最佳。

（4）在全国整体区域发展过程中，各地区作为不同层次上的子系统，必须认识到自己在上一级区域的劳动地域分工体系中所扮演的角色和所起的作用，并为整个大系统的高效协同做出最大贡献，即为整体系统的协同运动提供最大的"序参量"。

（5）要建立自组织和组织（控制的"组织"）之间的合作与合成，通过控制的"组织"使自组织的效果更佳，由自组织和控制的"组织"共同达到协同发展的目的。在区域经济协同发展过程中，要按照协同发展的实际需要，加强整体规划与宏观调控，建立必要的区际协同发展的组织协调机制，制定有利于整体协同与引导控制的区域政策、产业政策、投资政策、财税金融政策等"控制参量"，促进区域经济协同系统"自组织"的形成与顺利推进，保证区域经济协同发展目标的最终实现。

第四节　城镇化系统融合发展的演化进程

对城市及城镇区域演化过程进行分析，城市演化的过程主要分为四个阶段。

一、离散阶段

这一时期的城市规模小，一般为农业社会下的城市发展模式。城市化水平较低，地域分散，城市建设受到当时社会经济发展水平的制约，城市拥有较大的腹地支撑，城市间联系较为单一，多为中心城市和附属城市之间简单的层级关系。出于军事政治的考虑，城市多建有城墙，成为明显的界限。城市内经济水平较低，人口规模较小，从业人员多为初级手工业者和商贩。由于经济发展缓慢，人口聚集水平低，城市建设基本在城市内进行。城市社会区域内的社会经济多围绕中心城市而产生集聚，产业结构初步具有层级特征。部分城市因战争或者自然灾害的原因而发生了衰退、往复，甚至消失。虽然发展缓慢甚至出现倒退，但此时的城市仍具有相当的稳定性，大多数城市保留了下来，并不断积累人口和财富，为城市下一阶段的发展提供了物质基础。其他区域的竞争，或者区域内资源消耗殆尽而城市主体不能针对系统崩溃做出及时反应，产生多元化发展的城市主体，使大规模的城镇个体在城镇区域尺度上缓慢走向衰落、解体，小规模城镇群体在原有城镇区域的基础上产生，形成类似分散式的小城镇群体。比如，资源型城市未能在资源枯竭前转型，没有改变城市职能和运行状态，而逐渐衰落；北美大城市在蔓延过程中，面对城市中心逐渐衰落的现状而提出的城市更新问题研究，即属于该阶段城市演化的讨论。由于复杂系统演化具有确定性和随机性双重特性，城镇区域性系统的更新阶段也存在其他模式的可能。

二、集聚阶段

这一时期多发生在工业社会，城市经过快速发展，呈现出了明显的集聚发展的特征，城市化水平快速发展。由于工业社会生产力的迅速发展，人口从土地上得到了释放，产业经济通过集聚效应更快更有效地获得财富的积累，工业产业成了城市发展的主导。通过适应产业集聚的发展，城市具有了工业化的城市特征，如城市空间蔓延发展，城市建设突破原有城乡界限，农业用地转变为城市用地，人口和财富迅速涌入城市，城市规模不断扩大等。围绕大城市，形成了不同等级结构的城市体系，中心城市的功能逐渐丰富，城市的功能更趋向心性。不断发展的物流、人流、信息流将大城市中心地位更加凸显和稳固，单中心城市结构比较明显。在这个时期的城市内部，企业、经济、人力、物资等各主体之间相互合作、相互适应，并在集聚的作用下稳固现阶段的城市积累的财富，加强了城市的集聚作用。

三、网络阶段

随着城市间联系的进一步加强，城镇区域内城市主体间互相作用加强。区域内交通、通信等基础设施逐渐完善，城市间通达性更强，物流、信息流逐渐畅通频繁，各体在相互作用过程中，不断相互适应、反馈，在主体之间通过"点—轴"模式而产生发散。城市的功能开始在区域上产生发散，从而在区域范围上形成密集分布态势，城市间的职能协作更为普遍，区域内城镇结构由以往的层级结构开始转变为网络结构。网络结构下的城镇区域系统在更大尺度上呈现出城镇主体间的联系和反馈，各主体通过多层次的互动，形成的网络结构具有更为稳定的状态，从而将城镇区域整合为一个更加紧密的整体，增强了城镇区域系统的整体竞争力。在网络化的区域内，物质流、信息流等流通快速，主体间联系紧密，反馈作用及时，主体对外界扰动适应性加强。

四、更新阶段

随着区域内城市主体不断地发展演化，城市主体对区域内资源和自身优势的不断整合，一种可能是在区域间的竞争与协作中，与其他区域的城市主体联系紧密，并承担具有区域间或国际化责任的职能，在更大尺度上发生作用。城镇区域内其他主体在外界的作用与反馈下，通过功能适应，区域内部结构也会随之发生改变，产生了新的产业增长点和城市职能；城镇区域内的产业、经济、资源等在不断的发展过程中未能有效适应复杂适应性系统。

这四个阶段是城市发展的一般过程，城镇区域的实际发展不一定能够按照四个阶段演化完整，更多的城镇区域系统只有其中的某些阶段。城市演化的四个阶段之间没有明确的界限划分，在时间序列上呈现出连续性。利用适应性循环理论可以将四个阶段运行状态联系起来。处于离散阶段的城镇区域系统，在工业迅速发展的背景下，通过快速城市化，迅速积累财富和人口；到达集聚阶段之后，城市系统的运行速度减缓，城市化速度下降甚至停滞，城市系统的运行开始转为稳固现有财富和功能。随着时间的转变，城市地区环境恶化、人口拥挤等问题出现，城市间的联系逐渐加强，系统主体主动要求改变，从出现"点—轴"发展模式和"郊区化"现象，城市进入网络化发展阶段。在外界干扰的刺激下，城镇区域系统发生变化，城镇职能转变，城市系统进入更新阶段，然后系统又开始新的循环。

在小尺度上，城市系统内部主体反应迅速，企业活动、经济运行、社会交往等主体间的反应迅速并且激烈；在大尺度上，城镇区域系统运行较为缓慢，城市整体行为演化在时间序列上变化较为平缓，城镇主体间联系相对稳固。在小尺度上，城市内主体通过不间断的反馈、适应过程反抗大尺度上的系统行为，改变城市功能结构，而大尺度上的城镇区域运行被系统主体所记忆，城市整体系统的状态较为稳定，下一阶段的状态在前阶段城市状态基础上演化，从而延续城市功能。在城镇化演化的过程中，小尺度演化特点是快速的，而大尺度较为平缓，因此在城市更新或改造的过程中出现的大规模、大面积的城市改造常常带来诸多城市问题。

在城市改造过程中，如果不能适当处理改造后地区与原本城市结构、功能之间的联系，短时间内，改造后地区与城市内部其他区域之间不能相互适应，难以形成有效的协同机制。因此，改造地区割裂了城市的整体结构，破坏了历史发展而来的肌理。这一外部施加的大干扰，最终存在不同的结果，一种是新改造的地域与周边地区通过主体间的相互反馈适应，从而达到相对有序的状态，使被破坏的社会、经济、环境等经过重新组织，转变为稳定状态。

对于改造结果的最终情况还存在另外一种状态的演化，即城市系统内部主体要素与新改造的地区功能结构通过相互反馈与适应，使新改造地区的既定功能结构发生迁移，从而与周边区域的功能结构产生耦合。改造后地区与城市系统不协调的情况还存在一种极端，由于改造的程度和力度过大，与城市发展之间的功能结构差异巨大，城市系统经过一定时间的适应，周边地区与改造地区之间不能形成有序结构，城市状态混乱，地区间的社会、经济、人文、环境等各子系统之间不能形成积极正反馈作用，城市功能结构在一定程度上解体。例如，我国许多城市盲目建设了城市综合体，但一些城市的经济发展水平不能支持这一新兴的经济组织形式，许多新建的城市综合体与城市发展之间定位不准，城市经济水平不能支撑功能过大的城市综合体，这就导致建成后的效果不尽如人意，有的综合体建成后入驻商家不足，功能结构在适应机制下产生转变，有的则转型为大型商铺的集合。因此，小尺度、小规模的城市更新和改造多被认为是与城市发展相适应的。

第五节　城镇系统发展的序化路径

从协同学的角度看，将跨城镇化发展作为一个系统，当各子系统相互协调、相互影响，整体运动占主导地位时，系统将呈现出有规律的有序运动状态，即"系统协同作用"。区域中的各子区域可以看作若干个子系统，它们的发展进程可以从无序转化为有序，这种"序化发展"是一种跨学科的"序思维"，解释为子区域受制于扩散效应条件下从结构调整到功能升级出现的"序变"引发的质变。从区域系统来讲，协同区域的发展序，先是地理上的集聚因素而引发的"空间序化"，后随着人类的频繁交往、物质交换、社会生活的复杂化，逐渐促成了"经济序化""制度序化"。

在区域协同发展的进程中，首要的任务是理顺各个子区域发展的轨道，只有子区域发挥各自的特色，彼此之间并行不悖，整个区域才能实现有序的协同发展。区域协同发展大系统的各子系统参与到广泛的相互作用之中，并在这种相互作用中各自不断进行产业结构调整和功能进化，实现区域经济带在"功能耦合"意义下的彼此相互适应。因此，序化的路径可以归纳为空间序化、经济序化和产业序化。

一、空间序化

空间序化探讨区域内部在地理上的空间布局模式安排，如区域内部带状发展模式、块状发展模式还是网络化发展模式，边缘与核心、中心与腹地的层次界定以及关系协调等诸多问题。区域是否具有很强的交通通信功能，轴带上的经济核心城市是否足够强大，数量是否足够多，它的产业结构布局是工业源泉产业体系还是服务业源泉产业体系，这些都是城市带形成与发展的关键。

从某种程度上看，空间序化有"自组织"的成分。也就是说，最初的区位条件和自然禀赋形成了以农业为主要产业体系的团块城市，随着经济的发展、产业结构的不断升级与调整，逐步向星状城市、组合城市乃至城市连绵带演化，这是一个发展方向和大趋势，是一个"自发"的过程。从我国区域发展的实践看，经济增长在空间上的有序性依然不可避免地受到行政区划的影响，并以不同的强度出现于一些增长点或增长极上，然后通过不同的渠道向外扩散，由此产生了地理空间上的增长中心及其"支脉"，即区域经济中心。

二、经济序化

经济序化在区域经济协同发展中主要是探讨区域产业集聚和核心竞争能力的发挥。"有序化"的过程，从发现各个地区的比较优势开始，到深度挖掘竞争优势，培养核心竞争力，直至努力维系它的可持续效应。

一是发现区域比较优势。系统优化的目标不是通过政府干预来人为制造、强化不平衡的主张，而是强调比较优势，强调各区域间的市场联系，在促进各个城镇比较优势的基础上，从差异走向交易，走向合作，走向共同繁荣。这是关于联系、整体的概念，而区域经济间的有机联系就是在各自比较优势基础上的合理分工和通过交易实现的相互依存与合作。按照李嘉图的"比较优势"理论，市场力量会引导区域资源应用在比较有生产率的产业上，他把区域"比较优势"归因于地区间劳动生产率存在的差异，并认为这种差异的根本原因是各区域无法控制的不同环境或气候。但是，比较优势理论没有把区域动态的核心能力、竞争理念、政府协调组织管理的作用和信息网络的功能等因素考虑进去，无法解释许多具有"比较优势"的区域在后来的发展中逐渐变弱或失去竞争优势，也无法解释一些根本不具备"比较优势"的区域在其发展的过程中拥有竞争优势，甚至是持续的竞争优势。

二是挖掘区域竞争优势。资源的禀赋条件、区位特点、环境条件和相关支持产业只是区域经济竞争优势获得的一般条件。区域经济的发展还受到市场"无形的手"的制约和政府组织"有形的手"的制约。概括起来，区域的竞争优势主要体现在以下一些方面：比其他区域能创造出更高的经济价值；拥有更为完善合理的产业结构；能够更好地整合区域内部各种资源；为区域生产和生活提供最好的环境条件；在市场竞争中处于有利地位。与比较优势理论相比，竞争优势强调的是动态的资源以及竞争状态。一个地区，即便缺乏甚至没有资源优势，只要处于动态的资源状态和竞争状况，不断创新，不断适应环境，走可持续发展的道路，就能具备强劲的竞争优势。

三是培养核心竞争能力。"资源基础理论"认为，如果一个区域拥有的资源是有价值、稀少、不可模仿和不可替代的，即资源具有异质性和不可流动性，尤其是自然和人力资源禀赋，它就可以获得可持续发展的竞争优势。

四是禀赋优势的可持续。资源的稀缺性说明仅依靠资源未必能够获得可持续的优势。"核心竞争能力理论"发展了"资源基础理论"的观点，认为核心能力的培育是保持可持续发展的关键所在。虽然区域获得比较优势或竞争优势，但不一定能够永远保持这种竞争优势，而区域拥有了核心竞争能力才能保持这种竞争优势。因为核心竞争能力是使区域经济在某一市场上具有竞争优势的内在能力资源和组织累积性学识，是关于如何协调不同的生产技能和多种技术有机结合的学识，是区域内在的整合能力和产业价值链中的局部环节，难以模仿和替代，具有延展性和持续性，为区域经济的可持续发展提供了能力源泉，也为区域提供了进入多样化领域的潜能。核心竞争能力作为竞争优势的营养源泉，如同区域经济的竞争根系，为最终产业提供营养。核心竞争能力是一个区域经济可持续发展的根本保证，不仅使区域经济具有创新能力，还在动态发展中为区域提供竞争能力和战略目标定位。

三、制度序化

区域的最高主体——政府，是区域旅游业的最高利益代表、最权威的管理者、最全面的服务者；区域的其他主体——企业、社会组织、个人，既具有自身局部利益，又部分代表了区域利益。制度序化主要针对不同层次的主体间形式多样、错综复杂的合作、联盟，明晰系统内部的机制问题。一方面，要完善区域内各地区相互作用的传导机制；另一方面，要健全区域内部各子区域相互作用的动力机制。其本质在于通过机制的理顺来调整和融洽各主体间的利益关系。

第四章　四次转折：西部地区城镇化的历史回顾

第一节　"前工业"城镇化：中华人民共和国成立前的西部地区城镇化发展

一、"前工业"城镇化的内涵与特征

（一）"前工业"城镇化的内涵

了解"前工业"城镇化前，我们先要知道什么是"前工业"社会。王宏波、金锋❶将其定义为生产力发展水平不高，机械化程度很低，主要以农业、渔业、采矿等消耗天然资源的经济部门为主的社会形态。城镇化或称城市化，可以定义为乡村生产和生活方式向城镇生产和生活方式转变的现象，是乡村地域向城市地域转化的过程，是非农产业及人口向城镇逐步集中的过程。综上可得，"前工业"城镇化是指在社会生产力发展水平很低、机械化程度不高的状况下兴起的农村生产、生活方式向城市生产、生活方式转变的现象。在"前工业"社会，城市的快速发展为农村各类农产品提供了广阔的市场，推动了农村社会经济的发展。

目前，我国已认定的 55 个少数民族中，有将近 50 个世居在今天的西部地区。中华人民共和国成立前，西部地区由于地处内陆，自然条件差，生产力极其落后，城市发展水平远远落后于东部沿海地区。中华人民共和国成立初期，西部地区只

---

❶ 王宏波，金锋. 论前工业社会时期的乡村改良及其对我国新农村建设的启示 [J]. 西北农林科技大学学报(社会科学版)，2008，8 (2)：27-31.

有 20 多个城市，人口达到 5 万以上，占全国同等规模城市的 15% 左右，各城市的规模普遍不大 ❶。可以说，1949 年以前，我国西部地区的城镇发展属于一种典型的"前工业"城镇化类型。历史上，随着中西贸易往来兴盛而出现在古丝绸之路沿线的商埠、驿站城市等就是其典型代表 ❷。

（二）"前工业"城镇化的特征

"前工业"城镇化的主要特征如下：

1. 社会生产力水平较低

中华人民共和国成立前是半殖民地、半封建社会，社会生产方式以分散的、孤立的、自给自足的和分工简单的小农经济为主。19 世纪中叶以来，帝国主义对我国实施了直接的殖民统治。随着资本主义商品经济对我国封建小农经济的冲击，呈沿海、沿江点状分布的近代生产方式逐渐形成，然而这种生产方式并没有向广大农村和内地，即广阔的西部地区扩散和转移。同时，中国民族资产阶级兴办的各种近代产业部门在国内外反动势力的经济压制和政治压迫下，其发展极受制约，步履维艰。在空间分布上，这些近代产业部门也主要集中在东部少数大中城市，尤其集中在东南沿海地区和主要大江沿岸地区。在少数民族主要聚居的广大西部地区，它们的影响力几乎无法到达，造成该区域生产力水平极其低下 ❸。

2. 处于城镇化的起步阶段，城镇化水平低

在中华人民共和国成立之前，中国的社会经济以小农经济为主，城镇化发展相当缓慢，城镇的经济产出总量占国民经济的比重微乎其微，根本不存在城镇经济社会发展带动农村经济社会发展的可能性，更别谈实现城乡经济社会结构转型了。虽然城镇化发展非常缓慢，但随着社会生产力的逐步提高，城镇化也得到了一定程度的发展。总之，中华人民共和国成立之前中国城镇化的缓慢发展过程也是城镇化的萌芽和起步阶段 ❹。

"前工业"城镇化期间，西部地区的城镇化水平都比较低。以新疆为例，在和平解放以前，新疆城镇化发展水平很低。从 1884 年清政府正式在新疆建省到新疆

---

❶ 曹建安. 中国西部城市化问题研究 [J]. 开发研究，1993（6）：17 19.

❷ 李澜. 西部民族地区城镇化发展研究 [D]. 北京：中央民族大学，2003.

❸ 同上.

❹ 杨建翠. 川西民族地区旅游业推进城镇化研究——以九寨沟县为例 [D]. 成都：西南民族大学，2012.

和平解放以前，新疆仅有乌鲁木齐市一个设市城市，市区总面积不到 10 平方千米，人口总计不超过 10 万人，经济社会发展状况十分落后，城镇基础设施建设极不完善，城市化率低下。到中华人民共和国成立，新疆经济社会总产值仅为 4.35 亿元，其中工业总产值仅占总产值的 14.29%，农业总产值所占比重高达 85.71%，经济发展中农业仍然是主导产业；新疆常住总人口 433.34 万人中非农业人口仅占 15%，农业人口高达 85%，新疆的城镇体系尚未形成初步规模❶。

3. 城镇主要依附行政机构和军事要塞形成

西部地区的社会生产力长期处于较低水平，社会分工很不发达，因城镇主要由设置行政机构和军事要塞所造成的人口聚集而形成。此外，宗教活动产生的人口聚集使一些宗教中心发展成为城镇，集市、商品交换地的固定化同样是西部地区城镇形成的重要原因❷。以川西地区为例，历朝历代出自设置统治机构需要或出于军事驻兵防卫需要而新筑城垒，形成了川西地区城镇的雏形。川西地区古代城镇的发展模式主要有古代军事要塞、交通中心或商贸集散口岸以及寺庙等宗教活动中心所在地❸。

二、"前工业"城镇化的意义

（一）西部地区城镇化的开端

虽然在中国古代就有了城市的发展，但一般认为中国的城镇化开始于 1840 年的鸦片战争。鸦片战争之后，帝国主义列强以武力大举入侵中国，加速了中国几千年封建社会的解体。同时，中国资本主义生产方式和民族工商业得以进一步建立和发展，为工业化和城镇化的起步创造了客观条件❹。起步阶段城镇化发展区域之间极不平衡，尤其是西部地区的城镇化发展水平更低，发展速度更慢。然而，即使西部地区"前工业"城镇化的水平很低，发展速度很慢，但其毕竟进入了城镇化发展阶段，为中华人民共和国成立后的西部地区的城镇化奠定了坚实的基础。

---

❶ 马远. 新疆特色城镇化路径研究 [M]. 北京：中国农业出版社，2014.

❷ 李澜. 西部民族地区城镇化发展研究 [D]. 北京：中央民族大学，2003.

❸ 杨建翠. 川西民族地区旅游业推进城镇化研究——以九寨沟县为例 [D]. 成都：西南民族大学，2012.

❹ 孔凡文. 中国城镇化发展速度与质量问题研究 [D]. 北京：中国农业科学院，2006.

（二）带动西部地区农村经济发展

众所周知，西部地区农村发展的根本出路在于城镇化。中华人民共和国成立前西部地区的城镇化发展处于初期阶段，城镇化水平较低，但其城镇化进程在一定程度上带动了西部地区农村经济❶。中华人民共和国成立前，西部地区长期落后的经济状态不适于大规模商品交换活动的存在与发展，却存在着为小生产服务的集市贸易的生存条件，集市多设在区域中心、交通方便的地方，随着人口的聚集，手工业者、商人逐渐聚集，集市逐步发展为具有多种经济活动内容的集镇，成为农村商品经济活动的枢纽❷，促进了西部地区农村经济发展。

三、"前工业"城镇化存在的问题

中华人民共和国成立前，西部地区的城镇化发展基本处于停滞状态，生产力水平低下、规模小，城镇工业基本没有形成体系，城镇产业聚集效应和扩散效应弱，薄弱的城镇经济社会结构对广袤的农村经济结构的辐射作用非常小，致使西部地区农村经济社会结构仍停留在几千年封建文化背景下形成的闭塞状态，城镇化缓慢发展对农村社会经济结构转型的促进作用十分有限。具体表现在以下几个方面：

（一）城镇化发展非常缓慢

影响西部地区城镇化发展的主要因素有农业现代化程度、经济发展水平、工业化程度、人口控制、市场发育等。除此之外，还有其他制约因素。但毋庸置疑，经济发展水平是城镇化发展的决定性因素。同时，在经济发展基础上成长起来的城镇化对经济发展有着深远的影响。由此不难得出结论，经济发展是农村城镇化的决定性因素，而城镇化的快速发展是推动区域社会经济发展的主要驱动力之一。然而，在"前工业"时期，西部地区社会生产力较低，经济发展水平低，严重制约了西部地区城镇化的发展，城镇化发展缓慢。

（二）城镇产业规模小，生产力水平低下

"前工业"时期，西部地区城镇主要是由军事要塞、交通中心或商贸集散口岸发展而来，集市、商品交换地的固定化是西部地区城镇形成的重要原因。自然形

❶ 张笑培. 西部小城镇发展道路及对策研究 [D]. 西安：西北农林科技大学，2005.
❷ 李澜. 西部民族地区城镇化发展研究 [D]. 北京：中央民族大学，2003.

成的城镇仅是交换商品的固定场所，城镇功能单一，加之经济基础薄弱，基础设施不足，人力资源匮乏，其产业规模小，生产力水平低下。

（三）城镇的扩散效应和聚集效应微弱

城镇的扩散效应指所有位于城镇周围的地区，都会随着城镇基础设施的不断完善等情况，从城镇社会经济发展中获得资本、人力和物力等，进而促进城镇周边地区的社会经济发展。城镇的集聚效应指城镇化发展进程中各种产业和经济活动在区域空间上集中产生的规模经济效果，以及由规模经济效果吸引周边范围的经济活动向一定区域集聚的驱动力，是导致城镇化发展和不断壮大的原因之一。中华人民共和国成立前，西部地区以小农经济结构为主导，城镇化发展相当落后，城镇经济在整个国民经济中所占的比重微乎其微，基本不存在城镇的扩散效应和集聚效应。

第二节　"跨越式"城镇化：1949—1956 年的西部地区城镇化发展

1949—1956 年间，我国的国民经济处于战后的经济恢复阶段，西部地区也不例外，其城镇第二、三产业体系发展处于初期建设阶段，由于政策上没有对农业人口和非农就业进行限制，这一时期的城镇化和工业化基本是协调发展的。

一、"跨越式"城镇化的内涵与特征

（一）"跨越式"城镇化的内涵

在了解"跨越式"城镇化前，我们首先要知道什么是"跨越式"，以"跨越式"发展为例来解释其内涵。所谓"跨越式发展"是指在一定历史条件下落后者对先行者走过的某个发展阶段的超常规的赶超行为。由此可得，"跨越式"城镇化即指在一定历史条件下落后者对先行者走过的某个城镇化阶段的超常规的赶超行为。中华人民共和国成立初期，国家正处于国民经济恢复时期和"一五"计划建设时期，在此期间，各级各类城镇快速增长，不少城镇由衰落转向兴盛，城镇化空前发展。与此同时，西部地区长期落后的经济发展状况出现了历史性的突破，以丰富的自然资源开发为目标，各类工业、矿业生产迅速发展，并很快成为西部地区城镇兴起和发展的主要动力，与全国的城镇化发展形势相一致，西部地区的城镇化发展进入了空前的快速增长时期，西部地区"跨越式"城镇化主要体现为城镇数量的迅速增长和城市非农业人口数量的大幅度增加❶。

（二）"跨越式"城镇化的特征

1.在恢复和发展国民经济的同时，优先发展工业，尤其是重工业

中华人民共和国成立后，国家确立了"优先发展工业"的社会经济发展战略，区域工业化发展推动了各类二、三产业向城镇聚集，促使城镇规模快速扩大，带动农业人口向城镇非农人口转化。西部地区地大物博，蕴藏着丰富的能源、矿产等各类资源，国家优先发展重工业的社会经济发展战略，对资源丰富的西部地区城镇化发展十分有利。此外，在宏观经济布局上实施区域均衡发展的思路，为改变中华人民共和国成立前经济主要集中于东、中部沿海地区的经济"畸形"发展提供了政策导向，在全国范围内均衡地发展工业，以促进西部地区工业化较快发展。在有利的政策引导下，西部地区的城镇化进程在以资源开发为主要驱动力的条件下得到了长足发展。与此同时，随着全国各行各业的逐渐恢复和工业化发展的全面展开，尤其是苏联在国民经济"一五"计划期间援助的156个建设项目的实施和694个建设单位组成的工业建设，有力地推动了西部地区的工业化和城镇化进程。依托矿业和工业项目建设，西部地区城镇化发展进程迅速❷。

2.以政府主导型城镇化道路为主

以政府主导型城镇化道路为主具体表现为城镇化过程中由国务院主导，市场机制作用微小。1949—1956年期间西部地区是国务院主导的自上而下的城镇化发展模式。当时，西部地区工业基础相当薄弱，自然经济占统治地位，为了响应中华人民共和国成立后的重工业优先发展战略，在西部地区矿产资源比较丰富的地区建立了一些重工业，这些重工业的建立可以说是完全依靠外部力量拉动形成的❸。那么何为"自上而下"型模式？所谓"自上而下"型模式也被称为"政府主导型城市化"，指城市的发展由政府推动，城市化进程中以政府为主导，通过贯彻执行一定的城市

---

❶ 李澜. 西部地区城镇化发展研究 [D]. 北京：中央民族大学，2003.
❷ 张笑培. 西部小城镇发展道路及对策研究 [D]. 西安：西北农林科技大学，2005.
❸ 程兴国. 西南民族地区城镇化发展的适宜模式及规划对策研究——以攀西地区为例 [D]. 西安：西安建筑科技大学，2009.

建设方针来促进城市化进程的城市发展模式。"自上而下"城市化模式强调的是政府的主导作用，是政府按照城市发展战略和社会经济发展规划，运用指令性手段发展城镇并安排落实城镇建设的一种强制型的制度变迁模式。值得注意的是，在西部地区的城镇化进程中，"自上而下"的城市化模式始终是一种主导模式。由于西部地区的特殊性，我国政府曾先后多次发布行政命令，以政府为主导，以大规模政治运动的形式建立区域经济体系，发展现代工业，这就使西部地区的城市发展表现出强烈的非经济性，"自上而下"的特点十分明显。城市发展的动力不是来自于区域经济的发展，而是以政府的人为拉动为主要原因❶。

3.西部地区城镇数量逐渐增加，城镇化水平进一步提高

中华人民共和国成立后，国家开始全面实施土地改革，建立社会主义生产关系，人民从此当家做主，西部地区农村生产力得到解放，城乡工农业获得充分发展。城镇在此环境下快速发展，不少城镇也由衰落转向兴盛❷。城镇是一定区域范围内的商品交换中心，是农副产品集散地，是工业品流通的基本场所，为西部地区农村商品经济的发育和发展提供了市场基础。城镇的建设有助于推动西部地区社会经济的发展，促进商品流通，并完善当地的市场经济体系。因此，加快城镇建设是提高西部地区城市化水平和民族物质文化生活水平的重要措施。

此外，西部地区城镇化水平也有了大幅提高，以县级以上的城市发展为例，西部地区城市数在国民经济恢复时期，由1949年的13座迅速增加到1952年的32座，即增加了19座；城市市区非农业人口由1949年的281.80万人增加到1952年的452.97万人，年均增长率达17.1%。进入"一五"时期，西部地区城市数目减少了2座，到1957年只有30座。但是，由于工业项目的重点建设，城市人口规模仍有较大幅度的提高，城市市区非农业人口由1952年的452.97万人增加到1957年的737.76万人，年均增长率达10.2%。

（三）"跨越式"城镇化的意义

1.解放了农业生产力

中华人民共和国成立后，中央政府通过在农村推行土地改革建立了社会主义生产关系。土地改革的实质是建立一种新的社会生产关系。中华人民共和国成立

---

❶ 王雅红. 西北少数民族地区城镇化模式研究——甘肃、新疆的个案分析 [D]. 兰州：兰州大学，2010.

❷ 张笑培. 西部小城镇发展道路及对策研究 [D]. 陕西：西北农林科技大学，2005.

后一直参与土改政策制定并参加土改实践的杜润生认为："土改要分配土地，但不是单纯地分配土地，而是要根本改变农村社会结构，建立一种新的、民主的、自由的社会关系。"土地改革后人民从此当家做主，充分调动了广大人民群众的积极性和创造性，解放了农业生产力，农业劳动生产率显著提高，从而为城镇化发展提供了农业剩余 ❶。

2. 工业生产体系初步建立

中华人民共和国成立初期，国民经济发展非常落后。当时的中国是以农业人口为主的农业大国，缺乏现代化工业体系。不但国内战争还没有结束，而且国外帝国主义对我国进行了封锁，想把新生的中华人民共和国扼杀在摇篮中。为了巩固新生的人民政权，中国必须发展自己的现代化工业，建立自己独立的现代化工业体系 ❷。在这样的经济社会背景下，中国确立了在恢复和发展国民经济的同时优先发展工业尤其是重工业的经济发展战略。在国民经济三年恢复期后，国家开始实施国民经济建设"一五"计划，期间在苏联的援助下总共启动了 156 个重点工业建设项目，随着大量的农业劳动力进入城镇的工矿企业就业，城镇人口快速增加，城镇化发展迅速。在此期间，拥有丰富自然资源的西部地区在此期间得到了迅速的发展。随着国民经济建设"一五"计划的实施，国家在西部地区的重点项目得以完成，工业生产体系初步建立，不仅使原有的拥有轻工业的城市得到了发展，还使一批新的工业城市得以建立，极大地推动了西部地区的城镇化发展，扩大了城乡间的经济社会关联性，优化了城镇的空间布局 ❸。

3. 经济得到恢复，城镇化水平提高

中华人民共和国成立后确定的优先发展工业的道路，使长期落后的西部地区经济发展状况出现了历史性的突破。丰富的自然资源很快成为西部地区城镇兴起和发展的主要动力。与全国的城镇化发展形势相一致，西部地区城镇化快速发展主要体现为城镇数量的迅速增加和城镇非农业人口数量的大幅度增长，地区经济也得到进一步提高。以新疆为例，1949—1957 年是新疆城镇化发展的起步阶段，随着战后社会经济的恢复和"一五""二五"国民经济建设计划的实施，社会经济逐步发展，城镇化进程开始起步。1952 年，新疆增设喀什市和伊宁市，城市数量由原来的 1 座增加到 3 座。1953 年石河子和克拉玛依开始部署建设，同时迪化市被更名为乌鲁木齐市。1949—

---

❶ 韩文明. 中国特色农村城镇化问题研究 [D]. 哈尔滨：哈尔滨理工大学，2007.

❷ 肖万春. 中国农村城镇化问题研究 [D]. 北京：中共中央党校，2005.

❸ 韩文明. 中国特色农村城镇化问题研究 [D]. 哈尔滨：哈尔滨理工大学，2007.

1957 年，新疆城镇人口从 52.93 万人增加到 94.07 万人，新疆城镇化率从 15% 增长至 19.93%[1]。

二、"跨越式"城镇化存在的问题

（一）小城镇规模小、功能单一，带动能力不强

随着西部地区社会法制体系的逐步健全，地区生产力的解放促使城乡社会经济各个领域获得充分发展。在此环境下，城镇化快速发展，逐步由衰落转向兴盛。然而，由于计划经济体制的限制，西部地区城镇主要是各级政府所在地，主要发挥行政作用，功能单一，基本上是履行行政职能。同时城镇规模相对较小，这使城镇发展和功能作用的发挥在一定程度上受到限制，辐射及带动农村经济的作用与现实要求还相差甚远。有关研究表明，一个城镇只有当镇区人口达到 1 万人以上时，才能真正发挥对周边若干乡镇经济和社会发展的带动作用[2]。反之，人口规模达不到容易造成公共基础设施的重复低水平建设，进而阻碍人口和各种社会资源的快速集聚。中华人民共和国成立初期，西部地区的建制镇一般都是各州的州级政府所在地或县政府所在地，规模较小，功能单一，不能带动周边农村的发展。

（二）城镇化严重滞后于工业化，农村经济发展缓慢

中华人民共和国成立后中央政府确立的国民经济发展战略，推动了西部地区的城镇化发展，促进了农业劳动力向城镇非农产业的转移。然而，由于片面强调发展重工业，使西部地区城镇化发展速度远远滞后于工业化发展速度。此外，在经济体制上模仿苏联的高度集权的行政命令型的计划经济管理方式，进一步制约了西部地区城乡资源的流动融合，延缓了西部地区城镇化的发展速度[3]。以西南地区发展为例，西南地区依托国家投资建立起来的以资源开发为依托的重化工业以及军工制造业属于移植和嵌入模式。工业化发展在促进当地的城镇化与区域社会经济发展上缺乏联系，使农业人口滞留在农村，资本要素流入城市，形成了典型的社会经济二元结构。这种城镇化模式形成了在广大的小农经济社会中镶嵌的呈"孤岛"状分布的几个大中城市和资源型中小城市格局。西部地区城镇化严重滞后于工业化，农村经

---

[1] 马远. 新疆特色城镇化路径研究 [D]. 新疆：石河子大学，2011.

[2] 沈山，田广增. 专业镇：一种创新的农村小城镇发展模式 [J]. 农村经济，2005（1）：92-95.

[3] 韩文明. 中国特色农村城镇化问题研究 [D]. 哈尔滨：哈尔滨理工大学，2007.

济发展缓慢，使各产业间产生严重的断层 ❶。

第三节 "逆"城镇化：1957—1977 年的西部地区城镇化发展

"逆"城镇化时期西部地区城镇化发展的主要内容是减少城镇人口、撤销部分城镇、限制城镇发展。1958 年人民公社时期的"大跃进"狂潮，以及"大炼钢铁"战略，使农民大量向城市集聚，促使该时期城镇化"高速"发展。20 世纪 60 年代初，社会经济开始大规模调整，使西部地区出现不同程度的"逆"城镇化现象。随后，"文化大革命"的实施，西部地区大批城镇人口向农村腹地迁移，导致城镇社会经济明显衰退，大多数城镇的总人口出现负增长，"逆"城镇化现象进一步恶化。

一、"逆"城镇化的内涵与特征

（一）"逆"城镇化的内涵

埃比尼泽·霍华德（1898）和波恩（1976）是较早研究"逆"城镇化的学者。国内对"逆"城镇化的研究基本上可以分成三大类型：其一，仅对"逆"城镇化现象进行理论探析。例如，孟祥林等从经济学理论角度通过消费者行为理论和级差地租理论对"逆"城市化现象进行分析 ❷。其二，认为"逆"城镇化有利于城乡一体化发展，应加以引导。这类学者有王小伟（2006）、陈伯君（2007）和刘新静（2008）等。其三，认为"逆"城镇化不利于经济社会发展，甚至认为国内出现的是伪"逆"城镇化。这类学者还有刘燕舞（2010）、王永龙（2011）和袁业飞（2011）等。关于"逆"城镇化的内涵，王志勇认为是城市人口迁向离城市郊区更远的农村和小城镇的过程 ❸。

---

❶ 程兴国. 西南民族地区城镇化发展的适宜模式及规划对策研究——以攀西地区为例 [D]. 西安：西安建筑科技大学，2009.

❷ 孟祥林，张悦想，申淑芳. 城市发展进程中的"逆城市化"趋势及其经济学分析 [J]. 经济经纬，2004（1）：64-67.

❸ 王志勇. 台阶式城镇化与逆城镇化思路探索——以广东梅州为例 [J]. 经济观察，2012（65）：36-37.

（二）"逆"城镇化的特征

1.城镇化水平出现了非连续性和突变

中华人民共和国成立初期的三年"大跃进"狂潮，大炼钢铁、赶英超美的激进的工业建设，促使全国的城市化水平呈现快速的"虚"增长，西部地区的城镇化也进入狂热的"大跃进"阶段。在极"左"的社会经济发展指导思想的影响下，农村人口大规模向城镇集聚，人口迁移一度处于失控状态。以新疆为例，受"大跃进"的影响，新疆城镇人口急剧增加，三年时间新疆城镇人口从1957年底的94.07万人增至1960年的180.04万人。大规模的农村人口向城镇迁移主要造成两种后果，一是农村劳动力匮乏，严重制约农业生产，造成粮食供给不足；二是城镇人口短时间内快速增加，使公共基础设施紧张，城镇各类物质供应短缺，严重扰乱了社会经济秩序，破坏了城镇化发展的正常进程。随着《中华人民共和国户口登记条例》和关于户口迁移政策规定的颁布和实施，严格的户籍管理制度有效地限制了城乡之间的人口流动，1957—1962年，西部地区城镇化进程基本处于停滞状态。随后三下乡运动开始，该阶段新疆城镇人口出现了明显的停滞甚至倒退现象，1960年底至1965年新疆城镇人口从180.04万人减少到147.36万人，非农业人口从218.50万人减少至186.44万人，非农业人口净减少32.06万人，平均每年减少6.41万人，年均年下降率为2.93%。同时，1960年底至1965年新疆城镇化率从31.84%降低为23.63%，接近1958年的城镇化率23.46% ❶。

由于受政治因素影响，"大跃进"导致城市化水平呈现快速的"虚"增长，"文化大革命"时期城镇化出现明显的停滞现象，使西部地区城镇化水平出现了非连续性和突变的特点，凸显了城镇化进程与经济发展、社会进步的非适应性 ❷。

2.人为的大幅度波动

影响城镇化发展不稳定的原因主要是盲目追求高速经济增长、片面发展重工业，造成社会经济结构严重失衡，从而造成西部地区城镇化发展的大起大落。大起阶段，"以钢为纲""全民大办工业""超英赶美"促使农村大量劳动力向城镇集聚，导致西部地区超高速城镇化过程和工业化过程；大落阶段，由于"大起阶段"的后果影响，造成西部地区农业生产萎缩，重工业建设投资规模过快增长，农村

---

❶ 马远.新疆特色城镇化路径研究[D].新疆：石河子大学，2011.

❷ 王天伟.基于县域经济发展视角下的城镇化问题研究——以甘肃省庆阳市为例[D].西安：西北大学，2012.

劳动力匮乏，粮食产量和农产品产出供给不足，西部地区这种超越生产力发展水平的"虚"高速发展城镇化缺乏可持续性。随后，国家通过户籍管理政策和三下乡运动，严格管理和大力压缩城镇人口，促使城镇化水平大回落。同时，几千万城镇人口返回农村对西部地区农村经济社会结构的转型起到了一定的促进作用❶。

此外，西部地区城镇化倒退的另一原因是持续近十年的"文化大革命"运动。"文化大革命"致使西部地区社会生产力遭到破坏、城市各类产业衰退、农村社会经济凋零、城乡经济二元化分割，使这一时期的城镇化和工业化处于停滞状态。加上全国当时以国防建设为中心的工业发展布局中重视"三线"建设，分散的产业布局在一定程度上弱化了基本建设投资对城镇建设的促进作用，使城镇化处于一种"负发展"状态。"三线"工业化分散产业布局造成沿海地带工业的大量内迁，延缓了沿海地带工业化和城镇化的发展。同时，工业产业向西南、西北、豫西、鄂西、湘西等边沿落后西部地区迁移，在客观上促进了全国生产力布局结构的优化，促进了西部地区的工业化和城镇化发展❷。

二、"逆"城镇化产生的原因

（一）大跃进时期

"大跃进"式的社会经济发展战略，爆发式的工业化生产，使西部地区盲目开展许多工业项目，项目主导下的全面工业建设使大规模农村人口向城市快速集聚，农业发展由于劳动力匮乏而萎缩，农业发展的衰退致使工业建设大幅度下降，造成急剧的城镇化倒退。大跃进时期社会经济建设的两大失误：一是大规模的城镇工业建设产生大量的资金缺口，使城镇工业体系建设经费严重不足，造成城镇发展和工业建设比例失调，使社会经济建设成为对城镇化发展的阻碍；二是各地区盲目地扩大城镇规模以适应大规模的社会工业体系建设，如提出"三年不搞城市规划"的口号，使城镇体系建设处于混乱状态，西部地区多为新建城镇，城镇工业体系建设缺乏基础设施的依托。在此背景下，西部地区的工业化和城镇化建设起伏的幅度相对要小一些，城市数量增幅很小，城市化几乎处于停滞状态❸。

---

❶ 韩文明. 中国特色农村城镇化问题研究 [D]. 哈尔滨：哈尔滨理工大学，2007.

❷ 同上。

❸ 张笑培. 西部小城镇发展道路及对策研究 [D]. 西安：西北农林科技大学，2005.

（二）经济调整时期

社会经济建设大跃进时期，城镇化和工业化建设破坏了农业和城镇化、工业化发展的平衡，导致社会经济建设大起大落。国家从 20 世纪 60 年代初开始大力调控城乡人口规模和布局，西部地区出现了城镇化水平的大回落。经过 1961—1965 年五年的经济调整时期，为了使社会经济建设基本摆脱大跃进造成的影响，通过调整社会经济发展战略，大力精简职工、压缩西部地区城镇人口规模，在一定程度上阻碍了城镇化的顺利进行。由于经济调整时期远远超过当时国力的巨大规模的工业建设的大幅度减少，造成了几乎同样急剧的城市数量及人口的减少。

（三）"文化大革命"时期

"文化大革命"期间，城镇体系建设遭到了不同程度的破坏，西部地区依据"三线"建设了"靠山、分散、进洞"的一批工业基地，在此时期，国家撤销了全部城镇规划和建设机构，城镇体系规划及建设处于混乱状态。实际上，早在 1964 年"三线"建设就已经开始，早期东部沿海地区工业企业向内地搬迁时，政府明确要求工业企业搬迁实施"大分散、小集中"策略，避免集中建城，要求降低造价、城镇公共基础设施建设低标准化。到"文化大革命"时期，西部地区"三线"建设大规模发展，仍主张不建城镇，进一步提出工厂"进山、入洞"，工厂不留工厂的特征，要与公社结合，以实现城市向乡村看齐，消除所谓城乡差别。西部地区是"三线"建设的重点地区，特别是所谓的"大三线"建设。从总体上讲，"三线"建设在一定程度上奠定了西部地区工业化的基础，加快了西部地区工业化的进程，然而留给西部地区的仅仅是一些区位和环境条件较差、经济效益较低、以"靠山、分散、进洞"为特点的工业基地（除少数军工企业外），城市建设几乎没起什么作用，反而恶化了原有的城市基础设施条件。在十年"文化大革命"时期，西部地区新增城市很少，城市非农业人口数量增加也很少 ❶。

三、"逆"城镇化存在的问题

（一）城镇化出现逆增长

1958 年的"大跃进"运动使社会经济结构比例失衡，社会经济各层面、各部

---

❶ 张笑培. 西部小城镇发展道路及对策研究 [D]. 西安：西北农林科技大学，2005.

门不协调，国民经济体制破坏严重；十年动乱严重破坏了西部地区社会经济正常运行的秩序，基本丧失了城镇正常发展的条件和能力。这一阶段西部地区城镇化进程基本停滞，如云南一直保持 4 个城市的数量，城镇人口规模小幅增加，但因为总人口数量增加更快，故云南城镇化率反而下降了 3.64%❶。

此外，新疆维吾尔自治区也出现了城镇的"逆"增长，1949 年，新疆只有一个乌鲁木齐是设市城市，人口也只有不到 9 万人。虽然经过了将近 30 年的发展，但是期间受到大跃进和"文化大革命"的影响，截至 1977 年，新疆也只有设市城市 8 座，城镇人口 276.44 万人，占总人口比重的 22.87%，反而还要低于 1959 年的水平。总体来说，这一时期新疆的城镇化发展速度相对缓慢❷。

（二）社会生产力遭到大破坏

生产力，通俗些说就是社会生产的能力，即人类运用各类专业科学工程技术，制造和创造物质文明和精神文明产品，满足人类自身生存和生活的能力，是反映一个国家或地区综合能力的重要标准。生产力的发展要求是生产力获得解放和发展的条件，具体来讲，就是生产力对生产关系和上层建筑的要求，即生产关系要适应生产力的状况，上层建筑要同经济基础相适应，保护和促进生产力的发展。只有满足生产力的发展要求才能促进生产力的健康发展，进而促进区域的稳定发展。然而，由于受极左思想影响，1966 年爆发了持续十年的"文化大革命"，城镇产业严重衰退，农村社会经济凋零，城乡经济二元分割，使城镇化和工业化基本处于停滞状态，西部地区社会生产力遭到严重破坏。虽然"三线"建设工业化布局使城镇化工业产业向西部地区迁移，从客观上优化了区域生产力的布局结构，促进了西部地区城镇化的发展和落后的工业化的发展❸，但依然无法弥补"文化大革命"造成的巨大损失，如社会生产力遭到严重破坏、城镇化出现负增长。

❶ 罗应光. 云南特色城镇化发展研究 [D]. 昆明：云南大学，2012.
❷ 韩江涛. 新疆城镇化发展的制约因素与对策研究 [D]. 新疆：石河子大学，2010.
❸ 肖万春. 中国农村城镇化问题研究 [D]. 北京：中共中央党校，2005.

第四节 "快速"城镇化：1978—1992年的西部地区城镇化发展

改革开放后，西部地区城镇化处于加速发展态势，积极稳妥地推进城镇化成为城镇化发展的主旋律。该时期又可以分为两个阶段，其中1978—1983年中央政府通过推行改革农村社会经济体制来促进西部地区的城镇化发展。该时期西部地区城镇化发展的重点是农村社会经济体制改革，城镇吸纳农村剩余劳动力以及新建城市的高速转化，恢复性的城镇化发展确立"先进城后城建"的主导性发展模式。1984—1992年中央政府主要通过城镇社会经济体制改革推动城镇化发展。该时期西部地区城镇化发展过程中社会经济体制改革以城镇社会经济体制改革为重点，原有城镇发展比较缓慢，新建城镇特别是中小城镇快速发展占主导地位。

一、"快速"城镇化的内涵与特征

（一）"快速"城镇化的内涵

"快速"城镇化是指城镇化发展过程中城镇化水平提升较快。1978年中央政府实施改革开放战略以来，西部地区确立了以社会主义市场经济建设为中心的城镇化发展战略，经过一段时间的城镇化恢复，城镇化发展逐步进入与社会经济发展水平相适应的合理轨道。随着中央政府经济管理权利的下放和家庭联产承包责任制的实施，经济快速增长引致西部地区城镇化的快速发展。虽然西部地区乡镇企业的发展较落后，但仍是西部地区城镇化发展的强大驱动力。国家实施的东西对口支援政策和"八七"扶贫攻关计划，也极大地推动了西部地区的经济发展和城镇化进程❶。

"快速"城镇化发展时期西部地区城镇化发展速度较快，以新疆为例，中央政府实施改革开放战略以后，新疆经济得到了全面快速发展，城镇化进程不断加快。1979年，新疆设立库尔勒市。1984—1986年间，新疆先后有昌吉、阿克苏、阿勒泰、博乐、和田、吐鲁番、塔城、阿图什改为县级市。1986年中央颁布的新的设市标准中规定了设市的人口规模和经济指标，新疆部分地区由于达不到国家标准，

---

❶ 张笑培. 西部小城镇发展道路及对策研究 [D]. 西安：西北农林科技大学，2005.

城镇化发展规模受到了一定影响，但城镇化总体水平依旧保持上升态势。1986 底年至 1992 年，新疆城镇人口规模从 613.34 万人增长到 715.64 万人，城镇化率从 32.50% 增加到 33.82%，在国家高度重视下，城镇基础设施建设获得了极大改善 ❶。

（二）"快速"城镇化的特征

1. 小城镇发展迅速

"快速"城镇化发展时期西部地区乡镇企业突起，伴随乡镇企业向城镇集聚，农村剩余劳动力向城镇转移，推动了集镇规模和小城镇规模的快速发展。1984 年，随着新的户籍管理制度和城镇建制标准的颁布，政策上允许农民进城经商、务工以及落户，从而使小城镇的规模急剧增加 ❷。

1980 年 10 月召开的全国城市规划工作会议明确提出"控制大城市规模，合理发展中等城市，积极发展小城市"的城镇化发展总方针。小城镇发展问题第一次得到了中央政策的肯定与支持，其标志是 1984 年 1 月的中共中央《关于 1984 年农村工作的通知》和 10 月的《国务院关于农民进集镇落户问题的通知》。至此，与乡镇企业发展相匹配的城镇化战略渐次进入人民的视野 ❸。理论界方面，费孝通先生 1983 年发表了《小城镇 大问题》一文，提出了大力发展小城镇的理念，该理念迅速得到了决策层和理论界的共同认可，小城镇主导的城镇化发展模式成为当时社会的主流认识。随后，国务院放宽了建镇标准，规定凡县级机关即地方国家机关所在地，均应设镇建制；总人口在 2 万以下的乡，只要乡政府驻地非农业人口超过 10% 也可以建镇；总人口在 2 万以上的乡，乡政府驻地非农业人口占全乡人口 10% 以上的也可以建镇；西部地区，人口稀少的边远地区、山区和小型工矿区、小港口等地，非农业人口虽然不足 2 000 人，也可建镇。这一系列改革措施使西部地区小城镇的发展迅速发展起来，许多乡镇企业也迅速兴起，两者相互促进，使西部地区建制城镇数量有了迅速发展，城镇人口数量也随之增长 ❹。

2. 城镇化带有很强的政府行政色彩

"快速"城镇化发展时期西部地区遍地开花式地发展小城镇，带有很强的政府行政色彩。改革开放后，西部地区城镇化发展进入动态城镇化模式，呈现出各级

❶ 马远. 新疆特色城镇化路径研究 [D]. 新疆：石河子大学，2011.

❷ 韩文明. 中国特色农村城镇化问题研究 [D]. 哈尔滨：哈尔滨理工大学，2007.

❸ 刘金娥. 重庆市城镇化问题研究 [D]. 重庆：重庆大学，2007.

❹ 罗应光. 云南特色城镇化发展研究 [D]. 昆明：云南大学，2012.

政府主导、市场力量驱动等多元格局，城镇化和工业化都得到了不同程度的发展。然而在城镇化发展过程中，伴随着中央政府自上而下的驱动力的逐步减弱，地方政府成为推动区域城镇化的主导力量。改革开放后中央政府推行区域非均衡发展战略，优先发展重点地区，各项政策向重点地区倾斜。1990年后，中央政府通过实施西部大开发战略等措施，转变区域发展战略，加大投资力度，对西部地区基础设施建设具有很好的促进作用，为西部地区的城镇化发展提供了十分有利的条件。但是，随着社会主义市场经济体制改革的深入，中央政府职能不断转变，中央政府对资源的支配越来越有限，致使中央政府的投入对西部地区城镇化发展的促进作用逐步减弱❶。

尽管城市规模的扩大带有很强的行政命令色彩，但在市场经济体制尚未建立，以指令性计划为主导的发展条件下，通过各项发展政策的倾斜，还是在客观上推动了西部地区城镇化的发展。

3. 市场力量逐步成为区域城镇化发展的驱动力

改革开放后，随着社会主义市场经济环境的不断改善和农村产业制度的改革，西部地区农村社会经济迅速发展，为不同类型的乡镇企业发展提供了市场条件和物质支撑，以非公有制为主体的乡镇企业如雨后春笋般迅速发展，成为西部地区城镇化发展的主要驱动力。另外，农村土地制度和产权制度改革为农村剩余劳动力的流动迁徙创造了必要条件，农村剩余劳动力迅速向非农产业转移，兴办乡镇企业、进城打工、从事非农产业等活动既增加了农民收入，也极大地推进了西部地区的城镇化进程。

二、"快速"城镇化产生的原因

（一）家庭联产承包责任制

家庭联产承包责任制，就是人们通常所说的包产到户和包干到户。家庭联产承包责任制是改革开放以来，尤其是20世纪80年代初我国农业经济的发展和农户收入的提高为西部地区城镇化发展提供了一个坚实的制度保障。中央政府实施家庭联产承包责任制极大地解放了西部地区的农村剩余劳动力，调动了农户的生产积极性。一方面，农村经济获得了前所未有的大发展，为小城镇注入了新的发展

❶ 程兴国. 西南民族地区城镇化发展的适宜模式及规划对策研究——以攀西地区为例[D]. 西安：西安建筑科技大学，2009.

活力；另一方面，推动了农村剩余劳动力向城镇集聚和城乡之间资本、物质资源的流动，下放干部返城和知青回城等政策的实施使城镇人口规模呈现较快的机械性增长，促使西部地区城镇化发展整体水平逐渐提高。

（二）户籍制度

1984 年中央政府颁布 1 号文件，提出允许农民自理口粮、自筹资金进城镇务工经商。同年 10 月 13 日，国务院发出的《关于农民进入集镇落户问题的通知》中规定：凡申请到集镇务工、经商、办服务业的农民和家属，在集镇有固定住所，有经营能力，或在乡镇企事业单位长期务工的，公安部门应准予落实常住户口……统计为非农户口 ❶。1984 年中央政府颁布的新户籍管理制度，允许农村剩余劳动力进城务工经商和进镇落户，打破了城乡二元结构分割的制度性壁垒，加快了农村剩余劳动力向城镇转移的速度，促使人口城镇化率迅速提高。

（三）政府扶持

西部地区是贫困人口的密集分布地区，贫困面广、贫困程度深、脱贫难度大、返贫率高，是实施城镇反贫困战略的重点区域和关键环节。以拉萨为例，在 20 世纪 80 年代，中央政府投入专项资金，在拉萨修建了体育馆、拉萨饭店、西藏宾馆、拉萨剧院等现代化设施，并从 20 世纪 80 年代中期开始，投入巨资对以布达拉宫为主的古建筑进行了全面维修，不仅保护了世界文化遗产，还为拉萨建设特色城市奠定了基础，间接地促进了拉萨城镇化的发展 ❷。

（四）财政体制改革

20 世纪 80 年代中期，为了更好地促进社会主义市场经济建设，中央政府实施了各级政府的财政体制改革，放开中央对地方的财政管理，使地方政府成为了一级利益主体。在区域经济利益最大化和发展地区市场经济的诱导下，西部地区加快了区域城镇化、工业化的进程，撤乡并镇、兴办开发区等措施使城镇数量和规模猛增，城镇体系结构得到了一定程度的改善。在这一历史背景下，新疆的城镇化发展进程也逐步加快，城镇化综合质量在不断提高。

---

❶ 罗应光. 云南特色城镇化发展研究 [D]. 昆明：云南大学，2012.

❷ 王帅. 拉萨城市化发展与对策研究 [D]. 长春：吉林大学，2012.

三、"快速"城镇化中存在的问题

(一)西部地区城镇化进程和其他地区存在一定差距

改革开放以来,在中央政策的引导下,西部地区城镇化进程发展迅速,但与中、东部地区相比,其城镇化发展差距比较明显。快速城镇化时期制约西部地区城镇化发展的主要因素包括三个方面:①为尽快增强综合国力,发展社会主义市场经济,中央政府实施了非均衡区域发展战略,优先发展基础条件较好的东部沿海地区,受区域自然条件限制,西部地区城镇化发展建设投资和社会主义市场经济发展速度均低于东部地区,导致农村剩余劳动力大规模地由西部地区向东部地区流动和转移,进而对西部地区城镇化的进程产生了一定影响。②国家实施的新工业化战略以优先发展轻工业为主导,东部地区由于自身区位条件优势快速适应了国家的新工业化战略,体现了中央政策的促进效应;西部地区由于区域条件限制,新工业化战略对西部地区城镇化的快速发展存在阻碍作用。③城乡二元结构下户籍管理制度在一定程度上限制了城乡之间人口的自由流动,西部地区更为严格的户籍制度,不利于其城镇化的推进。

(二)城镇集聚效应较弱

1978—1992年间,西部地区城镇化进入快速发展时期,小城镇建设大量出现,然而在各级政府主导下遍地开花式地发展的小城镇,城镇化成本高,城镇数量和规模虽然有所增加,但人口城镇化率和城镇对农村经济社会发展的辐射作用有限,城镇集聚效应较弱。

(三)迅速提高的人口城镇化率明显滞后于工业化

改革开放以后,随着不断深化的城乡市场经济体制改革,农业劳动生产力得以提高,从而加快了农村剩余劳动力向城镇转移的速度,推动了农村剩余劳动力就业非农化和生活方式城镇化。此外,城乡二元结构下的户籍管理制度壁垒逐渐被打破,进一步加快了农村人口向城镇集聚,同时实施的下放干部返城和知青回城等政策使人口城镇化率迅速提高。应该注意的是,人口城镇化率虽然显著提高,但人口城镇化率还是明显滞后于工业化 ❶。众所周知,城镇化和工业化呈现出一种

---

❶ 韩文明. 中国特色农村城镇化问题研究 [D]. 哈尔滨:哈尔滨理工大学,2007.

相互依存、相互促进的互动发展关系，只有两者处于同一发展水平，才能使城镇化和工业化发展呈现出良性互动的发展关系，否则无论是城镇化滞后还是工业化发展不足，都会阻碍另一方的进程 ❶。

第五节　"转型"城镇化：1992至今的西部地区城镇化发展

一、"转型"城镇化的内涵与特征

（一）"转型"城镇化的内涵

"转型"城镇化是指在社会经济转型背景下的城镇化发展进程。社会经济转型主要包括三个方面：一是社会经济体制转型，即从早期的效仿"苏联模式"的计划经济体制向社会主义市场经济体制的转变。二是社会经济结构变动，是向社会经济整体的和全面的结构状态过渡，而不仅仅是社会经济某些单项发展指标的实现。社会经济结构转型的具体内容包括社会经济结构转换、社会经济机制转轨、社会经济利益调整和观念转变。在社会经济转型时期，社会公民的行为方式、生活方式、价值体系都会发生明显的变化。三是社会经济形态变迁，即指社会经济从传统社会经济向现代社会经济、从农业社会向工业社会、从封闭性社会向开放性社会转变的社会经济变迁和发展过程。其中，1992—1998年我国经历了社会主义市场经济体制转型推动城镇化快速发展阶段。西部地区通过逐步建立社会主义市场经济体制，大力建设各类开发区、推进房地产快速发展和加速推进城市基础设施建设，极大地加快了西部地区城镇化发展的步伐，并有效地提升了西部地区城镇化的竞争力。1998年之后到2001年主要是经济结构调整驱动的城镇化快速发展阶段。西部地区各级政府通过大力调整产业结构布局、协调区域经济结构和管控城乡经济结构，实现了西部地区由小城镇大问题转向小城镇大战略，再到积极稳妥地推进城镇化发展进程的新的城镇化方针。

---

❶ 凡芬. 湖南省农村城镇化问题与对策研究 [D]. 长沙：湖南农业大学，2011.

（二）"转型"城镇化的特征

1.城镇化水平较高

1992 年以来，西部地区城镇化有了进一步的发展，尤其是 20 世纪 90 年代中后期，随着各级政府贯彻中央制度的西部大开发战略，国家从政策上对西部地区基础设施建设和产业的聚集发展给予扶持，有效地推动了区域城乡经济社会结构的融合转型，促进了西部地区城镇化的发展。截至 2008 年底，西部地区总体城镇化率达到 38.32%。总体衡量，我国西部地区已经处于城镇化发展的中期阶段。其中，城镇化程度最高的是重庆市，达到了 49.99%，城镇化程度最低的是西藏自治区，为 22.61%。与全国的城镇化水平相比，2008 年西部地区的城镇化率处于较低的发展水平，低于全国水平 7.36 个百分点，低于东部地区 18.4 个百分点，低于中部地区 4.6 个百分点 ❶。

2.以对外开放为先导的边境城镇发展日新月异

对于新时期的城镇化发展，中央政府实施了内地中心城市和沿海、沿江、沿边等地区全方位对外开放的城镇化发展战略，促使大部分沿边西部地区成为城镇化快速发展的焦点。1992 年 3 月，内蒙古自治区满洲里市连同黑龙江省的黑河市、绥芬河市及吉林省的珲春市等构成我国东北地区重要的对外经济开放的沿边城市，加强了同俄罗斯、朝鲜、蒙古等周边国家的政治交流和经济贸易合作。1992 年 6 月，中央政府加大了西部地区对外开放力度，广西的南宁、东兴、凭祥和云南的昆明、瑞丽、河口、畹町是西南部重要的对外开放口岸。国家实施了一系列辅助政策来支持边疆口岸以加快发展，鼓励外商和国内企业投资。例如，云南省依据区位优势开通了 17 个通商口岸，广西在与越南接壤的边境开辟了 20 多个贸易点，西北的伊宁、塔城、博乐等也被列为对外开放发展经济的沿边城市，新疆 5 400 多千米的边境线上设置了 8 个对外开放口岸。这些口岸城镇很快就发展成西部地区经济的新增长点。

此外，随着经济的迅速发展，西部地区的交通条件也在国家经济发展的宏观部署与战略实施中不断改善，这极大地促进了交通沿线的城镇化。可以说，20 世纪 90 年代是西部地区沿边城镇发展最快的时期，老城在不断扩大，新城以 1.33 座／年的速度在增加，城镇基础设施建设突飞猛进 ❷。

---

❶ 李刚. 民族地区城镇化进程中的城市贫困问题研究 [D]. 北京：中央民族大学，2010.

❷ 李澜. 西部民族地区城镇化发展研究 [D]. 北京：中央民族大学，2003.

3. 人口"半城市化"现象突出

所谓人口"半城市化",又称为"不完全城市化""虚假城市化""浅层城市化",是指 20 世纪 90 年代后,农业生产机械化普及,大量农村剩余劳动力向大中城市和小城镇集聚,但由于城乡二元结构的户籍管理制度、就业制度、社会保障制度、教育制度和医疗制度等制度性壁垒使实现非农就业的农业人口无法彻底转移到城镇,成为"钟摆式移民"的一种特殊现象。人口"半城市化"使西部地区城镇化水平普遍虚高,城镇中暂住人口、流动人口占总人口比重较大。实现非农就业的农业人口,无法享受城镇市民的同等待遇 ❶。

二、"转型"城镇化产生的原因

20 世纪 80 年代,国家开始推行区域非均衡发展战略,战略重点东移,各项政策向东部地区明显倾斜。20 世纪 90 年代后,国家逐渐向均衡协调发展的区域发展战略转变,实施了西部大开发战略。尤其是 20 世纪 90 年代中后期,国家从政策上扶持了西部地区产业聚集的社会经济快速发展和基础设施建设,推动了西部地区城镇经济的发展和城乡经济社会结构的融合转型,加快了西部地区城镇化的发展。以拉萨为例,在西部大开发战略实施之后,2001 年拉萨获批国家级经济技术开发区,推动拉萨市进入了跨越式发展的新阶段。具体表现在以下方面:首先,整体城市基础设施建设步伐加快,城市建筑物、道路、管网设施等城镇基础设施和市政设施建设在规划引导下有序展开;其次,当地优势能源、矿产、旅游资源等得到有效开发,促进区域社会经济快速发展;最后,区域人均纯收入逐年增加,人民安居乐业,生活水平逐步提高,与其他地区相比虽然仍旧处在落后状态,但是居民幸福指数较高 ❷。此外,社会主义市场经济体制改革的实施促进了西部地区经济的发展,进而促进了城镇化的进程。

三、"转型"城镇化存在的问题

（一）西部地区与东部地区城镇化差距逐步扩大

虽然国家实施了西部大开发战略,在一定程度上促进了西部地区经济的发展,加快了城镇化的进程,但是由于西部地区经济基础薄弱、自然环境恶劣、生产生活

---

❶ 肖万春. 中国农村城镇化问题研究 [D]. 北京:中共中央党校,2005.

❷ 王帅. 拉萨城市化发展与对策研究 [D]. 长春:吉林大学,2012.

条件差，城镇化水平与东部相比依然很低。从城市数量来看，至1999年，东部地区共计300座，而西部地区只有120座（比改革开放前增加了80座）；从城市非农业人口来看，至1998年，东部地区高达11 163.1万人，而西部地区为3 233.6万人（比改革开放前增加了1 929.79万人）。由此可见，东部沿海发达地区的城镇化水平远远高于西部地区。而且，由于区域经济社会发展水平的差异，东部聚集效应大于扩散效应，使东、中、西部地区城镇化发展的差异扩大趋势并没有发生根本改变。从"七五""八五"和"九五"城镇人口变化率的地区差异性就能很明显地说明这一点。"八五"以后，市镇非农业人口占总人口比例的区域差异在逐渐扩大，东西部的这一比例由1986年的1.47∶1上升到2002年的1.7∶1。如果考虑到东部区域流动人口非农就业比例高的现状，东部与中西部区域城镇化差异扩大趋势就会更加明显 ❶。

（二）体制的影响使城镇化的动力严重不足

1994年分税制的实施，不但没有有效地均衡地区间因经济发展不平衡而带来的区域差异，反而因为集权效应引起了地方政府行为的一系列变化。在这种形势下，地方政府开始积极从预算外，尤其是从土地征收中为自己聚集财力，"城镇化"开始成为地方政府的新增长点，地方政府相应地成为推动城镇化的主要动力。

目前西部地区政府是推动城镇化和工业化的主体，地方政府的资本原始积累主要来源于耕地"农转非"的巨额增值和农业剩余。为了获得投资资本，地方政府大规模地卖地，使西南地区稀缺的土地资源浪费严重。同时，地方政府还增加了一系列不合理的税费，使农民负担不断增加，收入增长幅度呈逐年下降趋势。最终导致农民作为城镇化发展的推动力量受到遏制，城镇多以本地资源开采为主，工业结构雷同，对劳动力的吸引相当有限，也没有形成自我积累功能和自我发展机制 ❷。

（三）生态环境严重破坏

发展小城镇的目的是实现区域可持续发展，包括经济的可持续发展和生态环境的可持续发展。西部地区的经济发展主要是通过发展产业来带动小城镇经济的发展，但小城镇在发展经济的同时产生了一定的生态环境问题。在西部地区脆弱

---

❶ 韩文明. 中国特色农村城镇化问题研究 [D]. 哈尔滨：哈尔滨理工大学，2007.

❷ 程兴国. 西南民族地区城镇化发展的适宜模式及规划对策研究——以攀西地区为例 [D]. 西安：西安建筑科技大学，2009.

生态系统的背景下，由此引起的生态环境问题较严重。此外，随着社会主义市场经济体制改革的实施，城镇化发展的主导机制逐渐由行政计划机制转向市场机制，西部地区城镇化进入黄金时期。然而，一些地方政府盲目扩大城市规模，擅自设立开发区，不顾实际，大建中心广场、修建马路、乱圈耕地等，不仅造成了城镇化的虚高度化，还造成了生态环境的破坏和土地资源的大量浪费。

第五章 六大矛盾：西部地区城镇化的现实困惑

城镇化是人类社会发展的必然趋势，同样，西部地区的城镇化也是西部地区发展的必然趋势，西部地区的城镇化对西部地区的发展意义重大，如有利于建设生态文明，保护自然资源；有利于建设物质文明，优化产业结构，推动经济的发展；有利于建设精神文明，构建边疆和谐社会❶。然而，在西部地区城镇化的过程中难免产生矛盾体，正如马克思主义哲学中所说的，矛盾具有普遍性。西部地区城镇化过程中所面临的现实困惑可以总结为六大矛盾，即生态开发与保护的矛盾、文化流失与传承的矛盾、总量持续增加与贫困不断加剧的矛盾、公共服务落后与需求不断增长的矛盾、体制机制落后与和谐社会建设的矛盾，以及人口持续增加与人口素质低下、结构不合理的矛盾。本章将针对这些矛盾一一进行阐述，并提出解决办法。

第一节 生态开发与保护的矛盾

实现西部地区的城镇化，加快西部地区的经济发展，逐步缩小西部地区与其他地区的发展差距，全面推进我国的社会主义现代化建设，是 21 世纪的必然举措。这一举措对扩大内需、推动国民经济总体持续快速增长、促进我国各地区经济协调发展、加强民族团结、维护社会稳定、巩固边陲地区具有重大的现实意义和战略意义。西部地区一般是自然资源较为丰富的地区，在实现西部地区城镇化的过程中难免出现生态开发与保护失衡的现象。

---

❶ 杨金江，李德波，李再龙，等 . 关于边疆民族地区城镇化建设的思考——以西双版纳州景洪市基诺乡为例 [J]. 云南农业大学学报，2008（2）：44-47.

一、生态的开发现状不容乐观

生态的开发可以促进西部地区的城镇化发展，但是生态的保护可以保证西部地区城镇化的可持续发展。面对大多数西部地区的生态开发现状，生态保护已经到了刻不容缓的地步，不得不提上日程，以引起公众的关注。

城镇化的有序进行必须依靠主导产业的支撑和相关产业的带动。然而，随着我国城镇化的快速发展，不断出现的低水平重复建设问题十分严重，规划不合理现象严重破坏了西部地区的生态环境。比如，很多地区在城镇化建设时缺乏长远、合理、统一的规划，加之本位利益思想严重等方面的原因，造成地区之间缺乏协调性和合作性；在地区内部，则出现严重的"大而全，小而全"现象，部门林立，各部门和单位盲目追求自身利益，忽略其他单位、其他部门的利益，各自为政，造成严重的低水平重复建设；缺乏监督，审核不严，权力失衡，比较"热门"的"政绩工程""形象工程""豆腐渣工程"见怪不怪；国家出台一个政策，很多地方则一哄而上，互相攀比，不惜开展相互间的恶性竞争，最终造成了人力、物力和财力的巨大浪费；在总体政绩考核的制度下，部分地区的领导盲目独断，急功近利，拼命地拉关系、上项目，致使当地的建设严重超出自身的承受能力，财政紧张，甚至背上沉重的债务负担。与此同时，伴随着一些地区城镇化的快速扩张、工业布局的不合理、技术水平低下、盲目开采自然资源等现象，很多地区出现了环境污染、水土流失、草原退化、资源枯竭、沙尘暴频繁等问题，生态环境遭到破坏进而引发出许多社会问题。

2002 年国务院颁布的《国务院关于进一步完善退耕还林政策措施的若干意见》强调："为了加强生态保护和建设，要结合退耕还林工程开展生态移民、封山绿化。对居住在生态地位重要、生态环境脆弱、已丧失基本生存条件地区的人口实行生态移民……有条件的地方，要把生态移民与小城镇建设结合起来。"国务院实行的一系列政策表明，西部地区城镇化发展应该把生态环境建设和扶贫开发摆在首要位置。西部地区目前还存在大量尚未解决温饱问题的农村贫困人口，主要集中分布在交通闭塞、生态环境恶劣、资源匮乏的边远地区，大多数农村贫困人口需要实施异地搬迁才能脱离不适宜生存的环境，从而解决温饱问题。实践证明，城镇化发展与生态建设、扶贫开发是有机结合的，既能够稳步推进异地搬迁的农村贫困人口向中心城镇周边集中或进入城镇，解决农村贫困人口的温饱问题，又能够实现经济、社会、生态的可持续发展。

二、解决矛盾的政策与建议

（一）加大资源保护力度，改变经济增长方式

西部地区自然资源丰富，然而在城镇化的进程中，部分资源破坏较为严重，这反过来又对西部地区城镇化的发展产生了极大的限制，政府需要在城镇化进程中重视对自然环境的保护。具体来讲，现代农业和农业产业化的加速发展依赖于农业资源。要加速发展现代农业和农业产业化，就需要投入更多的资金来防治灾害和保护耕地；在一些中小城市和具有工业的农村，水资源受到了严重污染，居民生活在很大程度上受到了影响，城镇化进程中的基础设施配套建设受到了限制；在矿产资源的深度利用方面，由于利用不充分，产生了大量的废弃物，导致在城镇化过程中投入产出效率不高，使城镇的环境污染加剧。

因此，在西部地区的城镇化进程中，应针对各个方面的不足，改变利用方式，面面攻破，保护自然资源，实现资源保护与经济增长的共赢。

（二）改善生态环境，与生态环境保护协调发展

快速的城镇化进程和经济发展给西部地区的生态和环境带来了更大的挑战。在西部地区的城镇化进程中，由于政策不统一、不配套，组织管理体制不合理、不健全，小城镇建设管理中出现了不少问题。城镇规划与经济社会发展、水利、交通、土地、生态环保等规划衔接不好，规划水平仍然处于低水平阶段，并且得不到很好的贯彻落实。市容市貌、道路交通、土地、社会治安、社区管理以及流动人口等方面的管理尚未形成一个协调统一的综合性管理体系。城镇中的垃圾、污水以及其他废弃物的收集、分类、管理等环保措施尚未能协同进步，城镇垃圾、污水以及其他的废弃物不能得到较为妥善的处理，城镇环境问题越来越严重，严重影响着当地经济和社会的发展水平以及城镇化发展质量。城镇化的发展远远没有到达城镇发展与环境保护相互促进的良性发展阶段，没有实现经济、社会、环境的协调发展。

近年来，各级政府逐渐意识到生态保护对实施城镇化战略的重要性，因为西部地区城镇化发展已经致使生态环境遭到了不同程度的破坏，于是社会各界开始广泛关注，人们也在不断探索有效的方法以改善西部地区生态环境。小城镇建设作为连接乡村和城镇的桥梁，对欠发达的西部地区来说具有重要的战略意义，因

此要在城乡二元经济结构下充分发挥各级政府的职能作用，通过对资金、市场以及人力资源等的合理配置，把小城镇建成吸收农村剩余劳动力的蓄水池，减轻西部地区的人口压力，进而改善生态环境，使西部地区经济社会实现可持续协调发展❶。

（三）重视西部地区城镇化过程中产生的土地问题，并提出相应的土地政策

在土地问题上，我国可以广泛借鉴日本的经验，取其精华，去其糟粕。在城镇化发展过程中，日本有非常成功的处理土地问题方面的经验。日本的国土中私有土地约占 65%，土地私人所有致使日本城市的土地价格快速上涨，"摊饼式"的城镇化发展不断向外延伸，导致经济资源和土地资源严重浪费。日本政府为了提高土地利用效率，通过制定土地征收、土地价格、土地合理使用等方面的法律法规，对城镇化进程中土地资源的有效利用做了明确的规定，包括公共利益优先的土地开发原则、抑制投机交易活动的土地利用原则、土地利用的利益和责任相一致原则等。

在西部地区城镇化发展进程中应该严格按照节约集约、合理开发的土地开发利用原则制定好城镇建设的土地政策，通过切实规划、公平征地、合理开发、依法出让、统一管理的办法，妥善处理好城镇化发展进程中农民的承包地、自留地等问题。

总之，在西部地区的城镇化进程中，应该把生态环境的开发与保护相结合，处理好生态开发与保护这对矛盾，维持生态平衡，着眼未来，实现生态与经济的协调发展，促进西部地区的可持续发展，做到城镇化与社会经济发展、资源利用与环境保护的齐头并进。

第二节　文化流失与传承的矛盾

民族文化是一个民族的灵魂，是其存在和发展的重要标志，民族文化的繁荣发展是民族繁荣发展的重要特征。一个民族失去了它的文化，就如同一个人失去了灵魂。西部地区在长期的生存与发展过程中，形成了独特的、光辉灿烂的民族

---

❶ 李先进.对民族地区城镇化发展的几点思考[J].理论与当代，2005（11）：20-21.

文化，这些文化是我国人类文化遗产的重要组成部分，是值得国家重点保护与传承的文化根基。然而，在西部地区城镇化的进程中，城镇的生活方式和文化已深深影响了当地居民的生活，民族文化正在渐渐离我们远去。

一、民族文化的远去

在中央"以经济建设为中心"的政策指引下，西部地区在城镇化建设进程中往往只注重经济发展速度和经济衡量指标，掠夺性的快速城镇化进程严重破坏了少数民族的传统文化，给人类精神文明造成了巨大损失。现代建筑取代了古老雄壮的传统民族建筑，快节奏的信息文化取代了民族文化资源，方便的牛仔衣、夹克衫、西装西裤等取代了原有的色彩艳丽、五彩缤纷的民族服装，现代流行音乐取代了富有浓郁民族风情的民歌，民族特有的习俗、价值观逐步被大众化所同化……随着快速城镇化进程中多民族之间的相互融合，少数民族传统文化面临濒危状况。城镇化过程中少数民族传统文化传承的缺失给西部地区造成了无法挽回的精神损失。

基诺族的绝大多数人口聚居在云南省西双版纳傣族自治州景洪市基诺山基诺族乡。基诺族在人类历史上创造了许多奇迹，他们利用 40 多年的时间，完成了人类社会几千年的社会形态变迁，从"刀耕火种"与"刻木记事"的社会跨入社会主义社会。基诺族的传统标志性建筑物是干栏式建筑，这种建筑风格与当地湿热的气候环境相协调，是基诺族在长期的生产生活中积累下来的宝贵的民族文化财富。然而，在城镇化的进程中，许多干栏式建筑却被现代化的房屋所替代，这的确在一定程度上缓解了当地人患风湿等疾病的现状，但破坏了传统文化。更有甚者，在基诺族青年男女的结婚典礼上，传统的民族服饰已不复存在，取而代之的是现代化的西装与婚纱，民族文化的痕迹荡然无存，会说、会使用民族语言的人更是越来越少，基诺文化在慢慢成为历史。

二、民族文化的传承创造财富

西部地区文化往往是历史学家、文化研究者精心研究的重点。民族文化蕴藏着巨大的精神财富与经济价值，可以彰显出一个国家的悠久历史。在人们更加注重精神生活的新时代，民族文化可以为一个地区创造巨大的经济财富，全面提高地区的城镇化水平、人民的生活水平。

位于云南的丽江古城，坐落在丽江坝中部，与四川阆中、山西平遥、安徽歙县同为第二批国家历史文化名城，是中国历史文化名城中没有城墙的古城之一。

丽江古城地处云贵高原，海拔 2 400 余米，全城面积约 7.28 平方千米，自古就是远近闻名的集市和重镇。古城现有居民 6 200 多户，25 000 余人。其中，纳西族占总人口绝大多数，有 30% 的居民仍在从事以铜银器制作、皮毛皮革、纺织、酿造业为主的传统手工业和商业活动。丽江古城包容着丰富的民族传统文化，集中体现了纳西民族的兴旺与发展，是研究人类文化发展历程的重要史料。然而，丽江古城的城镇化进程却与基诺族完全不同，不但实现了地区的城镇化发展，而且保护了民族文化，对传统的民族文化真正实现了传承与挖掘；充分保留了传统的民族建筑风格与饮食特色，如白沙民居建筑群、束河民居建筑群、丽江水焖粑粑、酥油茶等，并且借助着自己独特的民族文化传统，大力发展旅游业，将旅游业发展为丽江市的龙头产业，如此既保留与传承了传统的民族文化，又实现了资源的合理利用，增加了当地居民的收入，实现了城镇化，促进了经济的持续增长。

李澜提出，城镇经济是推进区域城镇化的内在动力，优化的城镇经济发展模式将为城镇化提供可持续发展的保障。西部地区城镇化发展很大程度是依靠利用当地特色自然资源发展起来的城镇经济的推动，西部地区不但要发展以自然资源利用为特点的传统开发性发展模式，而且应该构建以产业结构优化为特点的市场开拓性发展模式，更应形成以科技创新为特点的现代创新型发展模式，从而构成西部地区多层次的城镇经济发展结构，有效推进西部地区城镇化进程❶。李灿松、武友德等研究者认为，西部地区的城镇化发展应当与特色经济培育有机结合起来，通过特色经济的规模化和集群化发展来推动城镇化发展进程，从而实现城镇化与特色经济发展之间的良性互动❷。Patrick Mullins 在 1991 年最早明确提出"旅游城市化"的概念，并指出旅游城镇是为消费而建立的，城市旅游引导着一种新的不同寻常的城市化类型❸。

国外学者一致认为，旅游业可以带动城镇化的发展，并且具有独特的发展机制和发展特点，不同的国家与地区、不同的经济社会文化背景，旅游业带动经济发展所表现出来的形态与演进规律也会不同。

从国内关于旅游业与城镇化关系的研究现状来看，国内学者更多认为旅游与城镇化发展是相互促进的关系。针对民族各地区的资源优势、悠久的传统文化，

❶ 李澜.西部民族地区城镇化：理论透视·发展分析·模式构建 [M].北京：民族出版社，2005.

❷ 李灿松，武友德，周志生，等.西南民族地区特色经济与城镇化发展研究 [J].资源开发与市场，2007（6）：549-552.

❸ Mullins P. Tourism urbanization[J]. International Journal of Urban and Regional Research, 1991, 15（3）:326-342.

要充分发挥旅游业的集聚效应，在传承文化的同时达到促进西部地区经济发展与提高城镇化水平的目的。蒙睿认为，旅游业和城镇化二者之间有相互推动发展的作用，他提出旅游和城镇化的发展具有"趋同"的特征，即城镇开始旅游化——城镇为旅游活动提供各方面的支持；旅游开始城镇化——旅游成为城镇化的主要动力之一❶。刘嘉纬等分析了旅游业的四大功能对西部地区城市化驱动的可能性，并提出了旅游业发展对西部城市化驱动的基本战略❷。杨振之、李玉琴在对四川、云南藏区部分旅游城镇规划进行对比性研究的基础上，指出藏区旅游城镇的规划、建设必须考虑民族文化的保护，保持本民族的特色❸。王冬萍、阎顺通过对新疆吐鲁番市旅游城市化现象研究，认为旅游已经成为城市化的一种动力，旅游对城市的经济、社会发展具有显著的推动作用。同时，城市化的不断发展也为旅游业的发展提供了有力的支撑❹。罗娅强调，鉴于西藏落后的经济状况和基础设施，以及低水平的旅游资源开发模式、落伍的人才管理等旅游问题，西藏真正实施旅游城市化模式还需要一定的时间和条件，目前的城镇化发展战略还是不能放弃农牧业的基础地位，应围绕发展旅游业战略性调整工业结构，为实现以旅游业为主导的城镇化模式奠定基础❺。

西部地区大多是旅游资源的丰富区，具有悠久的传统文化，因此发展基于本地传统文化的旅游业，不仅可以充分带动本地区经济的发展、创造丰富的价值，还可以在保留本地的民族文化的同时，提高民族文化的国际影响力。

因此，假如重新规划基诺族的文化发展方式，应既保证传统建筑、饮食、服饰、节日、音乐等传统文化的传承，又充分挖掘城镇化进程中当地干栏式建筑的用途、当地饮食"生、酸、舂"的特点和震撼人心的基诺族爱情长歌的悠长意义，等等，这将对基诺族民族文化的保护和当地的经济发展产生意义深远的影响。

❶ 蒙睿.旅游发展与旅游城镇城镇化互动关系研究[D].云南：云南师范大学，2002.

❷ 刘嘉纬，蒙睿.关于旅游业对西部城市化动力驱动的研究[J].陕西师范大学学报：自然科学版，2001（S1）：156-160.

❸ 杨振之，李玉琴.西部大开发中藏区旅游城镇规划、建设与民族文化保护——以四川、云南藏区为例[J].西南民族学院学报：哲学社会科学版，2002，23（11）：30-34.

❹ 王冬萍，阎顺.旅游城市化现象初探——以新疆吐鲁番市为例[J].干旱区资源与环境，2003（5）：118-122.

❺ 罗娅.关于旅游业对西藏城市化驱动的战略研究[D].成都：四川大学，2005.

三、解决矛盾的政策与建议

国家作为唯一主体，应该积极制定保护民族文化的政策，并严格监督其实施，以凸显国家对民族文化流失的重视。在当前全球化趋势的深入影响下，国际社会日益认识到文化多样性的重要性，世界各国都开始重视本国的文化多样性保护，而在西部地区城镇化进程中，却不可避免地会出现文化流失的现象。"各种复杂系统从其多样性中汲取力量：一个物种从基因的多样性中汲取力量。每种文化构成了解释世界和处理与世界关系的独特方式，世界是如此的复杂，以至于只有以尽可能多的角度来观察它，才能达到了解它并和它相处的愿望。我们的工作就是确保人们拥有享受自己文化的自由，拥有了解和解释其他文化的自由。"❶城镇化的推进在很大程度上影响着城镇居民的社会生活方式及社会环境，提高着人们的生活水平。因此，在西部地区城镇化进程中应高度重视城镇中社会环境、人文环境的改善，在保护与传承传统文化的同时，继续追求经济的增长，实现经济、文化、环境的共同进步。

西部地区的城镇化发展过程必然会引起区域民族文化变迁，如民族习俗变迁、民族语言变迁、社会关系变迁、民族服饰变迁和价值观念变迁等。不可否认的是，城镇化发展引起的民族文化变迁是不以人的意志为转移的。在西部地区的城镇化进程中，既要顺应民族文化的"同化"规律，又要突出少数民族特色，使少数民族传统文化发扬光大。

西部地区在城镇化进程中应充分考虑民族文化多样性和民族问题复杂性，城镇化发展结合民族风俗特色、民族文化特色、民族资源特色、民族旅游特色、民族区位特色以及民族经济特色，充分展示本民族的文化艺术、风情习俗、建筑艺术。西部地区的城镇化建设在规划布局、文化品位、建筑风格、地方习俗等方面应充分展示区域风景名胜、文化古迹、旅游胜地的独特魅力。例如，对于风景名胜地区，通过总体规划做好风景名胜区保护，确定核心景区，建立永续利用机制，与区域小城镇建设协调发展，解决当地居民脱贫致富与风景资源保护的矛盾，解决区域经济发展与生态环境保护的矛盾，推动整个社会走上生活富裕、生态良好、生产发展的文明发展道路。

总之，在西部地区城镇化进程中，存在着文化的流失与传承这对矛盾，但是

---

❶ 联合国教科文组织．世界文化报告（1998）——文化、创新与市场［M］．北京：北京大学出版社，2000．

如果采取一定的措施、颁布一定的政策，如发展旅游业时，充分发挥本地区的文化传统，就既可以保存传统文化、发展旅游，又可以促进经济发展、提高城镇化水平。因此，实现城镇化进程与民族文化继承的齐头并进是大势所趋。

第三节　总量持续增加与贫困不断加剧的矛盾

随着国家对城镇化发展的重视，其针对西部地区的城镇化发展制定了一系列优惠政策，西部地区的城镇化率有了显著提高，地区的城镇总量呈直线增加。然而，人民的生活水平却没有随之显著提高，反而出现下降趋势，贫困现象不断加剧。如何解决城镇总量不断增加，而贫困不断加剧的矛盾，即质和量的矛盾，是西部地区城镇化过程中不容忽视的问题之一。

一、西部地区城镇化率在显著提高

我国是一个包括 56 个民族的多民族国家，少数民族人口占人口总数的 8.4%左右，因此，推动西部地区城镇化快速发展可以有效地促进民族间的团结、稳定和繁荣，有利于现阶段和谐社会的构建。在近几年国家的一系列鼓励政策下，我国西部地区城镇人口、总人口在显著增加，城镇化率在逐步提高。西部地区城镇化率变化情况如表 5-1 所示。

表5-1　西部地区城镇化率变化情况

单位：万人

时　间	项　目		
	城镇人口	总人口	城镇化率 / %
1999	3 508.6	16 678	21.04
2000	3 570.45	16 818.7	21.23
2001	3 613.2	16 870.1	21.42
2002	3 763.91	17 051.24	22.07
2003	3 829.28	17 214.12	22.24
2004	3 903.74	17 311.28	22.55

时 间	项 目		
	城镇人口	总人口	城镇化率 / %
2005	4 072.21	17 498.65	23.27
2006	4 314.16	17 679.86	24.40

数据来源：对《中国统计年鉴 2007》和《中国民族统计年鉴 2007》中相关数据计算整理所得。

二、西部地区经济发展水平严重滞后

由于西部地区社会经济发展总体水平严重滞后于全国平均水平，城镇化发展各项建设主要依靠政府直接投资，资金供应渠道单一，城镇化建设中缺乏充足的资金投入，严重限制了广大西部地区城镇化推进的速度。

贵州是一个包括苗族、布依族、侗族、彝族、水族、回族、仡佬族、壮族、瑶族、满族、白族、蒙古族、羌族和土家族等多民族的省份，有 3 个自治州和 11 个自治县，民族自治地区土地面积约 9.7 万平方千米，占全省土地总面积的 55%。原本贵州社会经济发展水平远远落后于全国总体经济水平，但是得益于西部大开发战略的实施，原来经济总量弱小的贵州通过实施赶超战略，将城镇化发展进程与提高人均收入同步进行，逐步缩小了与全国社会经济发展平均水平的差距。

西部地区城镇化率在提高，但西部地区的经济发展水平却远远没有跟上时代的步伐，贵州省的现象并不是个例，如何实现总量增加与经济发展、贫困现象逐渐减少的共同进行，值得政府与地方的深思。在很大程度上，在各国各地区的历史经验中，解决总量持续增加与贫困不断加剧的矛盾是可以实现的，但需要不断创新，不断开拓思路，找准方法，对症下药。

第四节 公共服务落后与需求不断增长的矛盾

改革开放以后，特别是随着国家西部大开发战略的稳步推进，西部地区的公共服务水平与以往相比有了较大程度的提升，但与全国平均水平和发达地区相比还有很大的差距。在当前形势下，我国西部地区经济持续发展、社会不断进步，广大少数民族人民群众精神文化的需求日益增长，这一系列现状与西部地区落后的公共服务水平形成了鲜明的反差。正确认识和把握西部地区落后的公共服务与不断增长的精神文化需求之间的矛盾，对提升西部地区基本公共服务水平、促进基本公共服务均等化具有重要意义。

一、教育

受制于落后的经济发展水平，西部地区教育经费投入总量不足。由于少数民族聚居地往往是偏远山区或边疆地区，受地理位置因素限制，社会经济发展较为落后，教育筹资非常困难。西部地区无论是基础教育、职业教育，还是高等教育，都存在教育经费投入不足的问题。

西部地区的基础教育、职业教育和高等教育的师资队伍中均存在诸多问题。就基础教育而言，师资数量相当匮乏，教育资源分布极不均衡。在西部地区城镇化发展较好的区域，师资处于饱和甚至过剩状态；而在农牧区、山区等城镇化发展较为落后的贫困地区，师资相当匮乏，特别是在边远山区、贫困地区的教育体系中，普通教师担任多门学科教学、跨年级承担教学任务的情况普遍存在，使落后地区的教学质量难以保证。西部地区的中、高等教育体系的师资队伍最突出问题是缺乏专业学科师资和高水平师资。师资问题产生的关键是留不住人才，其实西部地区高级人才产出并不少，但由于落后的经济发展状况，高级人才往往趋向于中、东部地区。人才的外流无疑更加重了西部地区师资力量的匮乏程度。

西部地区对职业教育的认识普遍存在偏颇，职业教育的层次远低于普通高等教育，很多人没有机会接受高等教育才会接受职业教育。多数地区把大量教育经费投入高等院校中，忽视了职业教育的经费投入，使职业教育经费投入和教育设施建设严重匮乏、职业教育办学条件长期得不到改善，致使职业教育存在诸多问题，如专业设置不合理、教学模式和教学方法缺乏创新、人才培养和地区需要严重脱节等。职业教育的发展受限使西部地区技能型人才培养的数量、质量和结构不能很好地匹配西部地区社会经济发展的需要。

二、公共卫生和基本医疗

（一）公共卫生体系不健全

公共卫生体系是由多个体系组成的有机整体，应该是由卫生服务体系、基本医疗保障体系、药品医用器材供销和监管体系、医药费用价格管理体系、财政经费保障体系、卫生监督管理体系等组成的有机整体。西部地区公共卫生管理部门的主要职能是管理公共卫生服务体系，而公共卫生资源又分别隶属于各级政府、部门、行业和企业，这样在很大程度上削弱了行政管理部门对卫生机构有效的检查、指导和监督，导致西部地区公共卫生服务秩序混乱。此外，西部地区公共卫生体系不健全，缺乏完善的、健全的公共卫生预防体系，包括突发公共卫生事件指挥中心、指挥体系、应急处理系统、信息报告系统、监测和预警系统等 ❶。

（二）公共卫生专业人才和技术匮乏

由于受落后的社会经济发展水平的制约，西部地区在公共卫生的资金投入上受到了极大的限制，这导致西部地区的公共卫生相关机构严重缺乏专业人才和技术，尤其是适应西部地区公共卫生服务的特殊专业人才严重缺少，大部分从事公共卫生服务的人员都没有相应资质。在推进西部地区城镇化发展进程中，要加快培养和引进适应西部地区公共卫生服务的特殊专业人才，进一步提高卫生人员的整体素质。

（三）公共卫生服务资源配置和经费投入不均衡

各级政府实施市场化取向的医疗卫生事业改革，使西部地区公共卫生资源配置不均衡，导致了公民在享有、利用公共卫生服务资源方面存在明显的不公平问题。城镇占据了大部分公共卫生服务资源，而山区、农牧区公共卫生服务资源配置严重短缺，甚至有些基层卫生服务机构难以维系，濒临倒闭。虽然近年来，西部地区的各级政府根据国家区域卫生规划的相关指导意见制定了符合本地区的区域卫生规划，在政策上使卫生资源配置向山区、农牧区等倾斜，但在实施过程中很难真正到位，最终还是无法改变西部地区山区、农牧区公共卫生医疗资源极度缺乏的状况 ❷。

三、基本社会保障

（一）社会保障资金供给不足

从保障资金供给角度看，社会保障资金主要来源于中央及地方政府的财政资金转移支付，或是通过参保个人的自我缴费筹集。西部地区社会经济发展比较落

---

❶ 乌云高娃.浅谈民族地区公共卫生管理 [J].内蒙古农业大学学报：社会科学版，2007（3）:64-65.

❷ 沈骥，郑小华.四川省民族地区卫生发展状况研究 [J].中国卫生事业管理，2008（1）:4-6.

后，贫困人口总体规模巨大，通过个人缴费筹集社会保障资金不太现实；再加上地方政府财政开支入不敷出、中央财政对西部地区的转移支付相对有限等因素，使西部地区居民的社会保障供给与需求极不平衡 ❶。当前西部地区社会保障制度尚未完善，现实中解决西部地区贫困问题的作用非常有限。

（二）缺乏与西部地区需求相对应的保障制度

西部地区特别是西部地区的贫困地区有其自身特殊性。就社会保障而言，虽然国家对西部地区部分区域的特困群众给予了一定的关心和照顾，但是除了资金倾斜之外，没有安排相对应的保障制度。在各级政府实施的农村社会保障体系中，只有边疆少数民族农村居民就医的补助政策与民族政策有一定的联系，至今还没有对西部地区特别是人口较少民族的针对性措施。由于西部地区社会经济发展滞后，政府财政收入十分匮乏，存在社会保障资金支付能力有限的问题，个人或家庭承担全部社会保障费用存在更大的困难。比如，在相对规范的新型农村合作医疗制度中，政府对参保农民的补助水平一致，参保农民的缴费标准相同，加之农民自愿参保的模式设计，必定带来收入水平较低的少数民族群众参保困难，而使新型农村合作医疗制度在西部地区失去了制度意义 ❷。

（三）社会保障水平较低

随着西部地区城镇化建设的快速发展，社会保障体系面临严峻挑战，急需通过改革适应新时期的社会要求。根据其他国家已有经验，社会保障制度改革是一个渐进的过程。坚持社会保障制度广覆盖、多层次的基本方针，逐步实现由政府包揽向多主体共同负担转变、由个体自保向社会互济形式的转变、由政府福利包揽向社会基本保障转变、由政策主导向法律规范转变。西部地区社会保障覆盖面较小，尚未建立多层次的社会保障体系，西部地区社会保障仍然是由政府强制性基本保障主导的。

第五节　体制机制落后与和谐社会建设的矛盾

构建社会主义和谐社会是我党顺应历史发展做出的重大决策，反映了全国人

---

❶ 顾华详. 和谐民族地区社会保障制度建设的问题与对策 [J]. 新疆师范大学学报, 2007（1）: 74-82.

❷ 彭希哲, 宋韬. 农村社会养老保险研究综述 [J]. 人口学刊, 2002（5）: 43-47.

民的心声，也是党在新时期攻克新困难、新问题需要研究的新课题。只有在深刻认识西部地区现有体制机制的特殊性及其存在的问题的前提下，才能找到建设西部地区城镇化的有效途径，这不但会对我国全面建设小康社会、开创中国特色社会主义事业新局面产生重大而深远的影响，而且对解决我国现阶段的民族问题具有重大意义。

西部地区由于自身地理条件、自然环境以及宗教文化等因素的特殊性，在经济和社会等方面的体制机制与国内发达地区相比存在较大差距，具体表现在以下几个方面。

一、经济

（一）资源依赖型经济不利于西部地区经济的长远发展

在西部地区经济发展过程中，传统的采掘业与原材料在整个工业体系中占有较大的比例，这样的工业和经济发展模式极易造成对资源的依赖。尽管相对于国内其他地方而言，西部地区的资源优势是明显的，但是在国际视野下，我国西部地区资源的丰裕程度又显得捉襟见肘。与许多资源型国家，特别是拥有丰富铁矿资源的澳大利亚、巴西，有丰富石油资源的中东国家以及有色金属资源丰富的非洲有些国家相比，我国西部地区的资源明显缺乏竞争优势。再者，除去如水能、风能等存在不确定性的可再生能源外，不可再生资源是我国西部地区存在的主要资源，这些不可再生资源经过大规模开发以后，储量逐渐减少，随之而来的是开采规模的缩小，这样一来，资源对经济发展的贡献就会降低。因此，如果不将结构优化和升级，仅仅把产业发展固定在资源开发的方向，对西部地区长期可持续发展是有百害而无一利的。

（二）行政机构建设不符合西部地区经济发展要求

西部地区与全国其他地区一样，拥有一致的行政机构。在这样的体制下，西部地区的人民负担明显重于其他地区，因为按照全国行政机构一般编制的规定，西部地区面积大、人口少、服务半径大，造成了这些地区远高出全国平均水平的"官"与"民"的数量比值。再加上西部地区相对落后的经济水平，就业难成了普遍现象，西部地区的百姓在进行职业选择的时候往往首选政府机构，公务员、教师、医生都是当地"紧俏"的工作岗位。政府人员数量多势必会增加西部地区的财政负担，并且加大机构改革的阻力。

（三）市场发育程度不完善阻碍西部地区可持续发展

中华人民共和国成立之前，西部地区有延续了几千年的经济传统。在中华人民共和国成立之后，政府开始推行计划经济。政府主导着对西部地区市场的认识和利用开发，造成了当地商品经济欠发达、人们对市场的认识不到位，再加上缺乏群众基础和市场基础，改革开放后的市场经济体制改革遇到了很大阻力。在西部一些地区存在着原始财富文化观念，人们普遍喜欢实物形态的资产，这样就增加了经营风险，不利于商品流通和生产经营规模的扩大，这就是民族文化传统观念和市场经济观念偏差造成的。城镇的产生源于商品交换，因为商品交换需要大的商品集散地，而西部一些地区重视农业和以交换为耻的思想妨碍了城镇化的发展。此外，对于一个拥有宗教信仰的西部地区家庭而言，在原始的宗教消费和人情消费的文化观念的指引下，所有的宗教消费支出都是必不可少的，但是他们没有对宗教消费进行预算，这样盲目的消费实际上是对家庭再生产能力的削弱。

（四）习惯于封闭的生活不利于西部地区与国内外经济一体化发展

不同的语言、风俗、习惯等是西部地区的特色所在，但是这也对西部地区经济发展产生了不利影响。在西部地区投资的投资者往往交易成本更大，这正是由于他们在投资时必须要考虑到当地的语言、文化、生活习惯等方面与自身存在的差异。随着国内外经济一体化的发展，经济要素要毫无阻力和毫无障碍地集中于低成本地区。因此，相比于进入壁垒高的区域，进入壁垒低的区域更容易吸收更多的生产要素。封闭的惯性长期存在于西部地区，这无疑筑起了西部地区经济与国内外经济一体化发展的壁垒，从而阻碍了要素的进入，进而限制了西部地区区域经济潜力的发挥。在改革开放的今天，西部地区的经济发展方式却没有得到根本性的转变，这主要表现在对资源环境投入、科技教育水平发展、能源物资消耗状况、收入分配等许多方面。西部地区仍然存在着与全面、协调、可持续发展相背离的发展状况：经济发展速度快但水平低，效益不断增长但总量较小，生产结构在不断优化但环境在不断恶化，工业产业强但科技产业弱。总体来说，经济的增长需要强有力的科技教育作为支撑，但这正是西部地区所欠缺的。建立在高消耗、高污染、高浪费基础之上的西部地区的经济增长成果没有让更多的劳动者分享。

二、社会

（一）西部地区政治权利的分配问题

社会转型给西部地区带来的突出问题就是国家与民族政治利益的分配。在社会转型过程中，强调各民族个性发展必然会与国家整体构建之间出现一定的差异，国家属性和民族属性之间存在差异与矛盾；对政治权益分配要求不同的西部地区存在国家与民族权益是否分配适度的问题。

（二）西部地区经济利益分配的差异性导致民族心理失衡

由于自然条件、地理区位、资源禀赋等生存环境的差异，各民族间存在着社会结构和自然结构的差异，由此导致不同的经济利益分配机制。区域分配的差异会造成民族之间的不平衡心理。基于心理层面考虑，一旦民族之间出现不平衡心理，就会表现出区域之间动态均衡的失调和紊乱，会进一步影响民族之间的关系，甚至造成民族主义冲突。因此，不均衡的经济利益分配可能会破坏西部地区社会稳定的动态均衡。

（三）社会保障的立法体系不完善

在现有的关于社会保障的法律法规中，没有专门针对西部地区社会保障制度的法律法规及相关政策，大多都是实践中出现问题而应急立法的产物，法规适用范围也不一致，不同法规之间、不同制度之间缺乏必要的衔接，甚至还会存在冲突。在西部地区的社会保障领域中还有很多立法空白区域。此外，西部地区社会保障法的实施机制较弱，这主要是因为社会保障法律中缺乏责任规范和制裁办法。社会保障法的实施机制主要包括行政执法、司法、争议解决的仲裁活动、法律监督程序等。社会保障法律关系中的责任有自身特点，如工伤保障责任的归责原则是无过错原则，发生了工伤事故，雇主无论是否有过错，都要承担补偿责任，实际上是推定雇主责任原则 ❶。

---

❶ 李晓曼. 多民族地区构建经济社会和谐系统评价研究 [D]. 乌鲁木齐：新疆大学，2009.

第六节　人口持续增加与人口素质低下、结构不合理的矛盾

一、矛盾的表现

西部地区是少数民族高度聚集的区域，西部地区于 2000 年统计的少数民族总人口约占全国少数民族总人口的 71.92%，这个比例比 1990 年的 73.15% 下降了 1.23 个百分点，但人口总规模却比原来扩大许多。西部地区实行地方自治的面积分别占全国土地总面积和西部地区土地总面积的 62.02% 和 89.94%。随着社会经济快速发展、国家财政资金投入力度加大及中央政策倾斜扶持，西部地区人口规模快速增长，居民文化素质较快提高，城镇化发展水平有所上升，但也存在着严重不平衡发展的现象。针对这对矛盾，张天路在《西部民族人口的演进与问题分析》中指出，人口问题的大小和严峻程度，不仅影响到当前社会、经济、环境、资源能否良性循环，更影响到可持续发展与子孙后代生活质量的保持、延续与提高。西部地区的人口问题不但普遍存在，而且相当严重。因此，必须从降低人口增幅、提高人口素质、改善人口结构等方面下工夫，营造良好的人口环境，加快西部地区的大开发。

我国越来越注重"人"的重要性，将"以人为本"写入国策。在城镇化发展过程中，随着生产要素不断向城镇集中、区域产业不断向城镇转移，人力资源也在快速向城镇迁移。人作为经济活动的主体，从事的一切活动都是为了满足自身与他人的需要。同样，城镇化发展的最终目的是满足人类物质与精神的需要。因此，只有切实解决好城镇化发展过程中"人"的问题，人的素质（尤其是人的思想道德素质和科学技术素质）得到全面提高，西部地区的城镇化发展才具有现实意义。西部地区所面临的人口素质问题不容乐观。由于社会经济发展和历史因素，西部地区人口素质（文化素质和科技素质等）远低于全国人口素质的平均水平。比如，贵州农业人员中文盲或识字很少的人占全部农业人员的比重比全国高 15.59 个百分点，比西部水平高 8.27 个百分点；小学文化水平的人员比重比全国和西部水平略高，但初中以上文化水平的人员比重分别比全国和西部水平低 19.24 个和 8.69 个百分点。可见，西部地区人口素质状况对西部地区的经济社会发展和城镇化进程造成了严重影响。因此，西部地区的城镇化发展必须切实处理好人口素质问题，

全面提高人口素质，如此才有真正的意义。

西部地区贫困人口多、农业人口比重大、人口文化素质偏低、人们思想观念较落后，这些人口属性严重阻碍了农村剩余劳动力向非农产业和城镇的转移。在西部地区的产业结构中，农业所占比例偏高，农业从业人口相对庞大，这使城镇化进程中农村剩余劳动力向非农产业和城镇转移的任务显得非常艰巨。西部地区与其他地区相比，人力资本存量低，人口规模增长快，文盲半文盲比例高，整体结构不合理，再加上高素质的人才不断外流，西部地区与其他地区的人口素质差距还在继续扩大，人才缺失成为西部地区城镇化发展的主要限制因素之一。

二、解决矛盾的对策与建议

针对西部地区的人口问题，张天路从人口增长幅度、人口文化素质两方面提出了相应的政策与建议。针对人口增长幅度，他建议主抓计划生育的质量，使西部地区从"数量生育型"转变为"质量生育型"，从而实现人口的低增长。针对人口文化素质问题，他提出五点主张：①把教育经费提高到占国民生产总值的4%以上，而且除了严禁挪用、占用外，还严格监督其是否得到了有效利用；②除了大学教育在质和量方面完成全国对西部地区的政策倾斜外，还应把足够的力量放在普及和提高义务教育的质量上，力争杜绝新文盲。此外，还要多办、办好中学、中专教育，不仅提供足够的中级、初级人才，也为高一级学校输运合格学生；③大办、办好成人教育、函授教育和扫盲班；④提倡和鼓励私人办学和群众集资办学；⑤要广泛宣传和提高广大干部和群众对"科教兴国""科教兴族""科教兴省"和优先发展教育，以及尊重知识、尊重人才的认识水平与执行力度❶。

在提高人口素质、优化人口结构方面，贵州省的一系列举措取得了良好效果，值得其他西部地区学习与借鉴。2006年，贵州省民族宗教事务委员会的人口与计生工作在贵州省省委、省政府的领导和贵州省人口与计划生育领导小组综合治理办公室的指导下，紧紧围绕要求，认真实践"三个代表"重要思想，将计划生育帮扶工作与民族工作紧密结合起来，求真务实，开拓创新，把各项工作落到实处，圆满完成了各项目标任务，荣获省级目标考核一等奖。在各级民族工作部门干部与群众的共同努力下，少数民族计划生育工作取得了可喜的成绩，主要表现在西部地区的干部群众对少数民族也要实行计划生育的认识进一步提高，优生优育等科学、健康的生育观不断深入人心，少数民族人口素质不断提高，少数民族人口

---

❶ 张天路.西部民族人口的演进与问题分析[J].人口与经济，2002（4）:22-25.

增长过快的势头得到有效控制，尤其是有的西部地区开始实现由高出生、高死亡、高增长向低出生、低死亡、低增长的人口再生产类型转变；计划生育"三结合"的工作取得明显的成效，综合治理人口的水平有了提高；西部地区计划生育基层网络建设得到进一步加强，医疗卫生条件不断得到改善，西部地区群众生活条件得到明显改善❶。

❶ 葛忠兴，李晓超 . 中国民族统计年鉴 [M]. 北京：民族出版社，2008.

第六章 民族八省区城镇化发展量化评价

第一节 民族八省区城镇化发展量化评价的基本框架

区域自治、少数民族聚居、稀有资源丰富、经济发展滞后、城镇化进程缓慢和生态环境脆弱是我国西部地区的主要特征。在我国快速城镇化过程中，西部地区特殊的资源和环境条件在一定程度上制约了西部地区城镇化的发展。西部地区的城镇化进程缓慢主要是由于西部地区基础设施（交通、通信、水利等）建设水平落后，经济结构以国有大型企业和军工企业为主，且生态环境容易遭到严重破坏，进而影响全国。

民族八省区包括内蒙古自治区、广西壮族自治区、西藏自治区、宁夏回族自治区、新疆维吾尔自治区、云南省、贵州省和青海省。城镇化是一个国家或地区经济、社会、生态全方面发展的综合表现，是衡量一个国家或地区社会组织程度和管理水平的重要标志，也是当今世界各国各地区最重要的经济、社会、生态现象之一❶。通过对西部地区城镇化发展进行量化评价，人们可以正确认识和把握西部地区城镇化发展的现状，科学评估西部地区城镇化发展本质，为进一步推进西部地区城镇化发展总结经验和提供理论参考。在对西部地区城镇化系统分析的基础上，建立西部地区城镇化发展量化评价指标体系，运用综合因素评价法对我国西部地区分层次进行城镇化发展量化评价是十分必要的。

---

❶ 陈凤桂，张虹鸥，吴旗韬，等．我国人口城镇化与土地城镇化协调发展研究 [J]．人文地理，2010，25（5）:53-58.

一、西部地区城镇化发展量化评价方法

西部地区城镇化发展量化评价是西部地区城镇化现状分析的重要内容，也是全面研究西部地区城镇化发展的基础。西部地区城镇化发展量化评价结果的全面性、准确性、客观性直接关系到西部地区城镇化发展研究的合理性和西部地区城镇化发展战略的科学性。

（一）评价方法介绍

在现实生活中，为了特定的研究目的，人们经常要参照一个特定的标准（定性的或定量的、主观的或客观的、明确的或模糊的）评判某一类事物、行为、状态等的相对有效性、优劣程度或价值高低等，进而更加深入地了解被评价对象的属性，为全面了解被评价对象奠定基础。因此，西部地区城镇化发展量化评价方法的选取要考虑以下几个方面：①评价方法的适应性；②评价方法的差异性；③评价方法的准确性；④评价方法的客观性。常用的城镇化发展评价方法可以分为直接评价法和间接评价法：直接评价法是指通过对一定区域城镇化发展的全面分析，不需要构建明确的评价指标体系就直接对城镇化发展进行主观评判，要求主观评判者对区域城镇化发展有较深入的研究和丰富的经验；间接评价法是在综合分析区域城镇化发展各方面属性及其对城镇化发展影响作用的基础上，筛选能够间接反映区域城镇化发展各方面属性和影响作用的评价指标，构建城镇化发展量化评价指标体系，确定城镇化发展量化评价标准，运用综合评价的方法，对区域城镇化发展进行多指标综合评价，进而得到区域城镇化发展量化评价结果。间接评价法的主要难点在于从城镇化发展的不同侧面选取反映区域城镇化发展的不同量纲的多项指标及各指标的赋权和无量纲化。城镇化发展量化评价采用不同的综合评价方法，因此有不同类型的多指标综合评价方法，一般包括多指标综合评价法、模糊综合评价法、多元统计综合评价法（表6-1）。

表6-1　城镇化发展量化评价方法

名　　称	评价方法	体　　系
城镇化发展量化评价	多指标综合评价法	直线型
		曲线型

名 称	评价方法	体 系
城镇化发展量化评价	模糊综合评价法	主观指标
		客观指标
	多元统计综合评价法	主成分分析
		因子分析
		判别分析

（二）评价方法选取

多指标综合评价法在城镇化发展量化评价中被广泛应用。这是因为多指标综合评价法指标数据运算过程简单易懂、使用方便，体现了多指标综合评价法较强的适应性；可以针对不同区域城镇化发展的特点，选取不同的评价指标进行反映，评价指标体系构建的系统性可以体现多指标综合评价法的准确性；在评价过程中确定客观的评价标准，克服人为因素干扰，可以在一定程度上保证评价结果的客观性。这里主要选取多指标综合评价法研究西部地区城镇化发展量化评价。

多指标综合评价法是运用多个不同量纲的评价指标描述被评价对象的各方面属性，再将评价指标转化成无量纲的相对评价值，通过运算这些指标评价值进行综合评价的方法。多指标综合评价法的基本思想是通过构建评价指标体系，将被评价对象各方面的属性用评价指标表示，指标的加权平均转化用一个能够反映被评价对象综合情况的指标进行评价。具体来讲，多指标综合评价方法的概念包括以下几方面：①方法中包括多个评价指标；②多个评价指标是分别描述被评价事物的不同方面，包含评价对象的全面信息；③评价指标的量纲是各不相同的；④评价的前提是把不同量纲的指标实际值转化成无量纲的相对评价值；⑤评价方法要把各指标评价值加以合成并得出一个整体性的评价；⑥评价方法不只是一个方法，而是一个方法系统 ❶。

二、西部地区城镇化发展量化评价指标体系

量化评价城镇化发展是人们正确认识和把握城镇化发展本质、科学评判城镇化发展、总结推进城镇化发展战略的重要工具。现主要通过对西部地区城镇化发展的全面分析，建立系统的西部地区城镇化发展量化评价指标体系，运用多指标

---

❶ 陈茵茵 . 区域可持续土地利用评价研究 [D]. 南京：南京农业大学，2008.

综合评价法对西部地区城镇化发展状况进行评价。

（一）评价指标选取的原则

西部地区城镇化发展量化评价指标体系是测度民族八省区以及其他省份的民族自治州县城镇化发展水平的有效手段，要使评价结果全面、准确、现实有效，评价指标的选取尤为重要。西部地区城镇化发展量化评价指标选取原则有以下几点。

1. 系统性原则

西部地区的城镇化发展涉及区域经济、社会、生态等多方面的综合性系统问题，这要求西部地区的城镇化发展量化评价指标体系遵循系统性原则。系统性原则要求建立的评价指标体系能够尽可能涵盖西部地区城镇化发展过程中经济、社会、生态的各个方面，充分反映城镇化发展的信息量，并且各个评价指标之间相互独立，互不影响。

2. 科学性原则

由于西部地区地理位置、资源和环境的特殊性，选取的城镇化发展量化评价指标要能够真实、客观地反映西部地区城镇化发展的现实状况，因此评价指标的科学合理是西部地区城镇化发展量化评价的基础。西部地区城镇化发展量化评价指标的选取和权重确定要经过相关研究领域专家论证，并在实际应用中不断修改完善。

3. 可比性原则

为了便于评价结果与相关研究的比较分析，西部地区城镇化发展量化评价指标体系中各个指标的含义、统计口径、适用范围的界定都要通俗简洁，确保西部地区城镇化发展量化评价结果能够进行横向或纵向比较。为了确保西部地区城镇化发展量化评价结果的可比性，评价指标尽量采用相对指标，少用绝对指标。

4. 易收集原则

选取的西部地区城镇化发展量化评价指标数据，绝大部分能够直接查阅相关统计年鉴获取，少量指标可通过政府有关职能部门对外公布的数据得到，个别指标可通过对现有数据进行简单处理获取。总之，西部地区城镇化发展量化评价指标的选取要易于收集和处理。

5. 非均衡原则

根据选取的不同指标与西部地区城镇化发展相关程度的差异，赋予不同评价指标不同的权重。对于能够体现西部地区城镇化发展关键内容的指标以及对西部地区城镇化发展有重要影响的指标均需给予较高的权重。凡是对西部地区城镇化发展起到负面影响的评价指标，虽然评价指标权重为负数，但其绝对值的大小仍然反映评价指标的重要程度。

（二）评价指标初选

理论上讲，要了解西部地区城镇化发展状况，完全可以通过对西部地区城镇化发展特征分析来获得。但现实中由于西部地区城镇化发展资料有限，学者基于不同的研究角度，对西部地区城镇化发展状况的认识也不同，很难通过对西部地区城镇化发展特征的分析得到一个可靠的结论。有学者从西部地区城镇化角度提出一个数量化的标准，也有人以城镇规模作为描述西部地区城镇化发展各阶段的主要变量，但笔者认为应建立一套能够直接描述西部地区城镇化发展阶段特征的指标，以此体系判定西部地区城镇化发展。

西部地区城镇化作为涉及经济、社会、生态等各方面庞大而复杂的复合系统，系统内部各因素对西部地区城镇化发展的影响都表现为一个变量，这里主要参考城镇化已有研究，依据西部地区城镇化的概念以及指标选择的原则，通过对影响西部地区城镇化发展的各因素的分析，选取能够反映西部地区城镇化发展的指标作为西部地区城镇化发展量化评价指标体系的内容，然后针对初选的西部地区城镇化发展量化评价指标征询专家意见，反复筛选、分类和归纳评价指标，进而选出具有代表性的西部地区城镇化发展量化评价指标，并按指标特征进行组合，构建西部地区城镇化发展量化评价指标体系。

这里构建的西部地区城镇化发展量化评价指标体系在借鉴前人研究的基础上，通过对西部地区城镇化发展量化评价指标的分析和已有研究评价指标的频度统计，初步选定西部地区城镇化发展量化评价指标，包括城镇居民家庭恩格尔系数、农村居民家庭恩格尔系数、社会消费品零售总额、人均社会消费品零售总额、城镇居民人均可支配收入、城镇居民人均年消费支出、二三产业从业人数占总从业人数比例、人均国内生产总值（GDP）、地方财政一般预算收入、第三产业占GDP比重、工业总产值、人均工业总产值、固定资产投资总额、人均固定资产投资总额、二三产业增加值占GDP的比重、外商直接投资额、城镇居民人均住宅居住面积、家庭生活每日人均用水量、人均道路面积、人均拥有公共汽车数、电信业务量、城镇养老保险参保率、城镇医疗保险覆盖率、千人拥有医护人员数、千人拥有床位数、城镇人口占总人口比重、城镇人口密度、城镇人口自然增长率、城乡居民收入比、农村居民养老保险参保率、农村新型合作医疗覆盖率、城乡恩格尔系数比、城镇登记失业率、初中教育毛入学率、高中教育毛入学率、万人高等学历数、普通高校在校人数、人均公共绿地面积、建成区绿化覆盖率、城市空气质量优良天数、环保投入占GDP的比重、人均环境污染治理投资额、万元GDP能耗、燃气普及率、城市污水处理率、生活垃圾无害化处理率、工业固体废物综合利用率、工业二氧化硫排放量等西部地区城镇化发展量化评价指标，涉及西部地区城镇化过程中经济、社会、生态环境等各个方面。

（三）指标体系构建

对目前已有相关研究领域的评价研究成果进行统计，选择区域城镇化发展量化评价使用频度较高的评价指标，对西部地区城镇化发展量化评价指标进行初选。在西部地区城镇化发展量化评价指标初选的基础上，将西部地区城镇化发展量化评价的总目标进行细分，细分的每一个部分都对应具体的统计指标的描述和表示，用不同的统计指标表示和描述西部地区城镇化发展量化评价不同层次的指标，进而构建西部地区城镇化发展量化评价指标体系。

根据以上西部地区城镇化发展量化评价指标体系构建思路，本书从西部地区城镇化发展的内涵出发，选取对西部地区城镇化发展产生重要影响的不同侧面因素，构建反映西部地区城镇化发展现状的量化评价指标体系。本书构建的西部地区城镇化发展量化评价指标体系分别从城镇化发展的经济、社会、生态环境三个方面考虑（表6-2～表6-4）。经济方面主要考虑西部地区城镇化发展的经济基础指数、经济产出指数和经济发展指数；社会方面主要考虑西部地区城镇化发展的社会生活指数、社会保障指数、社会人口指数、社会协调指数和社会安定指数；生态环境方面主要考虑西部地区城镇化发展的人居环境指数、资源利用指数和生态容量指数。

表6-2　西部地区城镇化发展量化评价经济评价指数

一级指标	二级指标	三级指标
城镇化发展经济评价指数	经济基础指数	城镇居民家庭恩格尔系数
		农村居民家庭恩格尔系数
		社会消费品零售总额
		人均社会消费品零售总额

一级指标	二级指标	三级指标
城镇化发展经济评价指数	经济基础指数	城镇居民人均可支配收入
		城镇居民人均年消费支出
		二、三产业从业人数占总从业人数比例
	经济产出指数	人均GDP
		地方财政一般预算收入
		第三产业占GDP比重
		工业总产值
		人均工业总产值
	经济发展指数	固定资产投资总额
		人均固定资产投资总额
		二、三产业增加值占GDP的比重
		外商直接投资额

表6-3　西部地区城镇化发展量化评价社会评价指数

一级指标	二级指标	三级指标
城镇化发展社会评价指数	社会生活指数	城镇居民人均住宅居住面积
		家庭生活每日人均用水量
		人均道路面积
		人均拥有公共汽车数
		电信业务量
	社会保障指数	城镇养老保险参保率
		城镇医疗保险覆盖率
		千人拥有医护人员数
		千人拥有床位数

一级指标	二级指标	三级指标
城镇化发展社会评价指数	社会人口指数	城镇人口占总人口比重
		城镇人口密度
		城镇人口自然增长率
	社会协调指数	城乡居民收入比
		农村居民养老保险参保率
		农村新型合作医疗覆盖率
		城乡恩格尔系数比
	社会安定指数	城镇登记失业率
		初中教育毛入学率
		高中教育毛入学率
		万人高等学历数
		普通高校在校人数

表6-4　西部地区城镇化发展量化评价生态评价指数

一级指标	二级指标	三级指标
城镇化发展生态环境评价指数	人居环境评价指数	人均公共绿地面积
		建成区绿化覆盖率
		城市空气质量优良天数
		环保投入占 GDP 的比重
		人均环境污染治理投资额
	资源利用评价指数	万元 GDP 能耗
		燃气普及率
		城市污水处理率
		生活垃圾无害化处理率

一级指标	二级指标	三级指标
城镇化发展生态环境评价指数	生态容量评价指数	工业固体废物综合利用率
		工业二氧化硫排放量（万吨）

（四）评价指标含义

1. 西部地区城镇化发展过程中经济状况评价指数

经济基础、经济产出和经济发展共同反映了西部地区城镇化发展过程中的经济状况。经济基础评价指标包括城镇居民家庭恩格尔系数、农村居民家庭恩格尔系数、人均社会消费品零售总额、城镇居民人均可支配收入、人均城镇居民年消费支出、二三产业从业人数占总从业人数比例等；经济产出评价指标包括人均GDP、地方财政一般预算收入、第三产业产值占GDP比重、工业总产值、人均工业总产值等；经济发展评价指标包括固定资产投资总额、人均固定资产投资总额、二三产业增加值占GDP的比重、外商直接投资额等。

人均社会消费品零售总额反映西部地区城镇化发展过程中人民物质文化生活水平的提高情况、社会商品购买力的实现程度以及零售市场的规模状况；城镇居民人均可支配收入是指城镇居民的实际收入中能用于安排日常生活的收入，是用以反映西部地区城镇化发展过程中城市居民收入水平和生活水平的指标；城镇居民人均年消费支出是城镇居民个人购买商品和劳务两方面的支出，是衡量西部地区城镇化发展过程中居民消费支出的指标；二三产业从业人数占总从业人数比例反映西部地区城镇化发展过程中劳动力就业结构，是生产力布局的一个方面；人均GDP反映了西部地区城镇化发展过程中的经济规模水平，是衡量经济发展状况的重要指标；地方财政一般预算收入反映西部地区城镇化发展过程中的经济效益，体现了西部地区经济活动中的所得；第三产业产值占GDP比重反映西部地区的产业经济结构及西部地区城镇化发展过程中所处的经济发展阶段，是表示经济发展总体水平的指标；工业总产值是以货币表示的工业企业在一定期限内生产的工业产品总量，是反映西部地区城镇化发展过程中一定期限内工业生产总规模和总水平的重要指标；固定资产投资总额是以货币表现的建造和购置固定资产活动的工作量，是反映西部地区城镇化发展过程中固定资产投资规模、速度、比例关系和使用方向的综合性指标；二三产业增加值占GDP的比重反映西部地区城镇化发展过程中市场和商业发达状况以及城市服务功能；外商直接投资额反映西部地区城镇化发展过程中的融资能力。

2.西部地区城镇化发展过程中社会发展状况评价指数

西部地区城镇化发展过程中，社会发展状况主要体现在社会生活、社会保障、社会人口、社会协调和社会安定五个方面，体现了西部地区城镇化发展的最终目的。社会生活评价指标包括城镇居民人均住宅居住面积、家庭生活每日人均用水量、人均道路面积、人均拥有公共汽车数、电信业务量；社会保障评价指标包括城镇养老保险参保率、城镇医疗保险覆盖率、千人拥有医护人员数、千人拥有床位数；社会人口评价指标包括城镇人口占总人口比重、城镇人口密度、城镇人口自然增长率；社会协调评价指标包括城乡居民收入比、农村居民养老保险参保率、农村新型合作医疗覆盖率、城乡恩格尔系数比；社会安定评价指标包括城镇登记失业率、初中教育毛入学率、高中教育毛入学率、万人高等学历数、普通高校在校人数。

城镇居民人均住宅居住面积是表示居住条件的指标，是反映西部地区城镇化发展过程中人民生活质量最重要的一个方面；家庭生活每日人均用水量反映西部地区每一用水人口平均每天的生活用水量；人均道路面积主要反映西部地区交通便捷以及经济发达程度；人均拥有公共汽车数反映西部地区公共交通状况以及居民出行便捷程度；电信业务量表示需要传递的电信信息数量，主要反映西部地区信息服务状况；城镇养老保险参保率指参加养老保险人数比例，反映西部地区养老保险的普及程度；城镇医疗保险覆盖率指参加医疗保险人数比例，反映西部地区医疗保险的普及程度；千人拥有医护人员数和千人拥有床位数分别反映西部地区医疗服务的人力资源和硬件资源状况；城镇人口占总人口比重和城镇人口密度共同反映西部地区人口结构状况和人口分布状况；城镇人口自然增长率反映西部地区人口发展情况；城乡居民收入比反映城乡收入差距情况；农村居民养老保险参保率和农村新型合作医疗覆盖率反映西部地区农村居民生活保障和医疗保障状况；城乡恩格尔系数比反映西部地区城乡居民生活状况差异程度；城镇登记失业率是指城镇登记失业人数同城镇从业人数与城镇登记失业人数之和的比例关系，反映城镇居民就业状况；高中教育毛入学率指某学年度高中教育在校生数占相应学龄人口总数比例，体现西部地区教育相对规模和教育机会，是衡量教育发展水平的重要指标；普通高校在校人数反映西部地区高等教育实施情况。

3.西部地区城镇化发展过程中生态环境状况评价指数

西部地区城镇化发展过程中，生态环境状况主要从人居环境、资源利用和生态容量三方面考虑。人居环境评价指标包括人均公共绿地面积、建成区绿化覆盖率、城市空气质量优良天数、环保投入占 GDP 的比重、人均环境污染治理投资额；资源利用评价指标包括万元 GDP 能耗、燃气普及率、城市污水处理率、生活垃圾无害化处理率；生态容量评价指标包括工业固体废物综合利用率、工业二氧化硫排放量。

建成区绿化覆盖率和人均公共绿地面积反映城镇公共绿地规模及人均占有面积；城市空气质量优良天数反映西部地区环境保护状况；环保投入占 GDP 的比重指环境保护相关方面投资总额与地区 GDP 的比值，人均环境污染治理投资额是指区域人口平均的环境治理投入，二者共同反映西部地区环境保护投入力度；万元 GDP 能耗指每产生万元 GDP 所消耗掉的能源，反映西部地区经济活动中对能源的利用程度，以及经济结构和能源利用效率的变化；燃气普及率反映地区居民能源节约利用状况；城市污水处理率指经管网进入污水处理厂处理的城市污水量占污水排放总量的百分比，生活垃圾无害化处理率指通过物理、化学或生物的方法对生活垃圾进行适当的处理，以确保其对人类健康、动植物和微生物安全以及环境不构成危害或潜在危害，二者共同反映西部地区城镇居民资源利用污染防治状况；工业固体废物综合利用率和工业二氧化硫排放量从不同角度间接反映了西部地区城镇化过程中的生态容量状况。

三、西部地区城镇化发展量化评价指标权重确定

评价指标权重确定的科学性和合理性直接影响着西部地区城镇化发展量化评价结果的可靠性和准确性。当前，国内研究确定评价指标权重的方法众多，主要包括两大类：主观赋权方法和客观赋权方法。主观赋权方法是决策者根据个体对各评价指标主观偏好程度进行赋权的方法，如层次分析法、环比评分法、最小平方和法、专家调查法和模糊分析法等；客观赋权方法是基于数据本身所包含的信息构造数学模型来确定评价指标权重的方法，如熵权法、主成分分析法、多目标最优化方法、均方差法、线性规划法、简单关联函数法、变异系数法和误差分析法等。主观赋权法根据决策者的个人偏好和主观经验确定评价指标权重，优点是决策者可以适当地考虑决策环境影响和指标影响的实际情况，权衡各评价指标的相对重要程度，但缺点是指标权重确定可能受到个人因素影响，主观随意性大；客观赋权方法具有较强的数学理论依据，逻辑性严密，可以有效避免决策者的主观性与随意性，但评价指标权重确定不能体现决策者的意愿，完全依赖数据内部的信息，缺乏对评价外部环境影响的考虑。因此，主、客观赋权方法都存在一定的局限性。不少学者针对主、客观赋权法的局限性，探讨主、客观综合集成赋权

法，并取得一些研究成果。综合集成赋权法将主观赋权方法、客观赋权方法结合起来，同时体现两种方法的优势，互补二者存在的弊端。这里采用层次分析法作为主观赋权方法，熵权法作为客观赋权方法，在二者基础上通过综合集成获得西部地区城镇化发展量化评价指标的综合权重值。

（一）层次分析法

层次分析法（AHP）是美国运筹学家匹茨堡大学教授萨蒂于 20 世纪 70 年代初在为美国国防部研究"根据各个工业部门对国家福利的贡献大小而进行电力分配"的课题时，应用网络系统理论和多目标综合评价方法，提出的一种层次权重决策分析方法。层次分析法是将半定量、半定性研究问题转化为定量研究问题的有效途径，通过将半定量、半定性研究问题的各种因素层次化，并逐层比较内部多种关联因素的相对重要性，为尽可能准确分析和预测未来事物的发展提供较为可靠的定量依据。运用层次分析法来确定西部地区城镇化发展量化评价各个指标的主观权重，主要包括以下几个步骤。

1.建立评价指标层次结构

本书构建的西部地区城镇化发展量化评价指标体系分为四个层次：西部地区城镇化发展量化评价总指数为目标层；西部地区城镇化发展经济评价指数、社会评价指数和生态环境评价指数为第一准则层；经济基础评价指数、经济产出评价指数、经济发展评价指数、社会生活评价指数、社会保障评价指数、社会人口评价指数、社会协调评价指数、社会安定评价指数、人居环境评价指数、资源利用评价指数和生态容量评价指数为第二准则层；最后是各个评价指标层。

2.构建指标成对比较矩阵

在建立评价指标层次结构基础上，对从属于同一层的各个指标进行比较，借鉴美国运筹学家萨蒂所提出的 1 ～ 9 级标度法对西部地区城镇化发展量化评价各个指标 a_i 进行成对比较，即从各层指标中任取 a_i 与 a_j，比较它们对上一层指标的相对重要程度，按照表 6-5 所示的标度为 a_i / a_j 赋值：

表6-5　西部地区城镇化发展量化评价指标成对比较的取值说明

成对比较	标　度
a_i 与 a_j 重要程度相同	$a_{ij} = a_i / a_j = 1$

成对比较	标　度
a_i与a_j重要程度略大	$a_{ij}=a_i/a_j=3$
a_i与a_j重要程度大	$a_{ij}=a_i/a_j=5$
a_i与a_j重要程度大很多	$a_{ij}=a_i/a_j=7$
a_i与a_j重要程度绝对大	$a_{ij}=a_i/a_j=9$
介于前后中间状态之间	$a_{ij}=a_i/a_j=2,\ 4,\ 6,\ 8$

根据各评价指标$\left(a_i,\ a_j\right)$进行成对比较的结果，构造被成对比较结果矩阵：

$$A_k=\begin{bmatrix} a_{11k} & a_{12k} & \cdots & a_{1nk} \\ a_{21k} & a_{22k} & \cdots & a_{2nk} \\ \vdots & \vdots & \cdots & \vdots \\ a_{n1k} & a_{n2k} & \cdots & a_{nnk} \end{bmatrix}$$

这里，a_{ijk}即表示第k个决策者通过比较西部地区城镇化发展量化评价第i种指标与第j种指标得到的值。采用美国匹茨堡大学运筹学家萨蒂教授的几何方法计算权重向量，西部地区城镇化发展量化评价各个指标的权重可通过如下方式估算：

$$w_{ik}=\sqrt[n]{\prod_{i=1}^{i=n}a_{ijk}}\qquad \forall i,k$$

加总各个决策者的评价指标权重（W_{ik}）时，可运用 Forman and Peniwati 的方法：

$$w_i=\sqrt[m]{\prod_{k=1}^{k=m}w_{ik}}\qquad \forall i$$

$\lambda_{\max}$为成对比较矩阵的最大特征根，CI为检验成对比较矩阵一致性的一致性检验指标值，计算公式为：

$$CI=(\lambda_{\max}-n)/(n-1)$$

RI为成对比较矩阵的平均随机一致性指标，对于成对比较矩阵不同阶数，RI的值如表6-6所示：

表6-6　成对比较矩阵的平均随机一致性指标RI值

阶　数	1	2	3	4	5	6	7	8	9
RI	0.00	0.00	0.58	0.90	1.12	1.24	1.32	1.41	1.45

随机一致性比率 CR 为成对比较矩阵一致性指标 CI 与平均随机一致性指标 RI 之比，计算公式如下：

$$CR = CI/RI$$

通常，一致性指标 CR 越小，成对比较矩阵的一致性越好，一般认为当 $CR < 0.1$ 时，成对比较矩阵的一致性是可以接受的，否则需要修正。

（二）熵权法

熵最初是物理热力学中的一个概念，后来经 Shannon 引入信息论中，表示信息变化程度。在多指标综合评价法中，指标差异程度越大对评价对象产生的影响越大，相应的指标权重也就越大。熵权法是以指标之间的差异大小反映指标的信息量，某项评价指标差异越大，熵值就越小，说明该评价指标所涵盖的信息量就越大。作为客观赋权方法，其主要根据各评价指标传递给决策者的信息量大小确定权重。

熵权法的具体步骤如下。

（1）计算评价对象第 j 项指标下的第 i 个指标值的比重 P_{ij}，公式为：

$$P_{ij} = \frac{X_{ij}}{\sum_{i=1}^{m} X_{ij}}$$

式中：P_{ij} 为第 j 项指标下第 i 个指标值的比重；X_{ij} 为第 i 个评价对象的第 j 项指标的数值。

（2）计算第 j 项指标的熵值 e_i，公式为：

$$e_i = -\frac{1}{\ln(m)} \sum_{i=1}^{m} P_{ij} \ln P_{ij}$$

式中：e_i 为第 j 项指标的熵值；m 为评价对象的数目；P_{ij} 为第 j 项指标下第 i 个评价对象指标值的比重。

（3）计算第 j 项指标的差异系数 g_i，对于第 j 项指标，熵值越小，指标值的变异程度就越大；反之，熵值越大，指标值的变异程度就越小。因此，定义差异系数 $g_i = 1 - e_i$。

（4）计算评价指标的权重 w_i'，公式为：

$$w_i' = \frac{g_i}{\sum_{j=1}^{n} g_i}$$

式中：w_i' 为第 j 项指标的熵权；g_i 为第 j 项指标的差异系数。指标差异系数越小，赋予其权重越小；反之，指标差异系数越大，赋予其权重就越大。

（三）综合集成赋权法

综合集成赋权法是融合主观赋权法和客观赋权法的一种综合的赋权方法，令 w_i、w_i' 分别是基于主观赋权方法和客观赋权方法获得的评价指标 x_i 的权重，则有：

$$W_i = \varphi'w_i + \eta'w_i' \quad i = 1,2,\cdots,m$$

式中：W_i 为评价指标的综合集成权重；$\varphi' = \dfrac{\varphi}{\varphi + \eta}$，$\eta' = \dfrac{\eta}{\eta + \varphi}$（$\varphi > 0, \eta > 0$，且 $\varphi^2 + \eta^2 = 1$）。

因此，评价目标的综合评价指数为：

$$X_i = \sum_{i=1}^{m} W_i x_{ij} = \sum_{i=1}^{m} (\varphi'w_i + \eta'w_i')x_{ij}, \quad i = 1,2,\cdots,m$$

确定 φ、η 两个系数要满足条件：

$$\max \sum_{i=1}^{n} X_i = \max \sum_{i=1}^{n}\sum_{j=1}^{m} (\varphi'w_i + \eta'w_i')_i x_{ij}$$

$$s.t. \quad \begin{array}{l} \varphi^2 + \eta^2 = 1 \\ \varphi > 0, \eta > 0 \end{array}$$

应用拉格朗日条件极值理论，求解可得

$$\varphi = \frac{\displaystyle\sum_{i=1}^{n}\sum_{j=1}^{m} w_i x_{ij}}{\sqrt{\left(\displaystyle\sum_{i=1}^{n}\sum_{j=1}^{m} w_i x_{ij}\right)^2 + \left(\displaystyle\sum_{i=1}^{n}\sum_{j=1}^{m} w_i' x_{ij}\right)^2}}$$

$$\eta = \frac{\displaystyle\sum_{i=1}^{n}\sum_{j=1}^{m} w_i' x_{ij}}{\sqrt{\left(\displaystyle\sum_{i=1}^{n}\sum_{j=1}^{m} w_i x_{ij}\right)^2 + \left(\displaystyle\sum_{i=1}^{n}\sum_{j=1}^{m} w_i' x_{ij}\right)^2}}$$

上述方法是最大化体现评价目标整体的一种主客观信息综合集成的赋权方法。

主客观两种方法的组合权重系数也可以通过主观方法（决策者个体偏好信息）来确定。

四、评价指标标准化处理方法

由于选取的西部地区城镇化发展量化评价各个指标的量纲、数量级以及指标数值的正负取向都有差异，因此需要对各个评价指标的初始数据进行标准化处理。这里借鉴前人已有研究成果，采用极值标准化对各个评价指标的初始数据进行标准化处理。

正向评价指标是指对评价目标有正向影响的指标，正向评价指标越大越好，正向评价指标标准化处理公式为：

$$x_i' = \frac{x_i - x_{\min}}{x_{\max} - x_{\min}} \quad i = 1, 2, \cdots, m$$

负向评价指标是指对评价目标有负向影响的指标，负向评价指标越小越好，负向评价指标标准化处理公式为：

$$x_i'' = \frac{x_{\max} - x_i}{x_{\max} - x_{\min}} \quad i = 1, 2, \cdots, m$$

式中：$x_{\max}$ 为第 i 项指标的最大值；$x_{\min}$ 为第 i 项指标的最小值。

第二节 西部地区市域尺度的城镇化发展量化评价

一、西部地区部分地市社会经济发展状况

2018 年，云南省 GDP 为 17 881.12 亿元，人均 GDP 达 37 136 元。从各地市来看，昆明、曲靖和玉溪 GDP 领先，怒江 GDP 最低；从人均 GDP 来看，昆明市人均 GDP 为 76 387 元 / 人，玉溪和迪庆人均 GDP 分别为 62 641 元 / 人和 52 669 元 / 人，昭通市人均 GDP 最低，为 15 987 元 / 人，远低于全国平均水平。

西藏自治区 GDP 为 1 697.82 亿元，人均 GDP 为 48 902 元。从各地市来看，拉萨市、日喀则地区和昌都市 GDP 领先，阿里地区 GDP 最低；从人均 GDP 来看，拉萨市人均 GDP 为 7 395.68 美元，林芝地区和阿里地区的人均 GDP 分别为 5 903.12 美元和 4 081.53 美元，昌都地区人均 GDP 最低，为 2 171.70 美元。

2018年，广西壮族自治区GDP为13 031.04亿元，人均GDP达到28 053.91元，低于全国平均水平，位列全国第27位。从各地市来看，南宁市、柳州市和桂林市GDP领先，贺州市GDP最低；从人均GDP来看，柳州市人均GDP为75 945元/人，防城港市、北海市的人均GDP分别为73 601元/人和72 581元/人，河池市人均GDP最低，为22 302元/人，远低于全国平均水平。

二、民族八省区市域城镇化发展量化评价

（一）民族八省区市域城镇化发展量化评价模型

民族八省区共有85个地市级行政单元，根据构建的城镇化评价指标体系，将所有评价单元的指标值进行标准化，在确定民族八省区85个地市级行政单元城镇化发展评级指标权重的基础上，运用多指标综合评价法模型计算民族八省区各地市城镇化发展综合评价值，计算公式为：

$$r_i = \sum_{j=1}^{n} x_{ij} \times w_j \ (i = 1, 2, \cdots, m, j = 1, 2, \cdots, m)$$

式中：r_i 为各地市城镇化发展综合评价值；x_{ij} 为各地市城镇化发展量化评价指标的标准化值；w_j 为各地市城镇化发展量化评价指标的综合权重值。

（二）民族八省区市域尺度的城镇化发展量化评价结果及分析

在构建民族八省区各地市城镇化发展量化评价指标体系基础上，这里同样从经济、社会、生态三方面选取48个评价指标来综合评价民族八省区各地市城镇化发展状况，分别计算得到民族八省区各地市城镇化发展量化评价综合评价指数、省内排名和整体排名，计算结果如表6-7所示。

表6-7　民族八省区各地市城镇化发展量化评价值

省份	城市	综合评价指数	省内排序	总排序	省份	城市	综合评价指数	省内排序	总排序
云南	昆明市	0.408 1	1	18	西藏	拉萨市	0.417 2	1	15
	曲靖市	0.216 3	4	49		昌都地区	0.120 5	7	79

省份	城市	综合评价指数	省内排序	总排序	省份	城市	综合评价指数	省内排序	总排序
云南	玉溪市	0.398 4	2	21	西藏	山南地区	0.202 4	4	53
	保山市	0.135 0	11	74		日喀则地区	0.155 3	5	67
	昭通市	0.093 3	16	83		那曲地区	0.131 9	6	75
	河江市	0.150 1	9	69		阿里地区	0.234 5	3	46
	营洱市	0.123 9	13	78		林芝地区	0.330 4	2	30
	临沧市	0.117 3	15	81	宁夏	银川市	0.488 4	2	6
	楚雄州	0.188 1	5	57		石嘴山市	0.590 6	1	2
	红河州	0.181 5	7	59		吴忠市	0.242 6	4	43
	文山州	0.119 4	14	80		固原市	0.149 8	5	70
	西双版纳州	0.182 4	6	58		中卫市	0.306 3	3	34
	大理州	0.172 1	8	62	广西	南宁市	0.347 0	3	27
	德宏州	0.148 8	10	71		柳州市	0.439 6	2	13
	怒江州	0.125 8	12	77		桂林市	0.292 6	5	35
	迪庆州	0.252 2	3	40		梧州市	0.269 5	6	38
青海	西宁市	0.404 9	1	19		北海市	0.338 5	4	29
	海东地区	0.262 2	6	51		防城港市	0.498 3	1	5
	海北州	0.369 0	3	26		钦州市	0.219 6	9	48
	黄南州	0.237 9	5	45		贵港市	0.160 2	13	65

省份	城市	综合评价指数	省内排序	总排序	省份	城市	综合评价指数	省内排序	总排序
青海	海南州	0.248 3	4	41	广西	玉林市	0.194 4	11	55
	果洛州	0.176 7	7	60		百色市	0.200 5	10	54
	玉树州	0.131 0	8	76		贺州市	0.190 9	12	56
	海西州	0.377 1	2	24		河池市	0.159 1	14	66
贵州	贵阳市	0.413 2	1	16		来宾市	0.242 3	8	44
	六盘水市	0.272 2	2	37		崇左市	0.258 1	7	39
	遵义市	0.230 5	3	47	新疆	乌鲁木齐市	0.353 3	1	3
	安顺市	0.160 4	6	64		克拉玛依市	0.410 9	3	17
	毕节市	0.140 3	9	73		吐鲁番地区	0.374 4	6	25
	铜仁市	0.151 9	7	68		哈密地区	0.401 8	4	20
	黔西南州	0.171 8	5	63		昌古回族自治州	0.467 2	2	10
	黔东南州	0.143 3	8	72		伊犁哈萨克自治州	0.245 4	10	42
	黔南州	0.172 4	4	61		塔城地区	0.329 7	7	31
内蒙古	呼和浩特市	0.475 7	4	8		阿勒泰地区	0.283 0	9	36
	包头市	0.550 4	2	4		博尔塔拉蒙古自治州	0.327 9	8	32

省份	城市	综合评价指数	省内排序	总排序	省份	城市	综合评价指数	省内排序	总排序
内蒙古	呼伦贝尔市	0.473 3	5	9	新疆	巴音郭楞蒙古自治州	0.395 5	5	22
	兴安盟	0.204 5	12	52		阿克苏地区	0.211 7	11	50
	通江市	0.485 1	3	7		克孜勒苏柯尔克孜自治州	0.091 0	13	84
	赤峰市	0.327 0	11	33		喀什地区	0.110 9	12	82
	锡林郭勒盟	0.394 9	9	23		和田地区	0.064 9	14	85
	乌兰察布市	0.339 2	10	28					
	鄂尔多斯市	0.452 0	7	12					
	巴彦淖尔市	0.453 1	6	11					
	乌海市	0.418 6	8	14					
	阿拉普盟	0.715 4	1	1					

内蒙古自治区的阿拉善盟排在民族八省区市域城镇化发展量化评价的第一位，这主要是由于该地区人口相对稀少，城镇人口所占人口比重大。另外，该地区经济、社会、生态环境大部分投入都来源于中央政府和省政府的财政转移支付，致使城镇化发展的各项评价指标相对水平较高，进而计算所得城镇化发展综合评价指数较大。类似的还有排在第二位的宁夏回族自治区的石嘴山市、排在第五位的广西壮族自治区的防城港市和排在第十位的新疆维吾尔自治区的昌吉回族自治州

等。而民族八省区省会城市只有新疆的乌鲁木齐市、宁夏的银川市和内蒙古的呼和浩特市排进前十名，分别名列第三、第六和第八名。总体排名较前的地区的经济评价指数都较高，包括经济基础评价指数、经济产出评价指数和经济发展评价指数，这表明西部地区城镇化的发展离不开经济发展的支撑，只有强大的经济实力做后盾，区域城镇化的快速发展才会持续稳定。

从云南省各市州城镇化发展综合评价指数（图6-1）来看，只有昆明市的城镇化发展综合评价指数超过0.4，玉溪市综合评价指数接近0.4，曲靖市和迪庆藏族自治州分别为0.22和0.25，其余12个市州的综合评价指数都低于0.2。由此可知，云南省除昆明市和玉溪市以外，其他市州的城镇化水平都很低，大部分都是经济发展水平落后所致。德宏州、保山市和普洱市主要是城镇化发展的经济基础评价指数较低；红河州、怒江州和昭通市主要是受经济产出评价指数较低影响；西双版纳州、大理白族自治州和丽江市主要是环境保护致使经济发展受限。另外，文山壮族苗族自治州和临沧市的社会评价指数较低，尤其是社会生活评价指数、社会保障评价指数和社会协调评价指数，这在很大程度上影响了该地区的城镇化发展。

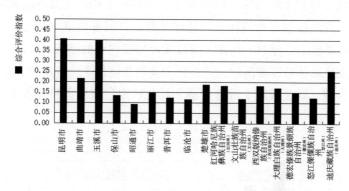

图6-1 云南省各市州城镇化发展综合评价指数

从青海省各州市城镇化发展综合评级指数（图6-2）来看，西宁市城镇化发展综合评价指数排在第一位，海北州和海西州的综合评价指数也超过了0.35，其他各市州城镇化发展综合评价指数都较低。首先，这与青海省城镇体系结构不合理有直接关系。西宁市城市首位度偏高，没有中等城市过渡，小城镇数量多但社会经济功能有限，致使整个城镇体系的城镇化发展区域内部差异很大。其次，社会经济产业结构中非农产业基础薄弱，经济规模较小，产业结构不合理，这在一定程度上影响了城镇化的快速发展。二、三产业发展和城镇化的推进不同步，二、三产业发展对非农劳动力就业拉力不足，致使城镇化发展过程中农业剩余劳动力不能及时转移，进而影响了整体城镇化发展的快速推进。

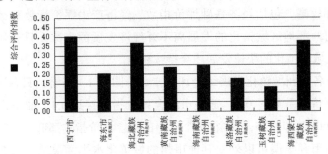

图 6-2　青海省各市州城镇化发展综合评价指数

　　从贵州省各市州城镇化发展综合评价指数（图 6-3）来看，贵阳市的城镇化发展综合评价指数相对较高，其他市州城镇化发展综合评价指数相对较低。这和贵州省整体城镇体化发展战略有很大关系。贵州省城镇化发展体系主要打造以贵阳市为核心城市的黔中城市圈，以安顺市、六盘水市和遵义市等组成跨地区辐射城市区域带，发展轴带式城镇体系。总体来看，贵州省城镇体系结构中城镇数量多，但城镇规模很小，分布不均衡，难以发挥城镇应有的经济、政治、文化功能，再加上城镇化发展基础设施落后，二、三产业聚集度低下，各城镇产业结构趋同，产业结构不合理，缺乏区域支柱性产业和特色产业，致使贵州省各市州城镇化发展评价水平低下。

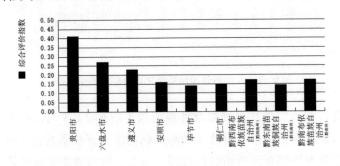

图 6-3　贵州省各市州城镇化发展综合评价指数

　　从内蒙古自治区各盟市城镇化发展综合评价指数（图 6-4）来看，内蒙古自治区各盟市城镇化发展量化评价指数相对较高。近年来内蒙古自治区各盟市以自身自然资源优势为基础，大力发展资源产业经济，带动区域社会经济快速发展，"十一五"期间实现区域生产总值翻番，尤其是第二产业飞速发展，工业总产值五年内翻两番还多。区域经济的快速发展推动了区域城镇化发展，城镇化率由"十五"期间的47.2%增长为55%左右。内蒙古自治区各盟市快速城镇化发展也存在一定问题。虽然城镇化发展迅速，但是城镇规模较小，人口密度较低。相比其他省区，内蒙古自治区没有超大城市，而且小城市数量也较少，远远低于全国平均水平。同时，大城市综合实力增强，但吸纳非农就业人口能力有限，人口城镇化快于区域城镇化发展速度，致使大量非农就业劳动力剩余。另外，区域之间城镇化发展不平衡，东西差距较大。西部地区凭借自然资源优势，城镇化发展明显快于东部区域。再者，受制于区域自然环境条件限制，城市基础设施建设薄弱，导致各盟市城镇化发展质量和城镇化发展速度极为不符。

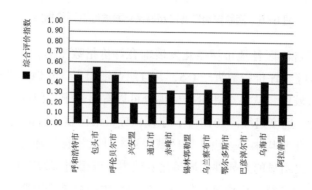

图6-4 内蒙古自治区各盟市城镇化发展综合评价指数

从西藏自治区各市州城镇化发展综合评价指数（图6-5）来看，除省会城市拉萨市城镇化发展量化评价指数相对较高、林芝地区中等外，其他各市和地区城镇化发展综合评价指数都低于0.25。西藏自治区各市区城镇化发展缓慢主要受制于自然条件恶劣、人口密度低、生产力总体水平差、经济发展总体滞后，全区城市化率不到30%。从各市和地区来看，各个级别城镇规模较小，最大的省会城市拉萨市2010年的人口规模也只有不到56万人，建成区面积只有43.1平方千米，属于中等城市。城镇密度非常低。西藏城镇平均密度只有0.29座/万平方千米，全国城镇平均密度为20.28座/万平方千米。另外，各市和地区由于受气候和地理因素制约，农业生产效率低下，工业生产体系不健全，服务业发展缺乏动力，整体经济发展迟缓，致使城镇化发展动力不足。再者，长期经济发展滞缓致使区域城镇化发展基础设施严重匮乏，交通、通信、电力区域布局不均衡，空间分布极为凌乱，不能保障区域经济发展的需要，进而制约了区域城镇化发展。

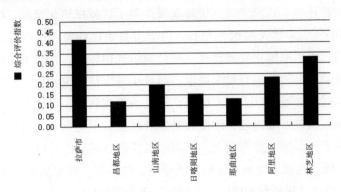

图6-5　西藏自治区各市州城镇化发展综合评价指数

　　从宁夏回族自治区各地市城镇化发展综合评价指数（图6-6）来看，石嘴山市的城镇化发展综合评价指数大于0.5，并且超过银川市，其他各市城镇化发展综合评价指数相对较低。从各个评价指标得分可以看出，宁夏回族自治区各市城镇化发展水平较低，速度迟缓。2010年，宁夏回族自治区整体城镇化水平接近45%，落后于全国城镇化平均水平。由于受区域经济、社会、自然环境的影响，区域间城镇化发展呈现出明显的差异性。城镇化发展主要以银川市为中心，以石嘴山市、吴忠市和中卫市为主线，而南部山区由于受到自然环境条件限制，城镇化发展滞后，城镇总量少、规模小、城镇体系不完善。在总共5个城市中，只有银川市属于大城市，其他都为中小城市，因此城镇辐射能力有限，经济集聚和带动能力低下，区域经济发展缓慢，城镇化发展受阻。

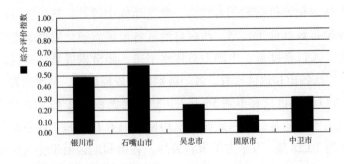

图6-6　宁夏回族自治区各地市城镇化发展综合评价指数

　　从广西壮族自治区各地市城镇化发展综合评价指数（图6-7）来看，广西城镇化发展滞后的原因实质上就是工业化落后、经济发展落后。没有大工业，城镇化发展缺乏经济发展牵引带动。南宁的城镇化水平为50.48%，在广西14个市中居于最高的水平，最低的是河池，城镇化水平仅为32.04%。截至2010年，全国平均城镇化水平为46.6%，广西仅南宁（50.48%）、柳州（50.47%）、北海（50.20%）3市的城镇化水平高于全国平均水平。城镇化发展经济实力不够强，除南宁、柳州、桂林等中心城市之间有较明显的职能差异和互补关系外，大多数城镇的职能均存在较大的趋同性，发展方向与分工不明确，城镇经济职能弱，缺乏强有力的主导工业部门。城镇空间分布不均衡，城镇空间结构呈现明显的地域差异。城镇空间分布受地形和交通线的影响很大，在地域上表现出不均衡的分布状态：从东到西，由于地形从平坦逐渐过渡到陡峭，城镇分布也由密变稀，东部和中部的城镇密度远大于西部，而大中城市全部集中于东部和中部；西部地区由于地形复杂破碎，除少数河谷地带外，大部分位于石山地区，自然生态环境恶劣，社会经济发展较为落后，又缺乏大中城市的辐射，城镇的发展仍处于低水平的非均衡发展阶段，城镇之间的联系不密切 ❶。

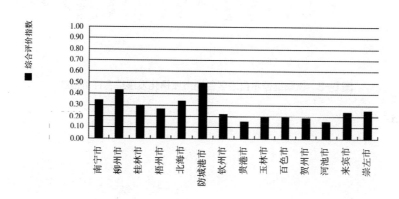

图6-7　广西壮族自治区各地市城镇化发展综合评价指数

　　从新疆维吾尔自治区各地市城镇化发展综合评价指数（图6-8）来看，在以经济增长最大化为目标的城镇化发展过程中，新疆各地市城镇化的经济发展动力不足，生态安全受到威胁，社会稳定亟待改善。受新疆各地市基础条件的影响，各地市城镇化发展对经济增长的带动能力差异明显，导致地区发展失衡，区域差距

❶ 莫滨.广西特色城镇化道路的探索和选择[J].广西城镇建设，2010（10）：21-25.

逐步拉大。当前的城镇化战略是以乌鲁木齐都市圈、北疆铁路沿线、南疆铁路沿线、沿边开放带为重点，这些重点区域基本集中了新疆80%以上的城镇，依托当地相对较为便捷的区位条件、相对发达的产业发展以及资源环境的支撑，保持了较快的发展速度，成为带动新疆经济增长的增长极与增长带。尽管集聚能力存在差异，促进经济增长的能力有所不同，但区域经济增长助推器的作用体现无疑。但是，由于经济发展过程中存在的路径依赖性质，优势地区与弱势地区的城镇化发展差距不仅没有呈现出结构性趋同，反而在逐渐增大。这种差距不仅体现在数量上，而且在质量上同样明显。从经济学的角度来说，区域差距过大不利于整个社会的和谐发展，更会影响新疆各地市经济的长远发展 ❶。

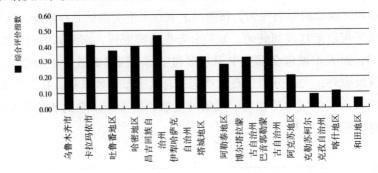

图 6-8　新疆维吾尔自治区各地市城镇化发展综合评价指数

---

❶ 马远.新疆特色城镇化路径研究[D].石河子：石河子大学，2011.

第七章 有序、协调的时序与紧凑、多样的空域——西部地区特色城镇化道路的时空取向

第一节 西部地区特色城镇化的战略目标

推进新型城镇化是中国特色城镇化建设的新格局，是贯彻落实科学发展观和全面建成小康社会的重要任务。党的十八大报告中在关于加快完善社会主义市场经济体制和加快转变经济发展方式中提出了"一个中心，五个强调"。所谓"一个中心"，即以经济建设为中心；所谓"五个强调"，即强调实施创新驱动发展战略，强调推进经济结构战略性调整，强调推动城乡发展一体化，强调全面提高开放型经济水平，强调全面深化经济体制改革❶。

回顾我国城镇化战略历程，十六届五中全会通过的"十一五"规划报告指明了我国城镇化发展的道路，即坚持大中小城市和小城镇协调发展，提高城镇综合承载能力，按照循序渐进、节约土地、集约发展、合理布局的原则，积极稳妥地推进城镇化。"十一五"时期实施城镇化战略的总体要求：适应全面建设小康社会的目标和提前实现现代化的要求，大力推进城镇化进程，大幅度提高城镇化水平，促进工业化与城镇化的互动协调发展；保持城乡之间、城市之间经济关系的协调，逐步缩小地区之间、城乡之间的本质差别，促进社会结构的调整和转型，统筹城

---

❶ 胡锦涛.坚定不移沿着中国特色社会主义道路前进，为全面建成小康社会而奋斗——在中国共产党第十八次全国代表大会上的报告[M].北京：人民出版社，2012.

乡发展，实现城乡社会的共同进步。十七届五中全会通过的"十二五"规划则在"十一五"规划的基础上又进一步提出要优化城镇化布局和形态，加强城镇化管理，不断提高城镇化的质量与水平。以上表述是对我国新型城镇化发展趋势和路径的高度概括，是对西部地区特色城镇发展的指导性文本阐述。

一、总体战略谋划

我国西部地区幅员辽阔，地区差异大，有的人口稠密，有的却地广人稀，而且大部分地区自然生态环境恶劣，道路交通等基础设施落后。西部地区城镇化起点低，城镇体系结构不完善，尤其是城乡二元问题突出，城镇化质量不高。西部地区城镇化的特殊性决定了西部地区城镇化的发展既要遵循城镇化发展的规律，又要符合西部地区的实际。因此，西部地区的城镇化发展不可能是"千城一面"的一个模式，而应该因地制宜，走有特色的多元城镇化道路。西部地区要在遵循"十一五"规划的城镇化发展的基础上，按照国家"十二五"规划建议中关于城镇化发展的宏观战略安排，结合西部地区经济社会发展实际，理顺城镇化发展的总体思路，科学、合理地规划，切实有效地推进西部地区特色城镇化。

积极稳妥地推进城镇化，着力提高城镇化质量。城镇化是我国现代化建设的历史任务，也是扩大内需的最大潜力所在，要围绕提高城镇化质量，因势利导、趋利避害，积极引导城镇化健康发展。要构建科学合理的城市格局，大中小城市和小城镇、城市群要科学布局，与区域经济发展和产业布局紧密衔接，与资源环境承载能力相适应。要把有序推进农业转移人口市民化作为重要任务抓实抓好。要把生态文明理念和原则全面融入城镇化全过程，走集约、智能、绿色、低碳的新型城镇化道路❶。

根据国家"十二五"期间城镇化规划，按照统筹规划、合理布局、完善功能、以大带小的原则，遵循城市发展客观规律，以大城市为依托，以中小城市为重点，逐步形成辐射作用大的城市群，促进大中小市和小城镇协调发展。构建以陆桥通道、沿长江通道为两条横轴，以沿海、京哈京广、包昆通道为三条纵轴，以轴线上若干城市群为依托、其他城市化地区和城市为重要组成部分的城市化战略格局，促进经济增长和市场空间由东向西、由南向北拓展。在东部地区逐步打造更具国际竞争力的城市群，在中西部有条件的地区培育壮大若干城市群。科学规划

---

❶ 李晓明.辜胜阻：从五方面把握经济工作会议"城镇化新政"[EB/OL].（2012-12-17）[2020-01-07].http://theory.people.com.cn/n/2012/1217/c40531-19924297.html.

城市群内各城市功能定位和产业布局，缓解特大城市中心城区压力，强化中小城市产业功能，增强小城镇公共服务和居住功能，推进大中小城市基础设施一体化建设和网络化发展。积极挖掘现有中小城市发展潜力，优先发展区位优势明显、资源环境承载能力较强的中小城市。有重点地发展小城镇，把有条件的东部地区中心镇、中西部地区县城和重要边境口岸逐步发展成为中小城市 ❶。

二、具体目标锁定

（一）发展以大城市为主体的中心城市

从战略上讲，西部地区经济要实现快速增长，各项社会事业要取得较快发展，必须以中心城市为依托，在一定区域内组成具有专业化、协作化特点的城市群，以此带动西部地区社会经济的迅速发展。西部地区要实施各种优惠政策和措施，优先发展区域大城市，优化资源配置，突出城市经济地域空间内涵，加强城市吸纳、辐射功能和龙头作用，从而带动周围中小城市和广大农村地区的发展。我国"条块分割"的城市行政区划管理体制使各城市各自为政，生产要素和公共服务呈碎片化状态，难以实现跨行政区流动。西部地区城镇发展要从"以大管小"转向"以大带小"，通过建立城市群发展协调机构，将公共资源和公共权力协调用于不同规模的城镇发展，大城市应打破行政壁垒，按照西部地区城乡一体化的思路，将基础设施和公共服务不断向周边中小城市延伸，形成以大带小效应。具体来说，要通过加快重庆、成都、西安、兰州、银川、西宁、乌鲁木齐、呼和浩特、包头、南宁、柳州、贵阳、昆明、拉萨等跨省区和省域中心城市的发展，进一步加强省域中心城市特别是重庆、成都、西安等具有跨省区辐射带动功能的大城市在西部地区城镇体系中的枢纽地位。与此同时，要在发展现有省域中心城市的基础上，建设一批新兴的区域性中心城市，使之成为带动西部地区经济社会发展的动力引擎。在今后相当长的时期内，西部地区仍然要紧紧依靠经济的发展来带动大中城市的建设和发展，通过中心城市来实现整个西部地区发展的联动效应。

（二）有重点地发展小城镇

小城镇建设是西部地区推进特色城镇化的重要一环。中央高度重视"小城镇、

---

❶ 新华网.中华人民共和国国民经济和社会发展第十二个五年规划纲要 [EB/OL].（2011-03-16）[2020-02-02]http://www.gov.cn/2011lh/content_1825838_6.htm.

大战略"，并将发展小城镇提高到了相当高的高度。由于小城镇是乡之头、城之尾，对于西部地区农村的发展来说，发展小城镇无疑是一个大的战略。小城镇发展不仅可以促进农业市场化、社会化和产业化，还可以完善社会服务体系，充分吸纳农村剩余劳动力就地就业创业。我国西部民族贫困地区客观上存在环境承载力有限、生态系统十分脆弱和过剩的农村剩余劳动力与较强的资源开发需要之间存在矛盾等问题，薄弱的经济基础和较之于东、中部地区封闭的人文社会环境加大了新型城镇化的难度。因此，要解决这些矛盾，就要充分利用西部地区各种现实或潜在的优势，有重点、有步骤地推进民族特色小城镇建设，使之与西部地区的大、中城市一起构成强大的城镇体系，推动区域经济协调发展和社会进步。

在城镇化建设的实践中，小城镇对促进西部地区经济社会发展具有特殊的地位和作用：①小城镇是西部地区经济发展的重要空间载体，可以说，如果没有小城镇的人口集中和产业聚集，就不可能有区域的中心城市的出现；②小城镇有利于加强民族间的经济联系，有利于民族团结；③小城镇是西部地区农牧业剩余劳动力的"蓄水池"，为城镇化提供源源不断的人力资源；④小城镇在西部地区生态保护和文化传承中起着重要作用。

我国西部地区旅游生态文化资源丰富，可以借鉴东部地区经验，打造西部民族生态型小城镇。新型城镇化道路要求经济、人文和生态这三方面要协调发展。西部地区可以根据当地人口、资源、环境、社会、经济、文化、民族传统、习惯的不同，建设内涵和标准不同的生态型小城镇。比如，江苏省盐城市沿海地区的生态型小城镇建设十分强调保护历史风貌，实现城镇的园林化和宜居性；安徽省宿州市生态型城镇面临的问题则是以循环经济来促进产业发展，城镇建设需要重新规划，强调优化人居环境，而不是为了仿古而发掘地方传统文化。这些都是西部地区小城镇建设可以借鉴的有效经验❶。

西部地区应当围绕小城镇建设这个重点，处理好县城和镇之间的关系，着力发展潜力较大的"建制镇"。西部地区中心镇在生产经营、商品流通、技术推广、信息传输等方面发挥着辐射作用，为周围农村直接提供公共服务。从第二产业、第三产业的合理集中布局、加强规划和公用设施建设等角度看，当前要通过科学规划有重点地择优培育一批中心镇。一般来说，重点中心镇的选择不宜过多，各县（市）应当根据实际条件、经济基础和辐射半径等因素，选择 2～3 个建制镇。

---

❶ 侯玉霞，袁泽.贫困山区少数民族生态型小城镇建设路径探析——以广西都安瑶族自治县为例 [J]. 河池学院学报，2008（5）：100-104.

地方政府要使重点建设的小城镇比一般建制镇具备更加优惠的经济和社会政策，打破传统行政管理体制和资金投入方向的思维定势，完善基础设施和公共服务设施，提高城镇品位和服务功能，吸引人口、生产要素向中心镇集聚，实现规模化发展。

（三）构建多元化、多层次西部地区城镇体系

西部地区在实施大城市和小城镇"两头并重"的战略过程中，要依据本地区社会经济发展的现实基础和西部地区城镇化的现状，走出一条大中小城市联动并举、宜大则大、宜小则小、共同推进、协调发展的道路。新型城镇化的"新"要求由过去片面注重追求城市规模扩大、空间扩张，改变为以提升城市的文化、公共服务等内涵为中心，真正使我们的城镇成为具有较高品质的适宜人居之所。城镇化的核心是农村人口转移到城镇，完成农民到市民的转变，而不是建高楼、建广场。农村人口转移不出来，不仅农业的规模效益出不来，扩大内需也无法实现。新型城镇化一定要体现一盘棋的思想，打破二元结构，形成优势互补、利益共享、共存共荣、良性互动的局面。农村可以为城镇的发展提供人力和内需支持，形成强大后盾；城镇可以为农村的发展提供强大动力，绝不能以牺牲农村的发展来谋求城镇规模的扩大，"摊大饼"式的城镇化不是西部地区追求的目标。

西部地区城镇化困境主要是当前西部地区中小城市经济实力较弱、规模较小，制约着中心大城市向周围中小城市的辐射和扩散，也影响了中小城市向小城镇和农村地区辐射、扩散功能的发挥，这种"中间弱，两头更弱"的状况直接制约着西部地区社会经济发展。中小城市在西部地区分布广，对带动区域经济的繁荣、增强对大城市的支撑能力和接受其辐射的能力大有潜力可挖。为此，应当积极扶持和加快发展中小城市和具有发展潜力的县城，构建以中小城市和县城为枢纽，大、中小城市和中心镇为有机组成的城镇体系，对优势明显、交通便利、发展潜力大的城市着力打造西部地区城市群。通过西部地区城镇体系建设，少数民族区域人口和非农产业向城镇化体系集聚，根据西部地区经济社会发展趋势和基础条件，积极引导和实现中心镇、中小城市、大城市和城市群的有序梯度递进。此外，城镇化核心是人的城镇化，关键是提高城镇化质量，目的是造福当地群众。2012年中央经济工作会议和中央农村工作会议指出，要打造高质量的新型城镇化，推进产城融合，将城镇化作为拓展农民就业的重要空间。笔者认为，农村人口向城镇迁移应当是有序的。在市场规律的作用下，西部地区的农村人口流动方向不仅可以跨地域向中东部发达地区城镇迁移，实现异地城镇化，还可以向西部的城镇

体系各级城镇迁移，实现就地城镇化。另外，有的地区还可以生态移民，把生态移民和推进城镇化有机结合起来。例如，我国西北的一些贫困地区，自然生活条件恶劣，干旱缺水导致寸草不生、颗粒无收，即便政府投入再多的扶贫资金，也很难改变其状况。那么，对这种地区只有实行生态移民，即有计划、分步骤地将这些地区居民迁移到周边城镇或城镇郊区，给予适当经济补助，使他们从事第二产业、第三产业或者现代都市农业，确保西部地区城镇化过程中人的城镇化落到实处。

第二节　西部地区特色城镇化的时序安排

城镇化水平的高低既体现着一个国家和地区经济社会发展水平和现代化文明程度，又是加快经济社会发展的重要条件。进入 21 世纪，我国西部地区城镇化进程加快，但总体上落后于全国城镇化平均水平，其发展快慢好坏受复杂的因素制约。从农村工业化过程中产业结构与就业结构的变化顺序来看，城镇化大致上可划分为三个基本阶段，不同阶段内的产业结构、就业结构具有不同的特征。

一是城镇化准备阶段。这一阶段也称为工业化的准备阶段，基本特征是农业支持工业，工业化以农业提供的剩余为支撑。产业结构与就业结构表现为第一产业发展到一定程度，即农业总产值在国民生产总值中的结构份额达到一定比重后，停留在第一产业的劳动力及投入资金必然出现剩余而向第一产业外转移，其转移趋势将向第二产业特别是农副产品加工业转移。第二产业的从业人数增长高于第一、第三产业的从业人员增长；资金投入也以第二产业为主，工业部门在国民经济中占主体地位。

二是城镇化发育阶段。在这一阶段，农业不再从资金积累上援助工业的增长，农业的剩余用于自身发展，工业的进一步发展主要依靠工业自身的剩余积累。此时，第一产业在国民经济中的相对地位已经大幅降低，工业的相对地位逐步上升到占绝对优势，农业领域的就业人数在社会总就业人数中所占的比重逐步下降，而非农产业的就业人数激增。

三是城镇化成熟阶段。该阶段的基本特征是工业反哺农业。农业受到国家保护，工业化发展到一定程度依赖工业自身提供的剩余，工业部门的剩余以资金要素的形式流入农业领域，从而形成了工业对农业的支持，农业由依靠自身剩余积累的发展转向依靠工业剩余积累的快速发展。在这一阶段，第一、二产业经过第一、二阶段的发展后，其就业人数处在一个相对稳定的状态，而第三产业借助第

一、二产业的剩余得以快速发展，尤其是商贸、金融、交通、服务业、科技、文化、卫生、教育等领域的从业人数及产值的增加成为经济社会发展的常态。

以上是通过工业化进程的阶段所划分的城镇化的三个时间段，从国民经济结构转型的节点看，通常当农业在国民生产总值中的份额下降到25%，农业在工农业增加值中的份额下降到40%，农业就业份额下降到55%，城市人口份额上升到35%，人均GNP超过700美元后，我国城镇化就开始由准备阶段向发育阶段转换。当农业在国民生产总值中的份额下降到25%，农业就业份额下降到30%，人口的城镇化水平上升到50%，人均GNP达到1 500美元时，我国城镇化应该完成由发育阶段向成熟阶段的转变。

事实上，学术界用上述指标确立的城镇化节点来衡量西部地区，但是我国西部地区的城镇化总体上仍落后于全国城镇化水平，西部各地区之间的城镇化也极不均衡。以农业在国民生产总值中的份额、工业在国民生产总值中的份额、城镇人口份额及人均国民生产总值四个主要指标来衡量，改革开放40多年来，我国实现了世界上人口最多的发展中国家城镇化的稳步快速推进，城镇化率从1978年的17.92%提高到2017年的58.52%。但在整体辉煌的背后仍然存在诸多问题，亟需调整发展模式，向新型城镇化转型。我国各区域城镇化发展极不平衡，其中最滞后的西部地区更为迫切地需要从传统城镇化向新型城镇化转型转变。西部地区不仅城镇化率落后于中、东部地区，还存在诸如市场发育滞后、产业支撑能力不足、城镇化发展不均衡、城镇体系不健全、城镇承载力低下、城乡差距显著、资源环境恶化等一系列深层次问题。

首先，要发展现代农业和非农产业，促进西部地区经济增长，为特色城镇化夯实物质基础。特色城镇化能较好地促进西部地区特色资源的集约开发。一方面，随着城镇化的推进，城镇自身及周边地区的交通运输、供水供电、邮电通信、信息市场、配套服务等相应的基础设施必然会逐步完善，这为外来资金的进入、开发成本的降低以及特色资源的充分利用和开发并进一步进入市场提供了良好的物质基础；另一方面，城镇的经济职能可以使之成为西部地区特色产品的集散地以及加工的空间载体，即城镇化的推进可以使西部地区的特色资源和珍稀资源有市场的依托和通向发达地区市场的桥梁❶。西部地区特色城镇的发展离不开西部整体经济水平，如地

---

❶ 李澜.加速城镇化是促进西部地区现代农业建设的重要途径[C]//曾福生.促进农民增收的技术经济问题研究——中国农业技术经济研究会2004年学术研讨会论文集、中国农业技术经济研究会：中国农业技术经济研究会，2004：234-250.

处西部但旅游经济较发达的广西玉林以县（市）为单位，目前全市中小城镇网络初步形成，并正形成新型小城镇带，当地经济也朝着城乡经济社会一体化方向发展。

其次，以人口聚集与市场孕育为两轮，推动西部地区特色城镇化发展。总人口自然增长率的大小是城镇化水平提高的关键因素。通常人口城镇化是经济发展的指示性指标，经济发展水平越高，城镇化水平相对来说就越高。我国西部地区应当结合实际，发展人口小镇化。人口小镇化是指城镇人口的空间聚集要以县城类建制镇为核心载体，以非县城建制镇为辅助载体，缺少城市作转移支撑的一种城镇化方式。以四川藏区为例，其城镇模式为"县城——建制镇——集镇"三级，没有城市设置，因而城镇人口多在县城和建制镇集中，形成了一种具有高原特色的人口城镇化典范。城镇人口基本形成以县城为主的聚集地。当前，四川藏区人口城镇化的关键与核心在于促进现有小城镇的发展，通过小城镇建设与功能完善，加快小城镇经济转型，形成生产要素和人口在空间上的城镇集聚❶。

再次，市场经济与城镇化互为依托，相互支持。20 世纪 50 年代以来，由于行政区的调整和建制的完善，西部地区城镇体系基本形成了省、市（地）、县三级，乡、镇为主体的中小城镇也得到显著发展。但上述城镇的出现很多并非商品经济发展到一定阶段的产物，而是在高度集中的计划经济环境下，依循行政建制的规定，以政府部门所在地为中心逐步产生的。尽管这些城镇在发展过程中集中了一些经济或生产要素，有的还发展成为区域经济中心，但这些城镇多为"外嵌式"的模式，与当地经济没有直接关联，不但独立成型、自我循环，也没有成为商品集散中心或商贸中心。还有一部分城镇的政治和社会功能过强，经济功能非常薄弱，在发展过程中逐步形成了消费中心，而消费品又主要依靠区外输入，没有带动本地区商品经济的发展和市场的繁荣。另外，从人口和基本规模角度看，西部地区大城市数量少，中小城市数量多，城镇的辐射能力不够❷。从我国西部地区实际出发，特色城镇化的建设与发展亟须形成统一、开放的市场经济体系。一是要激活农村小城镇的辐射功能，在一定范围内将各种生产资源和要素聚集起来，使生产与消费相结合，建设规模化和专业化商品生产和流通体系，以形成具有西部地区特色的产品市场和要素市场；二是要打通农村城镇市场网络系统，将城市与农村统筹联系起来，把封闭和分散的农村市场纳入以西部地区城市为中心的统一开放的经济体系中；三是根据西部地区市场总体运行的状况，区分不同地区、不同层

❶ 沈茂英.少数民族地区人口城镇化问题研究——以四川藏区为例[J].西藏研究,2010（5）:112-120.
❷ 黄健英,黄涛.民族地区市场发育的历史基础分析[J].黑龙江民族丛刊,2001（1）:46-51.

次的经济体系，采取灵活的宏观调控政策，引导生产、流通和消费向西部地区倾斜，减少生产的盲目性和市场波动的风险，保证市场经济的稳健运行。

最后，加快构建农村工业化和新农村建设耦合机制，从"城乡一体化"层面推动西部地区特色城镇化。农村城镇化建设可以调整农村产业结构，优化资源配置，促进西部地区农业现代化和城乡经济社会的一体化发展。西部地区地理位置相对偏远，经济基础较弱，社会信息闭塞，生产专业化程度低，劳动生产效率不高，在生产过程中很容易造成浪费。另外，西部地区产业结构分布也很不合理，农业的比重过大，第二、第三产业发展严重滞后。通过农村城镇化建设，不仅能有效地优化农村产业结构，促使农村的土地、资本、人力资本等生产要素从劳动生产效率低的产业、行业向劳动生产效率高的产业、行业转移和流动，还可以从根本上变革大量的农村人口"固守农业找饭吃"的传统局面❶。实现西部地区农村工业化，要以城镇为支点；相反，促进城镇的发展，特别是它的量的增长和功能的发挥，要提高农村工业化水平。那么，西部地区应该以工业、旅游等产业为支撑，使城镇集聚现代的科技力量，形成具有民族特色的商业文化中心，而以现代产业工人为主体的城市，才具有更强的辐射力，对周围农村起到带动作用。当新型城镇达到适度规模之后，其周围可以形成若干城镇，这为农村生活的城镇化创造了必要条件。

综上所述，西部地区特色城镇化有其自身的运行规律和成长机制。它不是一个孤立的过程，而是始终处于错综复杂的诸多因素的影响与作用之中。我国西部地区特色城镇化发展的主要影响因素包括农业现代化程度、经济发展水平、工业化水平、人口规模、市场发育状况、新农村建设进程等。当然，还有其他很多制约因素，如自然环境等。其中，西部地区经济发展水平是特色城镇化的决定性因素。同时，在经济发展基础上成长起来的城镇化会对经济发展产生深刻变革。由此可得出结论，经济发展和产业结构调整是西部地区特色城镇化的关键，应当在深化西部地区产业结构转型升级的过程中有步骤、有计划地推进城镇化。

第三节　西部地区牧区城镇化的空间布局

我国西部地区牧区城镇化道路与其他地区不同，绝不能简单地从经济绩效评价城镇化的水平。由于地处西部的少数民族牧区生态地位的重要性、民族关系的

---

❶ 廖乐焕.推进农村城镇化进程　促进少数民族地区新农村建设[J].贵州民族研究,2006(5):5-10.

复杂性、农牧民族文化的特殊性、人稀地广等特征，其特色城镇化问题建设需要的投入较大、困境较多，同时城镇化任务紧，因此更有难度。如果只从经济效益来看，牧区城镇化可能没有其他地区经济效益明显，但如果从牧区工业化、现代化建设，牧区可持续发展以及牧区和谐社会构建等多维度考察其城镇化投入所取得的收益，那么特色城镇化无疑有助于提升整个牧区的社会发展指数和牧民的幸福指数。因此，从我国民族牧区的远景目标和实际情况来看，科学、合理地规划民族牧区城镇化建设的空间布局具有重要的意义。

一、西部地区牧区城镇化空间布局中的突出问题

（一）牧区城镇人口偏少，城镇的分布比较分散

以内蒙古为例，内蒙古全区常住人口 2539.6 万人，其中城镇人口 1609.4 万人，常住人口城镇化率达 63.4%，此外，由于内蒙古牧区辽阔、人口稀少、交通不便等因素，形成了城镇分布分散的格局❶。理论上讲，城镇化一般是在原有城镇的基础上扩建，使更多农牧民群众迁入城镇。原来城镇有基础，扩建相对要容易一些。但是由于牧区原有的城镇绝大多数是小城镇，承载有限，必须有新的投入，否则很难容纳新增城镇人口。

（二）牧区土地流转困难，新城镇建设空间不足

牧区推进城镇化通常是以扩建城镇或新建城镇为路径，往往缺乏土地指标，即便是有限的指标优先向旗（县）政府所在地倾斜，也与我国其他非牧区省市农村城镇化不同。在有的农村，扩建或新建城镇所需要的土地，一般是通过农民迁居新村，腾出宅基地，再把它们复耕为农田，然后在适合于扩建、新建城镇的地区，使同等面积的耕地转为工业建设用地或城市建设用地，实现土地"置换"。然而，这种"置换"的结果造成耕地面积总量的红线未被突破，而宅基地（农村建设用地）则转为工业建设用地或城市建设用地，因此很难在牧区实施，因为牧场已承包给牧民，而牧区一般没有宅基地概念，牧民在牧场内住蒙古包，或者自盖住房。因此，要在牧区扩建城镇或新建城镇常常因土地指标有限而受阻❷。

---

❶ 柳颖 . 对内蒙古城镇化问题的几点思考 [J]. 理论研究，2011（3）：63-64.

❷ 厉以宁 . 牧区城镇化的新思路 [J]. 北京大学学报（哲学社会科学版），2012, 49（1）:5-10.

（三）牧区小城镇功能分区不明确，产业结构调整和生态环境保护的压力较大

民族牧区通常位于我国西部欠发达地区，由于长期历史发展和经济、社会、地理环境，城市建设规模较小，城镇发展存在中心城镇的经济实力欠缺的问题，对周边的广大城乡地区辐射水平较差；小城镇发展规模小，设镇标准较低，基础设施相对落后，城镇面貌较差；小城镇职能分工不明确，主导产业不突出，特色不明显，结构相似性强，"小而全"等问题普遍。在小城镇建设过程中，牧民长期以来是以牧业为生，一旦搬迁到城镇定居势必导致其生活中心转移到城镇，这在一定程度上改变了牧民传统的生产方式和生活习惯。由于牧区产业结构调整进程整体偏慢，一些搬到城镇生活的牧民的就业安置问题成为新的棘手问题。除此之外，牧区乡镇规模小、技术水平低、管理能力不足，城镇化过程中乡镇企业向牧区排放的污水、废渣很多未经处理，严重污染了小城镇的生活空间和生态环境，城镇化带来的外部负效应明显。

二、优化西部地区牧区城镇化空间布局的政策建议

（一）着力提高牧区城市群的综合承载力

牧区大城市少是难以吸纳新增城镇人口的主要原因。从世界范围看，1975年超过100万人口的大都市区人口占世界城镇人口的37.2%，2009年达到50.1%，2025年预计达到56.6%，届时我国也将达到43%。我国民族牧区城市发展的突出问题是草场牧区耕地保护与城市建设用地紧张，存在"双重压力"，城镇化的门槛和成本高，草原生态环境压力大，承载能力有限，有的地区已经出现"城市病"迹象。因此，牧区城镇化要按照主体功能区划分的空间结构的总体要求，加快郊区化和城市群周边农村地区城镇化进程，明确各自区域的功能定位，优化空间布局，促进产业转型和功能提升，提高城市群的综合承载能力。例如，要加强西安、兰州、银川等大城市的基础设施建设，扩大其人口容量和经济实力，充分发挥其辐射和带动作用，积极培育以西安和兰州为核心的沿陇海—兰新线展开的城市群 ❶。可以考虑放开城市郊区（旗、县）、周边中小城市和小城镇的户籍限制，鼓励城市群人口和产业向周边辐射，加快牧区交通网络构建，优先发展城市和城郊公共

---

❶ 张明霞. 西部地区城市空间结构与城镇化战略模式选择 [J]. 内蒙古科技与经济, 2010（8）：41-43.

交通和大容量的轨道交通，推进基础设施建设、农牧产业布局、草场环境治理、要素市场、劳动就业和社会保障等基本公共服务一体化，吸引进城农民工在郊区（旗、县）和周边城镇生活，并通过快速便捷的交通体系到城区务工，甚至实现就地就业。

（二）打造若干龙头型大城市

民族牧区要着眼于扩大城镇规模、调整产业结构、完善城市功能、优化生态环境，增强大型城市的吸引力、辐射力和综合服务能力，率先实现区域一体化。要抓好中心城区的扩容和环境改善工作，以建设现代化大都市为目标，强化政治中心、经济中心和科教文化中心的功能。与此同时，要集中力量加快西部地区牧区盟市所在地中心城市建设，打造区域性的中心城市，使这些区域中心城市成为第二梯队大城市，通过城市的跨越发展推动牧区城镇体系不断向高端形态迈进，带动地区综合竞争力的提升。

（三）以农牧民市民化为重点，发展主体功能完善的中小城市

中小城市是西部地区牧区城镇体系的主体。我国牧区中小城市发展不足，严重制约了城镇化发展。要鼓励和支持牧区中小城市和小城镇扩容，着力解决中小城市集聚效应不够、就业岗位不足、公共服务均等化困难等问题，大力加强其对牧区农民工大规模市民化的吸引力和吸纳力。从总体上看，我国牧区中小城市发展的总体思路是，积极建立一批城市主体功能完善、承载农牧民农民工市民化能力较强、与周边城市群协调发展的中小城市，使其成为扩大内需、加快农民工市民化的主要载体，以及参与城市群产业分工、承担大城市功能疏散的主要载体。那么，对于具备条件的中等城市，在条件允许的情况下可以再鼓励其发展成为具有较大辐射能力的大城市。

（四）有重点地发展联动城乡的特色小城镇

牧区自然、社会经济条件差异大，应当以发展经济为抓手，以提高城镇居民收入水平为目标，充分挖掘和利用农牧区资源优势和人文、自然景观，建设类型多样、与当地产业化紧密结合的特色城镇。牧区城镇（中心集镇）建设规模相对较小，但作用不可忽视。城镇建设模式要因地制宜，以人口流向来选择城镇建设的路线。要发挥牧区已有集镇的特点，因势利导，结合历史上长期形成的农畜产品贸

易、地理位置、交通条件等有利因素，加快基础设施建设，建设有特色的小城镇❶。小城镇是西部地区牧区城镇体系的重要组成部分。未来小城镇发展的总体思路是通过政策引导，建设一批经济实力强、发展机制活、联动城乡统筹、吸纳农牧民就业的特色小城镇。以内蒙古为例，在蒙西地区，建议在大城市与城市群带动下发展一批产业支撑能力较强、公共服务较好、与大中城市形成合理分工的重点小城镇，有条件的小城镇通过行政区域调整可以发展成为具有活力的中小城市；在蒙东地区，可以结合小城镇发展的区位条件、资源禀赋和经济基础等方面优势，有选择地发展有潜力的小城镇作为承担农村牧区公共服务的载体与联动城乡统筹发展的节点。同时，要发展具有边疆特色的沿边小城镇，进一步开发开放边疆地区，使之发展成为民族团结、经济繁荣和和谐稳定的重要窗口❷。

案例：主体功能区战略打造魅力"草原新城"❸。

内蒙古自治区依据不同区域的资源环境承载能力、现有开发密度和发展潜力等，将特定区域确定为具有特定主体功能定位类型的一种空间单元。2012年，《内蒙古自治区主体功能区规划》公布实施，确立了"三大战略格局"：一是构建以"沿线、沿河"为主体的城镇化战略格局，形成以沿交通干线、沿主要河流为轴线，以国家和自治区级重点开发的城市化地区为主要支撑，以轴线上其他点状开发地区为重要组成的城市化战略格局；二是构建以"两区两带"为主体的农业战略格局，形成以河套—土默川平原农牧主产区、西辽河平原农牧主产区、大兴安岭沿麓农牧产业带、呼伦贝尔—锡林郭勒草原畜牧业产业带为主体，以其他适宜农牧业发展区域为重要组成的农牧战略格局；三是构建以"两屏三区"为主体的生态安全战略，形成以大兴安岭和阴山为生态屏障，以沙地防治区、沙漠防治区和黄土高原丘陵沟壑水土保持区为主体，以点状分布的禁止开发区域为重要组成的生态安全战略格局。

依照城镇化对空间布局的要求，内蒙古走出了一条城镇化与工业化、现代化适度同步发展，城镇化形式多元化，集中型城镇化与分散型城镇化相结合，据点式城镇化与网络式城镇化相结合，大中小城市和小城镇协调发展，市场推动、政府导向、政府发动型城镇化与民间发动型城镇化相结合，自上而下与自下而上城

❶ 陈英玉.牧民流动与牧区城镇化道路[J].攀登，2006（4）：83-85.

❷ 张学刚.内蒙古城乡关系中存在的问题与对策建议[J].理论研究，2010（6）：12-15.

❸ 内蒙古新闻网.内蒙古加快城镇化进程，每年造就一座30万人口的中等城市[EB/OL].（2010-11-10）[2020-02-17].http://commend.nmgnews.com.cn/system/2010/11/10/010521052.shtml.

镇化相结合，城市发展方式多样化和合理化，以内涵方式为主的新型城镇化道路。内蒙古东、中、西部地区分别崛起呼伦贝尔、赤峰、通辽、锡林郭勒盟、包头、鄂尔多斯等城镇群，中心城市的聚集力、辐射力和服务水平不断增强，城乡一体化进程加速。到2010年底，内蒙古自治区城镇化率达到55%左右，101个旗（县）的中心城镇集中投入公共交通、信息网络、水电气热管网和环境保护等基础设施建设，初步形成完备的教育、文化、卫生、体育等公共服务设施体系。

1.鄂尔多斯市准格尔旗："大集中小集聚"模式

"大集中"就是根据立地条件，将全旗土地划分为禁止开发区、限制开发区和优化开发区，采取矿区居民搬迁、生态移民、就业转移、产业吸纳等措施，推动禁止开发区和限制开发区人口向移民新村和城镇以及二、三产业转移集中，推动优化开发区大力发展现代农牧业，实现生产发展、生活富裕、生态恢复。暖水乡整乡退出就是准格尔旗人口转移的成功范例。2006年至2009年，该旗累计转移农村人口3.7万，其中生态移民1.7万人、矿区移民2万人。为了确保农村人口转移顺利，该旗根据产业布局和立地条件，先后集中打造了十二连城五家尧、薛家湾湖西、沙圪堵民乐、暖水4个精品移民社区。

"小集聚"就是在条件相对较好、居住比较集中的地区，结合村容村貌整治，对破旧土房进行拆除新建或搬迁，对相对好一点的房屋进行装修、改造，通过拆除、新建、改造等形式，就地集聚，改善提升农民生活水平。准格尔旗先期在相对集中的荣乌高速、阳吉线、包府线、103省道4条公路主干线两侧，集中开展村容村貌整治工作，共涉及6个乡镇、1900多户，到2010年已全部完成。

2.呼伦贝尔："文化筑城"模式

"护其貌、美其颜、扬其韵、铸其魂"，呼伦贝尔市在拉大城市框架、融入民族元素的过程中，提升城市功能、品位和形象。2007年至2009年，建筑立面改造工程从呼伦贝尔市中心城区开始，逐步拓展到多个旗市城镇，民族风格建筑建设得到了有效的发掘和应用，全市13个旗市区分别按照蒙古族、达斡尔族、鄂温克族、鄂伦春族、俄罗斯族的风格进行了沿街建筑立面改造。呼伦贝尔推出了文化博览工程，每年投资近亿元，建起了呼伦贝尔民族博物馆、民风民俗展览馆、呼伦贝尔档案馆，复原了具有两千多年历史的甘珠尔庙，建起了大剧院、体育馆、民族风情园。全市拥有各级各类博物馆32座、文化站140个、广场50多处。另外，呼伦贝尔市开展了"市民日""慈善日""读书日"等活动，征集提炼了"博大、致诚、和美、共赢"的城市精神。如今的呼伦贝尔集草原城市的大气、口岸城市的洋气、农区城市的秀气、森林城市的豪气等特点于一身。2009年，全市共接待游客800万人次，旅游总收入118亿元，引进国内（市外）资金400亿元。

3.科尔沁左翼后旗："自然—人文互融"模式

突兀拔起的双合尔山、气势恢宏的博王府赛马场、神奇瑰丽的大青沟、"优、美、亮、绿、畅"的城区，走进通辽市科尔沁左翼后旗，就会被一处处的自然景观和人文建设所倾倒。近年来，该旗在城镇建设上以打造蒙古族特色生态旅游城镇为重点，全力推进城镇化进程。该旗科学规划管理，拓展城镇空间，几年来已投资135万元，聘请北京、沈阳规划设计院编制了新一轮《甘旗卡镇城市总体规划（2006—2020）》《金宝屯镇城市总体规划》《甘旗卡工业园区控制性详细规划》和甘旗卡镇区5.44平方千米城市控制性详细规划，完成了甘旗卡镇37平方千米和金宝屯镇18平方千米的地形图测绘工作，构筑了甘旗卡镇"东扩南移"的发展框架。该旗坚持宏观与微观相结合、城镇与产业相协调的原则，合理规划城镇建设，全力打造以甘旗卡镇为龙头、重点城镇为纽带、梯次推进、配套呼应的城镇发展格局，总体布局为"一线四镇一区"。"一线"即阿古拉—博王府—大青沟旅游精品线；"四镇一区"即甘旗卡镇、金宝屯镇、努古斯台镇、阿古拉镇、大青沟旅游景区。

第四节　西部地区山区城镇化的空间布局

我国西部地区的山区城镇绝大多数都远离大中城市，交通不方便、信息不通畅、观念较为落后、人员素质水平不高成为这些地区普遍具有的共同特点。受这些因素的影响，山区城镇化建设也大多具有如下特点：一是数量多，规模小，呈现分散化状态。城镇化之所以取得高质量发展，主要得益于规模效益和集聚效益。无疑，人口空间的集中、产业布局的聚集能够节约土地资源，共享基础设施，节省交通运输费用等，而山区城镇规模小，无法获得规模效益，基础设施不配套，就无法形成集聚效益。二是山区城镇基础设施差，基本公共服务体系不健全。受历史和发展观念因素的影响，大量从乡、集镇脱胎而来的建制镇的基础设施发展水平较低，并且一些建制镇在由乡到城的转变中，首先要考虑的不是如何完善基础设施和改善投资环境，而是急于先建开发区，先搞项目，在行政级别上向高层级看齐，导致城镇的教育、文化、卫生、体育等社会事业停滞不前，其结果是由于基础设施不配套，投资方一旦考察实地情况就决定不来，致使很多开发区建成后空置，"空心化"问题严重。三是城镇规划杂乱无序。这些从农村成长起来的城镇，其发展还带有很大的自发性和盲目性，发展无序。许多城镇发展方向不明确，也不清楚自己的优势和潜力在何处，不进行市场分析盲目参与一些热门项目的竞逐，造成许多城镇的产业结构雷同，经济效益不高。然而，制约我国西部地区山区城镇化空间布局的最主要因素来自山区土地约束。

以武陵山西部地区为例，恩施土家族苗族自治州城镇化水平滞后就是由多种因素综合导致的，其中最为明显的是土地资源的开发和利用不合理。恩施在土地利用结构上的不合理表现为城乡结合部土地利用类型复杂多样，但在布局上各种不同的用地类型相互交叉、相互干扰。为解决市区居民住房拥挤及市政动迁问题，政府在城市边缘征地建小区，在建设中缺乏统筹规划，而往往为节省资金，征地时有意避开农村居民点，造成农村居民点与现代化城市居住小区相互嵌套的混乱局面。例如，乡镇企业在布局上较为分散，多与农村居民点、大中型畜禽饲养场相互混杂，不仅不利于节约土地，还对居民生活环境污染严重。不少乡镇企业布局于城市对外交通干道的两侧，给城市的扩展和道路的拓宽造成了一定的困难。恩施土家族苗族自治州大部分城市，尤其是城中老区房屋建筑拥挤，道路狭窄，环境差，土地利用过度。全州需要改造的旧城面积占建成区面积的 10% 左右，由于改造规划滞后、资金短缺等问题，大量土地闲置。同时，随着经济体制改革的逐步深入以及农村家庭联产承包责任制的实施和农村经济的快速发展，尤其是商品经济发展而带动的城镇发展，土地用途的变更是不可避免的，从城镇化发展的角度看，也是需要的。但在发展之前，既没有统一规划，也没有可行性研究，更没有从长远角度思考城镇发展规模与农业发展的协调，在没有土地利用总体规划的情况下，对土地用途的变更带有很大的随意性。城镇（市）市政建设发展迅速，大批人口动迁到城市边缘区。同时，大量外来流动人口也纷纷集聚于此。城镇（市）边缘区成为目前人口增长幅度最大的地区。与此同时，城镇（市）边缘区非农建设势头强劲，大量占用耕地，耕地面积剧减，造成城市用地快速扩张。在城镇发展中，恩施土家族苗族自治州用地规模大幅度增加，在未撤乡建镇之前，城镇用地一般不足 1 平方千米，而建镇后，不到几年时间，就发展到 1～2 平方千米，有的还会达到 3～4 平方千米，人均建设用地在 149 平方米以上，导致大量耕地被占用，而城镇土地利用率不高，土地效益尚未得到发挥❶。

山区特色城镇化离不开空间布局的优化，因此要从以下几个方面着手：一是

---

❶ 马期茂. 民族地区城镇化进程中的土地利用研究——以恩施自治州为例 [D]. 武汉：中南民族大学，2008.

创新土地流转制度，逐步割断山区农村转移劳动力同土地联系的"脐带"。我国要尽快出台、完善、创新山区（林区）土地（林地）的调整和流转政策，如扶持村民土地流转的财政与信贷政策、农产品价格导向的支持政策、山区农村劳动力转移就业政策等，鼓励土地市场购并、合并行为，整理山区（林区）细碎的小块耕地，扩大地块规模，促使转移劳动力的土地向种田能手或农场集中，还要对转让出土地使用权的农户给予适当的经济补偿，或为进入城镇务工的人员提供更多就业机会。二是发挥山区生态资源的优势，鼓励农业产业化经营，利用产业结构调整拉动城镇化。通常说来，山区农村都具有生态资源优势，镇政府在改造传统农业，使之与市场接轨，逐步实现农业专业化、商品化和社会化的过程中，应充分发挥自己信息灵便、信誉度高、拥有一定行政资源和生态资源的先天优势。选定主导产业，在农村居民与农产品加工企业之间发挥纽带作用，通过合理合法手段来使用各种资源，并通过一定的政策来启动和加快山区农村的农业产业化发展，从而推动山区农村的城镇化进程。三是大力发展山区特色小城镇。山区城镇必须结合当地的优势，利用好文化资源，发展各种山区特色小城镇模式。例如，有的地区可以将小城镇建设与乡镇企业创业结合起来，根据本区域内外市场和工矿冶炼、生物开发、农林加工、民族工艺品等资源丰裕的特点，合理调整产业结构和产业布局，引导乡镇企业集中连片发展形成小型工业园区，把乡镇工业塑造成带动城镇化建设的主体力量。山区旅游资源丰富，乡镇要重点搞好景区的自然、人文生态环境建设，完善游客吃、住、行、乐服务设施，并不断全面提升景区硬件设施水平和表演、导游、节日文化活动等软件质量，以不断促进消费拉动力的加大来实现本区域的城镇化建设。山区中的中药材、茶叶、山野菜、烤烟、腌鱼、腊肉、印染、刺绣、藤编工艺品等资源也很丰富，西部地区要在扩大规模的基础上大力发展深加工、包装、营销等产业，逐步形成集种养、加工、包装、销售、服务为一体的特色产业小镇。

案例：破解土地资源约束，"乡村贵州"探索山区城镇化新路 ❶。

贵州是全国唯一没有平原支撑的省份，其可用土地资源十分稀缺，土地支离破碎，沟壑纵横，石漠化十分严重，在这样的环境下发展城镇化，在常人眼里是件不可思议的事情。如今走在贵州乡间，削荒山、填沟壑的场景不时出现在眼前，座座新城拔地而起，工业园区如雨后春笋，扶贫生态移民小区工地热火朝天……

---

❶ 中国网络电视台."乡村贵州"的城镇化之路 [EB/OL].（2013-01-31）[2020-02-20].http://
sannong.cntv.cn/20130131/106519.shtml.

雷山县丹江镇、台江县施洞镇依托原生态旅游资源，大力发展民族工艺品加工，兴办乡村旅舍，中外游人络绎不绝。

贵阳市花溪区青岩镇通过修缮古建筑和老街区，建成集历史、人文、宗教、民俗为一体的古镇，成为观光旅游、度假休闲的旅游景观型小城镇。

如今，山窝窝里的贵州正向城镇化迈进！

贵州贫穷，表现在农村，根子在城市，根本出路在城镇化。2012年初，国务院出台的支持贵州经济社会发展的《国务院关于进一步促进贵州经济社会又好又快发展的若干意见》提出"推进城镇化进程，形成大中小城市和小城镇协调发展的格局"。一石激起千层浪。贵州省委、省政府随即将城镇化作为促进全省经济社会发展的重要支撑。在贵州省第十一次党代会上，时任贵州省委书记的栗战书代表省委提出把推进"三化同步"作为基本途径，促进生产要素在城乡之间、区域之间合理流动、有效配置，使工业获得更多的发展资源、城市获得更广的发展空间、农村获得更大的发展支持，同时提出了贵州城镇化率5年接近45%的目标。2012年7月，贵州省政府与住房和城乡建设部签订《共同推进贵州住房城乡建设事业又好又快发展合作协议》，以合作协议为依托，以项目为载体，争取中央补助资金历年最多，达105.04亿元。2012年8月，启动100个示范小城镇建设；2012年9月，下达30个省级示范镇补助资金1亿元；2012年10月，省委、省政府出台的《关于加快推进小城镇建设的指导意见》，明确了小城镇后发赶超的"时间表"和"路线图"，并明确了小城镇建设发展的政策和机制保障；2012年11月，与国家开发银行贵州省分行、省农信社签署金融支持小城镇合作备忘录。

为了保障城镇化建设和发展沿着科学合理的轨道运行，贵州省委、省政府提出了"用两到三年时间实现城乡规划全覆盖"的要求。有关部门在小城镇规划编制中，注重突出民族特色和地方特点，按照宜工则工、宜农则农、宜商则商、宜游则游的原则，使城乡规划与产业布局规划同步跟进。同时，在城乡规划编制中与扶贫开发和农村危房改造结合起来，突出了城乡规划的编制和实施在统筹城乡发展和解决"三农"问题方面的意义。贵州全部县城总体规划已实现全覆盖，380个镇（乡）、2 330个行政村规划已基本编制完成，137个镇（乡）和565个村庄规划已经通过专家评审，9个市州中心城市控制性详细规划编制工作也正在有序开展。

贵州未来最具潜力的发展动力在城镇化，最雄厚的内需潜力也在城镇化，抓住城镇化就等于抓住了投资拉动的助力器，抓住了加速发展的关键。贵州人口70%分布在农村。有专家指出，中国正从"乡村中国"进入"城市中国"。贵州的城镇化率大概低于全国15个百分点，全国排名倒数第二，仍然还是"乡村贵州"。贵州的城镇化道路还有很长的路要走。城镇化不仅可以创造更多的就业和消费空间，提高城乡居民生活水平，还可以减弱对贵州本来就很脆弱的山区生态环境压力。

贵州城镇化率的差距主要在于小城镇贡献的城镇化率明显不足，小城镇建设是提高城镇化率的关键。2012 年 8 月，贵州省专门召开了小城镇建设发展大会。同时，贵州省从三个方面积极探索具有贵州特色的城镇化路子：一是突出特色推进城镇化，充分挖掘贵州的民族文化特点，走有特色、集约型、多样化、组团式拓展、点状式集中的山区绿色城镇化道路；二是推进城镇化与产业成长、新型工业化发展相融合，逐步形成城区以三产为主、郊区以特色农业为主的城镇产业由内向外、合理布局的新格局；三是推进城镇化与农民变市民相结合。

大方县黄泥塘镇借移民安置契机，谋划和推动小城镇发展，一方面为移民提供了生产、生活空间，另一方面壮大了小城镇规模，培育了消费市场和劳动力资源。如今，随着城镇化水平的不断提升，黄泥塘镇常住人口从 1992 年成立建制镇时的 260 户 500 余人增加到 1 680 户 8 800 余人，城镇化率从不足 5% 提高到 35.83%。通过全省干部群众一年多的共同努力，一座座富有特色的小城镇如雨后春笋般出现，改变了"乡村贵州"的历史旧貌，描绘出一幅幅崭新的城镇画卷。

小城镇一头连着农村，一头连着城市，是推进"四化同步"的重要载体。在城镇化建设中，应通过有效合理配置公用设施，以及科技、教育、文化、体育、医疗等公共资源，使更多的农民享受到更高水平的公共服务。在实践中，通过发展特色小城镇，发展新兴产业，创造了新的就业岗位，使大批农民成为在家门口就业的"两栖"新型农民，实现了增收致富的心愿，"钱袋子"一天天鼓起来。

遵义市虾子镇等商贸集散型城镇乘势而起，包括扩大辣椒种植规模，促进农民增收致富、引导农民进镇从商。2012 年，虾子镇实现辣椒交易量 6.2 万吨，交易额 12 亿元，农民人均纯收入从 2006 年的 3 500 元增长到 7 412 元。

当前，贵州城镇化已步入发展快车道，正在建设中的小城镇为城镇化发展提供了大量的人口转移空间，特别是以工业园区为依托而发展起来的城镇，农村人口更是大规模涌进，进行就业创业，这就需要城镇解决有关住房、教育、卫生、社保、交通、环境等一系列问题。随着人口在城镇的迅速聚集，解决城镇的规划、建设和管理等问题也提上了各级政府的议事日程，成为实施城镇化带动战略过程中必须尽快解决的重大问题。只有建立和完善城镇社会保障制度，才能使进城的农民共享改革开放成果。因此，必须建立健全对城镇居民和城镇农民工的失业保险、医疗保险、养老保险等重要保障体系，努力实现劳有所保、病有所医、老有所养。

第八章　新型城镇化影响下的西部地区职业教育发展

自改革开放以来，职业教育为我国经济社会发展提供了有力的人才和智力支撑，现代职业教育体系框架全面建成，服务经济社会发展能力和社会吸引力不断增强，具备了基本实现现代化的诸多有利条件和良好工作基础。随着我国进入新的发展阶段，产业升级和经济结构调整不断加快，各行各业对技术技能人才的需求越来越紧迫，职业教育的重要地位和作用也越来越凸显。

第一节　西部地区职业技术教育的现状、特点及意义

一、西部地区职业技术教育的现状

教育是民族振兴和社会进步的基石，党的十八大报告把教育放在了极其重要的战略位置。其中，职业教育面向民众、服务社会，是助民、惠民、富民的重要基石，因此党的十八大在关于发展职业教育的提法也在以前的基础上进行了一些修改，从十七大报告中的"大力发展职业教育"，到党的十八大报告中的"加快发展现代职业教育"，"现代"两字的加入赋予了职业教育改革发展新的目标和内涵。这是全面建成小康社会赋予职业教育的新使命，是中国特色新型工业化、信息化、城镇化、农业现代化建设赋予职业教育的新任务，体现了党中央对职业教育改革发展的新要求。

2014年6月23日至24日，全国职业教育工作会议在北京召开。习近平指出，要树立正确人才观，培育和践行社会主义核心价值观，着力提高人才培养质量，弘扬劳动光荣、技能宝贵、创造伟大的时代风尚，营造人人皆可成才、人人尽展其才

的良好环境，努力培养数以亿计的高素质劳动者和技术技能人才。要牢牢把握服务发展、促进就业的办学方向，深化体制机制改革，创新各层次各类型职业教育模式，坚持产教融合、校企合作，坚持工学结合、知行合一，引导社会各界特别是行业企业积极支持职业教育，努力建设中国特色职业教育体系。要加大对农村地区、西部地区、贫困地区职业教育的支持力度，努力让每个人都有人生出彩的机会❶。作为国民教育体系的重要组成部分，职业教育为初高中毕业生提供了接受高中阶段教育和高等教育的机会。我国建成了世界上规模最大的职业教育体系，基本具备了满足广大青年接受良好教育的需求。作为人力资源开发体系的重要组成部分，自2005年以来，职业院校共培养了8 000多万名高素质劳动者和技能型人才，每年培训各类人员1.5亿人次以上。这不仅缓解了社会就业压力，支撑了经济转型和产业结构调整，也为广大青年打开了通向成功成才的大门❷。

"十一五"期间，国家投入资金15亿元，支持5个民族自治区建设职业教育项目483个。2012年，国家出台《关于扩大中等职业教育免学费政策范围进一步完善国家助学金制度的意见》，将六盘山区等11个连片特困地区和西藏、四省藏区、新疆南疆三地州中等职业学校农村学生（不含县城）全部纳入享受助学金范围。从2009年和2010年起，每年从西藏和新疆分别招收3 000名和3 300名学生，到中东部12个省市重点职业学校学习，由中央财政负担学习、生活费用。上海市群益职业学校等6所职校内职班，招收来自西藏日喀则、新疆喀什等地区1 100多名学生，所学专业涉及土木工程、汽车修理、城市燃气输配与应用等。各校选派了责任心强、业务水平高的优秀教师授课。

西部地区各级党委、政府高度重视发展职业教育。广西先后出台职业教育条例和中等职业教育奖优扶先办法，5年累计投入财政经费168亿元。截至2012年，全区每个市、县均建成1所职教中心，新增国家职业教育改革发展示范学校35所。自治区教育、工信、住建、水利、商务等部门推动建立21个职业教育集团，成员单位1 000多家，强化了职业教育产教融合。为解决西部地区贫困家庭子女读书困难问题，仅2008至2010年间全区累计投入专项资金22.48亿元，资助和免学费学

❶ 吴晶，刘亦湛．习近平：为实现"两个一百年"奋斗目标提供人才保障 [EB/OL].(2014-06-23)[2020-02-25].http://www.jyb.cn/zyjy/zyjyxw/201406/t20140623_587324.html.

❷ 中国教育报评论员．高度重视加快发展现代职业教育——二论学习贯彻习近平总书记关于职业教育工作重要指示精神 [EB/OL].(2014-06-25)[2020-02-25].http://www.xinhuanet.com/hr/2014-06/25/c_126669308.htm.

生数近 150 万人次。

西部地区职业教育是相对于非西部地区职业教育而言的，是针对西部地区的经济、地理环境、人文特征等区域特点的职业教育。一般来讲，西部地区职业教育是以西部地区经济社会为主要服务对象，培养西部地区经济社会发展所需要的应用性技能型人才，从而促进西部地区的经济社会发展。西部地区职业教育是民族教育的重要组成部分，其发展对当今西部地区社会经济发展，乃至西部地区教育事业发展都有举足轻重的作用。西部地区职业教育主要承担培养学生从事本专业领域实际工作的基本能力和基本技能，使之具备较快适应经济社会岗位需要的实际工作能力。在此基础上，其还担负着传承本民族优秀传统文化遗产的重任，职业学校在教学实施时需要考虑职业教育如何适应本民族文化环境和本民族的经济发展需要，因此相对于一般地区的职业教育，西部地区职业教育担当了更为重要的历史责任。近年来，我国西部地区职业教育事业快速发展，体系建设稳步推进，培养培训了大批中高级技能型人才，为提高劳动者素质、推动经济社会发展和促进就业做出了重要贡献。同时要看到，当前西部地区职业教育还不能完全适应经济社会发展的需要，结构不尽合理，质量有待提高，办学条件薄弱，体制机制不健全。加快发展西部地区职业教育是党中央、国务院做出的重大战略部署，对于深入实施创新驱动发展战略，创造更大人才红利，加快转方式、调结构、促升级，促进城镇化进程中农村剩余劳动力的转移，对西部地区新型城镇化建设有着举足轻重的意义。

二、西部地区职业技术教育的特点

职业教育相对于其他教育方式而言有其自身特性，主要表现为职业性、经济性、实践性、终身性等。为了更好地了解职业教育的特点，我们可以通过图 8-1 来对职业教育做一个直观的认识 ❶。

---

❶ 董仁忠 . "大职教观"视野中的职业教育制度变革研究 [D]. 上海：华东师范大学，2008.

图 8-1　职业教育的形式

从图 8-1 中我们可以看到，职业教育的目的是把人才推向劳动力市场，因此具有很明显的职业性和经济性。另外，从职业教育的多种形式可以看出职业教育贯穿于人的各个阶段，包括在学校学习的阶段和在工作岗位上的培训阶段，更有部分人的职业教育是从工作岗位上不断地学习和实践而完成的，因此职业教育具有终身性和实践性。西部地区的职业教育有其他类型教育都具有的一般属性，但由于西部地区地理环境、自然条件、经济发展水平、宗教习俗、语言文字等方面的差异，西部地区职业教育又表现出不同于一般职业教育的特点。

（一）西部地区职业教育具有复杂性

我国是一个统一的多民族社会主义国家，有 9% 的人口是少数民族人口，民族区域自治地区面积占我国版图面积的 64%，我国社会主义经济的腾飞唯有在西部地区经济发展了之后才能够实现，在一定程度上而言，只有西部地区得到良好发展，我国社会主义事业建设才能良性发展。西部地区的各民族之间有着独特的语言文字、宗教习俗、族群生态，并形成了具有不同特色的民族文化，但西部地区又大都处于偏僻之地，闭塞的地理环境造成思想观念上的保守封闭，加之粗放的生产方式和薄弱的经济基础制约着职业教育的发展。主客观因素的影响使西部地区职业教育形成了不同于非西部地区职业教育的个性和特殊性，因此西部地区的职业教育问题既是一个教育问题，也是一个经济问题和政治问题。

（二）西部地区职业教育具有独特性

西部地区职业教育主要承担培养学生从事本专业领域实际工作的基本能力和基本技能，使之具备较快适应经济社会岗位需要的实际工作能力。在此基础上，其还担负着传承本民族优秀传统文化遗产的重任，职业学校在教学实施时需要考虑职业教育如何适应本民族文化环境和本民族的经济发展需要，在部分西部地区仍存在着落后的思想，职业教育在教育过程中宣传科学的思想，传授现代生活所需的知识、技能、规范和态度，在某种程度上是对愚昧的一次洗礼，这有利于西部地区思想观念的现代化发展 ❶。

（三）西部地区职业教育具有地方性

西部地区职业教育在一定程度上是经济、政治、社会、文化的综合体现。职业教育的发展与当地的经济发展息息相关，西部地区经济发展水平决定了职业教育发展的规模和程度。在发展职业教育时，要考虑当地经济社会的发展，将自身发展与当地经济社会发展有机结合。中国职业教育发展地区差异明显，中西部地区明显滞后，这在一定程度上影响了职业教育对地区经济增长的贡献。西部地区不但职业教育发展规模小于东部地区，对职业教育的投入水平也相对较低。教育与经济社会发展的联系不够紧密，职业教育越来越像"文凭教育"，没有突出对技能的培训特色，职业性的特点越来越少，这些都会对西部地区职业教育的发展形成一定的制约 ❷。

三、西部地区发展职业技术教育的意义

《中共中央关于教育体制改革的决定》指出："社会主义现代化建设不但需要高级科学技术专家，而且迫切需要千百万受过良好职业技术教育的中初级技术人员、管理人员、技工和其他受过良好职业培训的城乡劳动者。没有这样一支劳动技术大

---

❶ 王世忠.少数民族教育发展研究 [M].北京：人民出版社，2013.

❷ 王世忠.少数民族教育发展研究 [M].北京：人民出版社，2013.

军，先进的科学技术和先进的设备就不能成为现实的社会生产力。"该决定明确指出了职业教育在社会主义现代化建设中的重要地位和作用。西部地区职业教育的发展关系到西部地区社会经济的发展，关系到国家的稳定和各民族的共同繁荣。在发展西部地区经济的过程中，更是离不开职业教育的推动。《国家中长期教育改革和发展规划纲要（2010—2020年）》指出，发展职业教育是推动经济发展、促进就业、改善民生、解决"三农"问题的重要途径，是缓解劳动力供求结构矛盾的关键环节，必须摆在更加突出的位置。职业教育要面向人人、面向社会，着力培养学生的职业道德、职业技能和就业创业能力。到2020年，要形成适应经济发展方式转变和产业结构调整要求、体现终身教育理念、中等和高等职业教育协调发展的现代职业教育体系，满足人民群众接受职业教育的需求，满足经济社会对高素质劳动者和技能型人才的需要。党的十八大报告提出要加快发展现代职业教育，推动高等教育内涵式发展。中共十八届三中全会决定提出，要深化教育领域综合改革，加快现代职业教育体系建设，深化产教融合、校企合作，培养高素质劳动者和技能型人才。

首先，职业教育是西部地区经济发展的重要保证。职业教育机构培养的是具有综合职业能力，在生产、服务、技术和管理第一线工作的高素质劳动者和专门人才，他们对西部地区地方经济的发展起着重要的带动作用。只有提高职业教育的办学水平，才能更好地服务于西部地区的经济社会发展，为全面建成小康社会提供人才支持。

其次，职业教育是解决民族问题的重要途径。各民族共同发展和繁荣是关系到实现中国社会全面建成小康社会全局性的问题。我国是一个统一的多民族国家，由于历史等多方面的原因，我国各个地区的发展不平衡，东部与西部，内地与沿海发展，尤其是西部地区的发展差距十分大。西部地区职业教育能否适应西部地区经济社会发展的需要不仅是一个重大的经济问题，也是一个重大的政治问题，必须引起高度认识。

最后，职业教育是传承和发展民族文化的重要载体。各民族文化既是一个民族精神世界的沿袭，又是这个民族所创造的物质文化和精神文化的结晶。在中国，尤其是在西部地区，民族文化的传承和发展离不开职业教育，如果没有连续的职业技能型人才的培养，很多民族文化将无人可以传承，因此职业技能型人才在西部地区文化传承中尤为需要。

西部地区经济社会的健康快速发展需要大批各类技能型人才，这就要求我们充分认识职业教育对提高广大劳动者职业素质的重要性。大力发展职业教育有利于促进西部地区民族教育的发展，也有利于促进经济的发展，从而实现西部地区的团结和繁荣。

第二节 新型城镇化对西部地区职业技术教育的影响

新型城镇化的"新"就是要由片面注重城市规模扩大、空间扩张变为以提升城市的文化、公共服务等内涵为中心，真正使我们的城镇成为具有较高品质的适宜人居之所。城镇化的核心是农村人口转移到城镇，完成农民到市民的转变，而不是建高楼、建广场。农村人口转移不出来，不仅农业的规模效益出不来，扩大内需也无法实现。徐林、曹红华在《从测度到引导：新型城镇化的"星系"模型及其评价体系》一文中提出，新型城镇化包括6个要素，分别为城市的生态观与可持续发展、城市经济增长与发展方式转变、城市的宜居性与城市居民的幸福感、城市服务设施的供给与均等化、城市管理方式的变革与科学化以及城市文化的保护与软实力的提升 ❶。城镇化过程中凸显的一个问题就是人的发展和稳定问题，其实质也就是人本身也要实现"城镇化"，包括人的生活、观念、职业素养等都要实现城镇化。因此，教育在这个过程中必将起到核心作用，通过对农村人口，特别是对接受新事物、新观念能力强的新生代农民工进行城镇化的教育，改变新生代农民工职业观念，培养其参与城镇化建设的积极性，使其成为城镇化进程中的重要一环。原教育部副部长鲁昕在《用科学发展观指导推进职业教育改革创新，全面提升国家培养技能型人才的能力和水平》的专题报告中指出，加快城镇化进程，迫切需要职业教育为农村劳动力转移发挥更大作用，要积极稳妥地推进城镇化，提升城镇发展质量和水平，重点加强中小城市和小城镇发展，把解决符合条件的农业转移人口逐步在城镇就业和落户作为推进城镇化的重要任务。因此，笔者认为，新型城镇化其实就是劳动力的高质量转移，转移后的劳动者不再是只为温饱而到处奔波的生活在社会底层的农民工，而是完成农民到市民的转变，可以充分享受城镇化带来的便捷并实现物质上的满足。我国西部地区面临解决贫困人口温饱问题和全面建成小康社会的双重任务，职业教育是西部地区产业发展的重要支撑，是拓宽西部地区新增劳动力就业渠道的需要，也是增加西部地区群众收入重要来源和加快脱贫步伐的保证。与此同时，城镇化的发展又可以促进城市功能的进一步发展，完备的教育体系又可以更好地促进人的发展，更大限度地促进劳动力的转移，同时为转移的劳动力提供更多的就业岗

---

❶ 徐林，曹红华.从测度到引导：新型城镇化的"星系"模型及其评价体系 [J].公共管理学报，2014，11（1）：65-74.

位（图 8-2）。西部地区无论是新型城镇化建设，还是剩余劳动力转移的步伐都比发达地区缓慢了很多。因此，只有做大做强职业教育才能从根本上解决制约西部地区新型城镇化建设的瓶颈——劳动力素质普遍不高的现状。

图 8-2 职业教育、新型城镇化和剩余劳动力辩证的关系

一、新型城镇化发展需要职业教育服务

现阶段，我国城乡经济统筹发展的关键在于广泛而又迅速地提升城乡人口（尤其是农业人口）的整体文化和技术素质（主要是技术技能素质和追求较高质量生活的素质），而提升农村人口素质并有效推进新型城镇化的有效途径就需要大力开展职业教育。首先，与普通教育以及那些培养科学研究型人才的高等教育相比，职业教育在提高农村人口素质和促进新型城镇化发展的过程中具有比较明显的内在优势：一方面，新型城镇化要求职业教育为农村培养大量高素质的技术技能型人才；另一方面，新型城镇化也要求发挥职业教育传播技术、推广技术的作用，为城镇化建设服务，从而体现职业教育在统筹城乡经济发展中的价值。其次，与普通教育相比，职业教育与城乡生产的关系更为紧密。通过职业教育使劳动者的技术水平得到提高，发展其技能，使其能够运用新技术、新工艺、新设备产生更多的技术革新和生产创新，从而提高劳动生产率，促进经济发展。同时，职业教育可以塑造劳动者的价值观念、职业道德、专业思想，影响劳动者的劳动态度，提高劳动者的生产积极性，促进生产，推动城乡经济共同发展。

二、新型城镇化建设需要职业教育提供专业技术人员

我国正处于经济高速发展的阶段，城乡经济发展都需要大量的高级技术人员。但根据有关资料显示，目前我国在电力行业的职工中，高级技师和技师不足总数的 2%；在建筑行业的 9 万多家企业 3 400 多万从业人员中，专业技术人员仅占 4%，高级技师不足 0.3%，技师不足 1%；在煤炭行业中，有 96% 的企业缺少机电人才，88% 的企业缺少有利于产业升级换代的能够运用新设备、新技术的实用人才，求大学生容易、找高级工人难，已成为各地各行业的普遍现象。发展制造业、高新技术产业，走新型工业化道路，离不开足够数量的技术技能人才，更离不开较高素质的劳动者。而职业教育则是提高全社会劳动生产技术的整体水平，提高全社会劳动力整体技能素质的必由之路，是开发人力资源，提高生产、经营、管理、服务一线劳动者素质的最有效途径。因此，我国职业教育必须要以培养大量高素质的中、高级技术工人为目标，补充我国现代化进程中技术人员的缺口。

三、新型城镇化建设需要职业教育解决农村剩余劳动力转移的问题

"解决城乡收入差距，提高农民的收入，最主要和关键的就是要减少农民，把农村劳动力向非农产业转移。"目前，我国正处于农业社会向工业社会的特殊转型期，存在大量的农村剩余劳动力，实现这些剩余劳动力的有序转移是当前我国需要解决的严峻社会问题。同时，提高农民素质，造就"有文化、懂技术、会经营"的新型农民，造就具有自立意识、合作精神、法治观念和创业本领的新型农民，是建设社会主义新农村的迫切需要，也是新型城镇化发展的必然要求。职业教育可以通过对农村剩余劳动力进行相关职业教育与培训，使其掌握一技之长，提高个人素质，从而顺利实现向非农产业转移的目标；另外，职业教育也可以通过开展培训，开阔他们的视野，为其树立自信心，树立市场竞争意识、效益意识、风险意识等。职业教育应该从整体上提高劳动者素质，提高剩余劳动力的转移层次和速度，为经济和科技的结合提供桥梁和纽带，把潜在生产力变为现实生产力，最终提高农村剩余劳动力的收入水平，促进城乡一体化建设的顺利进行。

四、新型城镇化建设需要职业教育缩小城乡差距

城乡差距持续扩大是当前我国国民经济发展中的突出问题。要解决这一问题，就必须加快农业和农村经济的发展。经济要发展，教育须先行。长期以来，受城乡二元经济结构以及农村经济发展水平的限制，我国农村的教育事业一直远远落后于城市。我国的职业教育，尤其是农村职业教育，不但要在推广先进的农业技术、改变落后习俗等方面加大工作力度，而且必须探索农村职业教育整体发展的新思路，改变农村教育的落后面貌，逐步整合城市和农村的各类文化教育资源，促进农村经济发展，打破我国城乡二元经济结构的限制，为缩小城乡差距，为新型城镇化的实现发挥应有的作用。

五、新型城镇化建设需要职业教育促进转移农民的再社会化

以帕森斯为代表的结构功能主义学派认为，在社会化过程中，个体与社会是统一的，教育可以传递集体意识、道德观念，使年青一代社会化并个性化，以维持社会的同一性和多样性。班级是社会化的重要组织，通过班级将社会文化传递到每个学生并内化于学生，通过以学生成绩为标准的分配机制，使社会为每个人提供较为均等的升学和就业机会。最初的职业教育与人的简单职业生活相联系，人们为了自身的生存和种族的繁衍，必须传递生产、生活经验，因此职业教育就应运而生并承担起传递生产、生活经验的任务。在生产力水平低下的时期，年青一代通过年长者简单的言传身教（师徒式），就可以获得生产、生活常识而开始自己的职业生活，进行初级社会化。到近代，大机器生产部分代替了手工操作，产业的更新和职业门类、层次的增加，导致言传身教式的原始职业教育已不能满足人的职业发展的要求，于是又产生了职业学校教育和职业教育，这种过程更接近于次级社会化。职业学校教育和职业教育应包括受教育者准备就业的一系列教育内容，如普通基础知识、职业知识技能、职业道德、职业指导等。当然这个时期的职业教育为教育对象近期服务与为教育对象最终趋于全面发展并逐步完成社会化过程并不矛盾。同普通教育相比，职业教育在促进个体的社会化方面更具有独特性，它与个体的职业价值观、职业道德、职业理想和职业操作规范紧密联系在一起，因此，将个体的社会化更明确地与其未来生活的主角色——职业角色联系在一起。职业教育使个体的社会化更具有现实性和可操作性。

现代职业教育采用以终身教育思想为宗旨的广义职能观，具有现代教育观念、教育体系、职能任务、师资队伍、教育内容和方法以及现代化管理手段。它不仅包

括由学校组织实施的以提供就业资格为目的的学校职业教育，还包括从业者提高和完善劳动技能，以及为转换职业接受的再培训等多种形式的培训与进修活动。随着科学技术的日益发达、高科技生产体系的普遍建立和三大产业的迅速发展，不但职业的种类、层次增多，而且某些职业的难度也更一步加大，职业的相关性、变通性由此增强，这一切要求就业者受教育程度和职业教育水平要相应提高，职业教育的种类、专业、层次结构要与社会门类、产业结构相适应。多样化的职业教育对满足现代人的多样化职业发展的要求，即职业获得、职业胜任、职位提升、职业升级、职业转换等起着重要作用。现代职业教育是一种大职业教育体系，它在促进人的社会化及再社会化过程中发挥着主要作用。人的发展历程是个体社会化、完善化的活动过程。个体社会化是指个人学习知识、技能和规范取得社会生活的资格、发展自身社会性的过程。对绝大多数人而言，这个过程就是一个人学习职业技术并形成职业观，选择职业、适应职业或更换职业的职业发展过程。接受职业教育，就是进行个体社会化，成为预期职业人。职业教育是按照社会需要，开发智力，发展个性，培养人的职业道德、职业兴趣，训练职业能力的教育。它包括职业道德教育、职业技术教育、职业指导等。职业教育有利于人的职业角色定位，能为个体社会化奠定一个良好的基础。在分工复杂的现代社会中，如何根据社会的结构与需要将每个人按其志向与能力分配到社会上适当的位置，以达到"人尽其才、才尽其用"的目的，就是职业教育的选择功能。个体选择职业，不仅要考虑经济收入，还应该遵循人的个性特点，把职业与人紧密结合起来。职业教育有利于人的职业选择，从而促进个体的社会化。以往一个人更多的是一生从事一项工作、一种职业，但在如今科技发达的时代中，社会变迁迅速，社会流动性大，人的职业要求和职业变换也随之加快。一个人在一生中要不断地适应新的职业要求或更换职业岗位，这就需要人继续接受职业教育，实现个体继续社会化。

对于转移农民而言，接受职业学校教育是实现其再社会化的关键。主要原因有：第一，职业学校是知识集中、信息集中的固定受教育场所，它有专门传播知识的教师，具有严密的组织性、计划性与目的性，通过系统的文化知识传播，加速农民的内化和社会教化过程。第二，职业学校教育具有生活指导性。它可以引导农民树立科学的世界观和正确的人生观，明确生活目标，根据社会现实树立生活理想、职业理想和社会理想，帮助农民学会协调理想与现实产生的冲突，适应复杂的城市生活。同时，学校教育还可传授农民生活必需的知识与技能。第三，职业学校教育具有社会规范性。社会规范通过传统文化、风俗习惯、礼节规矩、思想信念、法律制度等形式对农民的行为施加外在的强制力，是农民行为的准则和协调人与人、团体与团体、个人与团体之间关系的依据。学校教育使农民充分认识到城市社会规范的内容和意义，认识到任何偏离社会规范的行为都必须受到制裁，从而约束农民的行为，维护社会稳定。第四，职业学校教育具有角色培养性。农民在进入其他社会领域之前，职业学校教育为其提供角色学习机会，以适应社会环境，成为或承担某一社会角色。

通过职业学校教育，受教育者除学到基础知识、生活常识、基本社会规范外，还可学习掌握一定的专业知识与技能，并通过参与社会实践活动，获得某种社会职业而实现社会化。职业教育对转移农民的再社会化具有特殊的意义。它以比较完整真实的社会生产生活环境对转移农民实施社会化，在传授其基本从业知识和技能的同时传授基本的常识、生活规范和价值观念，通过教育工作者的选择和加工，使职业教育的教育内容既保持了城市社会的本色，又避免了纯自发性、随机性和消极适应性，充分发挥了职业教育对农民的社会教化作用。同时，职业教育按生产生活的全面要求组织实践活动，既发挥了学校教育社会教化的作用，又促使受教育者积极内化。在职业学校内，班级和校园是高度专业化的社会化场所。班级和校园活动，一方面通过自身直接组织活动，使受教育者养成规范的组织行为习惯、价值观念和社会情感；另一方面通过教育教学活动向学生传授有关城市社会的各种文化传统、生活和行为方式，使受教育者在知识积累中逐渐实现个人的内化，实现再社会化的转变。班级和学校教育的社会化过程具有较强的目的性、计划性和组织性，社会化的内容方式又有较强的选择性，因而具有较高的效率性。班级和学校的社会化是专门按照人的社会化规律严格设计实施的，是高度专门化、规范化的社会化。

六、新型城镇化需要职业教育促进转移农民生活方式的改变

生活方式是人为了满足自己的生存与发展需要而进行的全部活动，即人的全部实践活动方式，主要包括物质生产与物质生活活动方式、社会交往活动方式、社会生活结构（政治的、社群的、文化的、精神的、宗教的）活动方式等。从人的生存、发展活动的内容划分生活方式，它主要包括消费生活方式、闲暇生活方式、社会交往生活方式和家庭生活方式。

随着工业化的发展和城市化的不断推进，大量农民向城市转移，而这些农民要在新的环境中获得生存的能力以适应环境变化，其生活方式也必须不断向城市生活方式转化。但是，由于农民本身的受教育程度、技术技能等方面因素的制约，加上城市化过程中片面强调农业人口向非农业人口的转移，忽视促进转移农民生活方式的转变，导致我国的城市化问题在近年来日益突出。进入城市的农民大多工作和生活极

不稳定，是城市社会中的弱势群体，一方面，他们往往因短期利益驱使或经济上的一时困难，不愿或没有机会接受新知识、新技术等；另一方面，由于他们常常不得不为生计而奔波，根本无经济能力也无精力参加社会的再教育学习。即使是进入城市的农民，其生活方式、行为习惯仍保持着传统农业的烙印，并未从心理、意识上真正融入城市社会，未能实现农民向享受现代文明的新型市民的转变，这在一定程度上降低了城市化的质量，阻碍了城市化的推进。农民生活方式的转变是一个长期的过程，在这个过程中，应加强进城农民的教育，提高他们的文化素质和职业能力，通过提高他们的收入来更新他们的消费方式和消费习惯；引导农民劳逸结合，有规律地生活，积极参加各类文娱、体育、旅游活动，戒除酗酒、嗜烟、赌博等不良嗜好和习惯，培养更好的休闲生活方式；通过学校教育环境扩大转移农民社交范围，提高他们的社交能力，转变交往方式；以学校教育为契机，转变农民的家庭婚姻观念，提高他们进行家庭教育的技能，并通过提高他们的就业能力完善家庭经济结构，转变他们的家庭生活方式。同时，职业教育还要发挥其功能，对转移农民进行道德教育。农民转变为市民，其活动范围扩大，涉足许多新领域，道德标准也在发生变化，需要通过职业教育进一步强化。职业学校对农民进行的道德教育包括善待老人和儿童、夫妻和睦、邻里互助、优生优育等家庭道德教育；爱护公共卫生、公共设施，遵守公共交通秩序，维护社会安定，遵守社会公德的教育；维护国家安全、促进城市环保等城市功能的城市形象教育。在行为上，我们还要引导农民养成快节奏的工作和生活习惯，以适应城市高速度、高效率的要求。此外，职业教育的文化传授还有利于学习者适应并促进企业文化的建设。职业教育培养的劳动者同时是企业文化的承载者和建设者，它是一个多层次的文化系统，对企业的凝聚力和发展起着重要作用。企业文化既包括以经营观念、市场观念、竞争观念、效益观念、人才观念等为内容的企业价值观，又包括以职工对企业的自豪意识、目标意识、亲和意识、使命意识、归属意识为内容的企业意识，还包括企业职工的各种心理状态。职业教育在向受教育者传递文化时，也有意识地使他们能够认同、接受并改善企业文化。

第三节　职业教育促进新型城镇化的主要功能

从某种程度上说，城镇化就是人的城镇化，无论是经济的聚集，还是资本的聚集，与人的整体素质提高紧密相连。当代中国快速城镇化离不开职业教育的发展，职业教育天然与城镇化有着耦合关系。发达国家的经验表明，职业教育是推进城镇化的重要引擎。例如，美国大力发展社区职业教育，澳大利亚发展产业化的技术与继续教育，德国推行职业教育"双元制"模式，均为城镇化发展提供了技能型人才；英国、法国通过立法和投入干预农村职业教育与培训的发展，促进了农村剩余劳动力转移；日本职业教育推行产学合作，以工业化发展加速了城镇化进程。

一、职业教育与城镇化闭合循环

新型城镇化是党的十八大以来的发展战略，也是全面建成小康社会的重要举措。新型城镇化的推进离不开教育发展，尤其是农村职业教育的发展对于城镇化推进形成了一种闭合循环结构（图 8-3）。一方面，职业教育促进劳动力技能提升，使农民市民化，并能够稳定就业获得生活保障。职业教育还以终身职业教育与学习的形式实现人力资本的持续升值，有利于农村转移劳动力知识技能的增长与提升，促进其在城镇"稳得住、留得下"，实现更加充分、更有质量的就业。正是职业教育这种持续的人力资本转化与服务，为推进新型城镇化建设与发展提供了重要的人才动力。另一方面，城镇化提升了农民工的生活质量，提升了其生活满意度。城镇化的基本公共服务水平普遍高于农村，能够满足人民对美好生活的需求，较高的城镇化水平意味着一个国家和地区拥有良好的经济与财富水平。

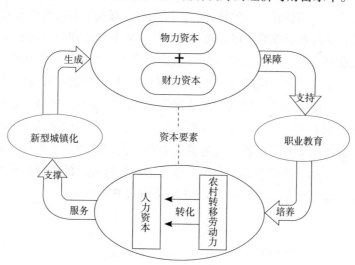

图 8-3　职业教育与城镇化闭合循环图 ❶

---

❶ 邓文勇.职业教育与新型城镇化的联动逻辑及实现路径 [J]. 中国职业技术教育,2019（27）:69-75.

二、职业教育促进农业人口快速高效向城市转移

人力资本是实现经济增长、缩小城乡差距、推进新型城镇化建设的关键要素，而我国人口压力大，尤其是农村有大量的富余劳动力且劳动力素质普遍低下，满足不了新时期劳动力必须具备的能力要求。从目前我国剩余劳动力现状看，农村剩余劳动力比重还较大，如何将其转换为服务于新型城镇化建设的有效人力资本，需要职业教育发挥人力资本转换的就业导向功能。《现代职业教育体系建设规划（2014—2020年）》中明确要求："充分发挥职业教育就业导向作用，引导农村剩余劳动力向城镇和非农产业有序转移。"实现剩余劳动力转移、增强人力资本，一定程度上也顺应了我国从"人口红利"向"人才红利"过渡的趋势，正如李克强总理所提出的"转变中国过去依靠'人口红利'的发展模式，充分释放'人才红利'"❶。

当前，我国城镇化建设正处于加速推进期，第二、第三产业迅猛发展，新兴产业势如破竹，这对劳动力转移形成拉力的同时也提升了对劳动技能的需求，使个体就业能力直接关系到就业率和实际工资水平。我国农村劳动力整体受教育水平不高，技能培训长期缺位，非农职业从事能力较低，转移呈现"两栖式"。职业教育形式灵活、实用性强、面向就业、面向人人，有利于实现劳动力的合理流动。首先，发展职业教育能提升农民素质，增强非农职业技能和应对职业变化的能力，增加城市就业率，从而促进农村剩余劳动力流转土地使用权并向城镇聚集，优化第二、第三产业劳动力结构配置。其次，对剩余农民进行现代农业生产技术培训，能让农民转变"小农生产"的观念，掌握先进的生产技术，提高农业科技创新能力，成为新型职业农民，更好地服务农业现代化，增强新型城镇化建设的基础动力。最后，提高职业教育层次能促进劳动力在三大产业中的再配置，实现城乡生产要素的自由流动，使更多掌握现代先进技术和管理理念的农村劳动力进入主要劳动力市场，真正融入城镇化进程，统筹城乡发展❷。

---

❶ 胡彩霞. 职业教育服务于新型城镇化建设的功能发挥初探 [J]. 江苏教育研究, 2015 (7)：104-107.

❷ 陈正权, 吴虑. 职业教育推进新型城镇化的机理、路径与保障 [J]. 教育与职业, 2017 (15)：15-21.

三、职业教育通过提高生产率驱动新型城镇化

新型城镇化最突出的表现为资本产业的高度集中，农民快速向城镇转移。农民转移与融入城市成为市民的前提是能够稳定就业，有基本的生活保障、子女能够受教育、自身的社会保障等，这一系列保障的实现，不是靠政府的福利制度普惠，而是依靠提高农民的自身素养，简单一点说就是农民要有一技之长，要有一定的就业竞争力，仅仅靠劳动力体力本身是不能融入城市的。而职业教育作为与经济发展联系最为紧密的教育类型，与经济发展存在长期稳定、均衡的正相关关系，它主要通过提高劳动力素质和技能水平促进经济增长。其作用机理为：其一，职业教育通过一系列教育手段，能使劳动者习得先进技术技能和职业知识，将潜在劳动力转化为人力资本，进而产生投资回报，回馈劳动者本身。其二，职业教育也是联结科学技术和生产力的重要纽带。"科学技术是第一生产力"，职业教育通过吸收、加工新知识、新技术后，对劳动者展开培训，既能实现新技术的扩散和应用，真正将科技成果和技术设计转化为现实生产力，又能刺激新技术的再发明和再创造，加速技术更新，提高劳动生产率。其三，职业教育是一种终身教育，它不局限于学历，更多在于学历后的培训，这种培训能满足市场的最新需求，能保障劳动者不被时代淘汰。同时，它能结合岗位需要对劳动者进行职业技能培训，释放更多的人口红利，使劳动者掌握先进的生产技术和现代化管理知识，成为各行各业的高层次技术人才，提高企业生产效率，稳步推进新型工业化发展，增加国内生产总值，最终促进新型城镇化建设 ❶。

第四节　新型城镇化影响下西部地区职业教育存在的问题

一、我国职业教育面临的两难问题在西部地区尤为明显

我国职业技术学校面临的两难问题是指招生难和就业难。自从 1998 年中等专业学校全面并轨，学生上学交费，就业不再由国家统分，生源便急速下滑。西部地区发展滞后，其劳动用工制度、职业资格制度还未形成，个别地方建立起的人

---

❶ 陈正权，吴愈. 职业教育推进新型城镇化的机理、路径与保障 [J]. 教育与职业，2017
　（15）：15-21.

才就业市场较为混乱，人才聘用不是看重能力、学识、资格证书等，而是讲关系。比如，旅游业，如果按照正常的用人制度，旅游业及其带动的相关行业都要经过培训，获得相应的资格证书，持证上岗，但实际情况是部分地区只顾眼前利益，有些村落靠近旅游景区，全村老少齐上阵，无法提供有质量的服务，不仅损害了当地旅游业形象，还挤占了市场，导致大部分职业学校毕业生学习的是相关行业技能也只能外出打工或在家待业。这种非专业的务工者依靠自身的一些优势将受过职业教育的有职业技能的劳动者挤出行业外，极大挫伤了普通群众送子女读职业技术学校的积极性。就业难直接导致了西部地区职业教育招生难，而两难问题直接影响了西部地区职业教育的发展。

新型城镇化背景下的西部地区职业教育首先要解决的就是招生和就业衔接的问题，西部地区城镇化建设较发达地区落后，城镇不能提供满足当地剩余劳动力就业的岗位，还有部分小型企业在用人上习惯了裙带关系，雇佣的全部是自己的亲戚并非是有技能的劳动者，西部地区劳动力市场对受过职业教育培训的劳动者需求严重不足。没有需求，西部地区职业教育发展就切断了内生动力，阻碍了西部地区职业教育的进一步发展。

二、西部地区职业教育目标偏差

西部地区农村剩余劳动力参与职业技术教育绝大多数都是希望能够利用所学职业技能为自己找到一份收入可观的工作，农民本身就不富裕，应对各种开销都已是捉襟见肘，希望花费尽可能少的费用学习市场上需要的技术、技能，而有一些职业教育机构唯利是图，往往希望通过高收费标准增加自己的收入。职业教育主体与职业教育客体之间存在着难以调和的矛盾，造成了职业教育目标的偏差。这就导致了一方面职业教育机构招不到学员，而另一方面希望通过培训提高自身能力的农村剩余劳动力又找不到合适的职业教育机构，形成恶性循环，对职业教育的发展极为不利。

另外，一些职业教育机构只注重技术、技能的培养，忽视对劳动者职业道德的培养，导致知识技能培养与职业道德教育发展不平衡。受教育者的知识水平、技术能力得到了提高，而以职业道德为核心的素质培养遭到忽视。西部地区劳动者知识技能水平与职业道德素质发展的不平衡，造成了其在进入社会以后会遇到就业难、离职率高、晋升空间小等问题。对于新型城镇化建设来说，城市文明的发展进步是以人的文明进步为基础的，职业技术院校毕业生占据高等教育毕业生规模的半壁江山，职业技术院校在推动城市文明进步方面责无旁贷。

职业技术培训是使从业人员获取某种职业所需专业知识或技能而进行的培训工作，其内容包括职业道德、安全卫生等方面。一般学习时间较短，不以取得学历资格为目的，学习结业经考核合格后，可按国家规定发放相应的培训合格证书和技术等级证书❶。西部地区劳动者希望少投资、压缩课程，学到急需的专业技能知识，而城市文明的发展进步又需要培养德才兼备的劳动者，职业教育在培养目标上的矛盾同样影响着职业教育的发展。对于转移西部地区剩余劳动力，职业教育还应对其进行敬业和创业教育。敬业创业品质是劳动者在其职业实践和生活实践中表现的一贯品格和态度，是职业道德在劳动者实际活动中的习惯表现。在职业教育中，应通过课堂教学和实习实践培养转移农民的敬业创业精神，使他们在实践中以自身的感受和实际从事的"准职业劳动"生活实践培养尽职尽责的作风，培养他们的自尊、自信、自立和自强精神，促进转移农民职业角色和职业态度的转变。

三、西部地区职业教育专业设置与市场需求偏离

新型城镇化建设对基础应用型和技能型人才产生了极大的需求。然而，职业学校培养人才并未能满足城乡经济发展的结构性要求，很大程度上是由于职业教育专业设置不合理而造成人才培养和社会需求发生偏离。教育机构与用工企业之间缺乏必要的沟通，经常出现培养出来的学员在工厂里不能找到与自己所学技能对口的工作的现象，产生"学而无用"的现象。不少职业教育机构基础条件普遍较差，教学手段和教学设备落后，没有网站对外宣传，与外界信息沟通还依靠原始的方式，信息流通不畅，导致职业教育与就业之间严重脱节。抛开以就业为导向的专业技能培训不说，目前西部地区农村剩余劳动力进行城市生活常识的普及主要还是通过政府的宣传，他们不懂得法律常识，没有维权意识，且进城之后大部分人无法适应城市生活，暴露出很多社会问题。

西部地区职业教育发展成果的取得主要在于政府主导作用的极大发挥；在于对各级人民政府发展职业教育，从经费投入、规模发展、基础能力建设、体制机制创新等方面职责的明晰和可测量的规定；在于将职业教育任务完成作为党政领导政绩考核的重要指标，在政府的主导下形成了职业教育发展效率高、见效快的发展模式。相对而言，学校、企业、市场、社会在地区职业教育发展中的作用则体现得不够完善，政府的主导涵盖职业教育发展的方方面面，从经费支持、学校管理、企业合作

---

❶ 顾明远,教育大辞典第三卷（高等教育、职业技术教育、成人教育、军事教育）[M].上海：
　上海教育出版社,1991.

诸方面都由政府充分主导，政府发挥作用极大化、包办化则意味着市场作用的降低和学校自主权的减弱，长此以往，并不利于职业教育的可持续发展。对于过分倚重政府作用的职业教育发展的西部地区而言，政府在发挥主导作用的同时，应该充分考虑政府主导的短期性与扶持职业学校自身发展能力的长期性问题，政府对职业教育发展的主导要由单一"输血"为主向培育"造血"能力转变，对西部地区职业学校的扶持要逐步从基础建设与投入转向内涵建设，培育其向可持续能力发展转变。

目前来看，在专业设置方面，大部分西部地区职业学校由于办学理念发生了扭曲，办学目的功利化、商业化，为迎合学生的择业观念，忽视了社会对技能人才的培养需求，开设一些社会上已经处于供大于求状态的"热门"专业，这一短视行为致使学生毕业后陷入失业的局面。专业设置不能根据市场需求及时进行调整，使学生所学的知识结构与社会需求之间产生了结构性矛盾，造成了人力资源的巨大浪费。新型城镇化建设需要多方面的人才，如中高级技术人才、农业科技人才、农村管理人才等，从目前西部地区职业学校开设专业看，尚不能满足城乡一体化的要求。可见，要实现新型城镇化和职业教育的共同发展，专业的设置必须与市场进行对接，以培养社会需要的人才。

四、民族特色职业教育发展存在问题

当前，西部地区职业教育发展存在很多普遍问题，如缺乏地区民族特色；职业教育人才培养与地区特色、民族特点结合不紧密；民族传统文化传承、地区经济发展、民族特色工业发展需要的特殊人才相对缺乏，培养跟不上，发展差距较大。由此，与其他地区相比，在办学条件、学校发展环境、教学质量与水平相对较弱的情况下，培养的人才没有优势，也缺乏竞争力。西部地区职业教育如何脱离一般化向民族特色、民族品牌发展，如何服务民族文化传承需要，形成民族工业发展的重要人才支撑，是今后西部地区职业教育发展必须考虑的问题，也是需要政府尽力解决的问题。民族文化的推广工作还未深入开展，对民族文化的保护与开发力度还不够大，教材还未本土化。而对于西部地区旅游产业方面，作为当地的主导产业旅游业的现实需求无法得到满足，主要存在的问题是缺乏优秀的导游，旅游专业毕业的学生到旅行社无法马上上岗，所学的书本知识与实践还存在脱节现象，旅行社必须对来就业的学生进行再培训，一方面增加了用人单位的成本，另一方面培训完成的优秀学生又大量外流，严重打击了用人单位的培训热情。总体看来，民族文化、旅游产业与职业教育的联系松散，尚未真正进入职业教育的教学范畴。要在西部地区形成全民关心、支持职业教育与文化旅游事业共同发展的格局，仅靠学校与相关的企业努力是不够的，还需要得到全社会各方面的支持。

前面我们已经提到过，职业教育是传承和发展民族文化的重要载体。民族文化的传承和发展离不开职业教育，如果没有持续的职业技能型人才的培养，很多民族文化将无人可以传承，西部地区文化传承对职业技能型人才的需求尤为迫切。《四川省现代职业教育体系建设规划（2014—2020年）》已经明确指出，要发展特色鲜明的民族地区职业教育，科学规划民族地区职业院校校点布局，组织内地对口支援改善办学条件，加强专业建设和双语、双师型教师队伍建设，建设一批民族文化传承创新示范专业点。民族特色职业教育发展的培育涉及的内容主要有如何构建具有民族特色的职教体系、人才培养如何体现民族发展地区经济社会发展需求、学校发展中如何突出民族特色、专业建设中如何融入民族工艺、课程教学如何突出民族文化、校园活动如何突出民族传统、师生关系如何体现民族团结等，一系列民族特色职业教育发展模式的形成，才能真正实现西部地区职业教育的良性发展。

五、西部地区群众对职业教育存在社会偏见

长期以来，由于我国西部地区地处偏远，社会经济发展、文化教育事业较为落后，虽然国家对西部地区从政策上、资金投入上有所扶持，但其的教育发展仍处于较低水平。

西部地区的经济发展离不开人才，而人才的培养离不开教育。然而，受到传统应试教育观念的影响，重学术、轻应用，重学历、轻能力，重普教、轻职教，家长和社会不认可，学生不想上，用人单位重视学历，西部地区部分学校片面追求升学率，认为职业教育是考不上大学的差等生才去的学校教育避难所，轻视职业技术教育，忽视对学生职业技能的培养与发展。社会偏见直接影响了西部地区职业教育的正常发展。而西部地区的大学毕业生大多又不愿意回到贫困的西部地区工作，人才流失严重，导致西部地区的人才更加匮乏。

新型城镇化是人的城镇化，新型城镇化的建设需要技术人才，新型城镇化的进程是农民变成市民的进程。而职业教育可以根据西部地区地方发展的要求，在新型城镇化的建设过程中，为西部地区培养具有知识水平和职业技能的劳动者，弥补西部地区人才匮乏的局面，不但可以加快新型城镇化的实现，而且可以使职业技术人才能够尽快投身西部地区的经济文化建设上，同时促进西部地区经济的改革与发展，使西部地区传统的农牧业、手工业尽快走向现代化，促进西部地区

产业结构的调整与升级，增强西部地区职业教育的现实性与有效性。

六、西部地区企业参与职业教育积极性不高

《中华人民共和国劳动法》和《中华人民共和国职业教育法》中明确规定了用工企业应当对职工进行职业培训或职业教育；国务院有关文件中要求一般企业按照职工工资总额的 1.5% 足额提取教育培训经费。但是，近些年来部分企业面临经济危机带来的巨大冲击，为了降低生产成本，无视国家法律法规的存在。大量的农村剩余劳动力没有法律常识，同时落后的思想意识使他们大多都选择息事宁人的处事方式，不懂得维护自己应得的利益。原本应该用于一般职工培训的资金，大都用在了高管人员的培训上，而职工缺乏技术，就会在生产过程中面临困境。中央多次强调要公平对待农民工，他们是国家产业工人的重要组成部分，但依然有不少企业对农民工"区别对待"，为了追逐利益，设法逃避政府监管，推卸社会责任。

第五节　新型城镇化背景下西部地区职业教育的路径选择

西部地区农村剩余劳动力中职业教育多元合作是指在新型城镇化进程中，通过政府、培训机构、企业和社会相关组织的通力合作，共同做好对农村剩余劳动力的培训工作。主体多元化是职业教育多元合作制的中心思想，其假设是多元主体都趋于成熟，主体之间平等沟通、互相借鉴，共同遵从同一基本原则，共同致力于人类进步以及人的自由和幸福。

一、四阶段培训模型

结合我国西部地区的实际情况，借鉴国外成功的培训经验，我们建立起了适合西部地区农村剩余劳动力的职业教育模式，即四阶段培训模型（图 8-4）。该模型把职业教育分为四个阶段，即准备阶段、培训阶段、评价阶段、反馈阶段。职业教育的准备阶段要确定职业教育的目标，需要进行的工作包括需求分析、组织分析、任务分析、个人分析，通过分析确定培训目标，为制定培训标准打下基础。第二阶段是实施阶段，是整个培训工作的核心阶段，是一个不断改进与完善的阶段。需要完成的工作是培训方案的设计和拟定，从而实施培训，具体表现为课程计划、确定教材、确定培训场所、确定实习基地、确定培训时间以及选择优秀的

培训教师。第三阶段是评价阶段，主要工作包括预先测试培训标准、对实施培训进行监控、对职业教育做出评价、对职业教育效果做出评价。这一阶段要检验准备阶段制定出的培训标准，同时对职业教育的实施进行监督，对职业教育效果做出合理评价，是职业教育不断完善、取得进步不可或缺的一个阶段。第四阶段是职业教育的反馈阶段。四个阶段的职业教育模型具有很强的可操作性，可供西部地区职业教育工作参考借鉴。

图 8-4　四阶段培训模型

二、建立西部地区剩余劳动力职业教育多元合作制

从西部地区剩余劳动力职业教育多元合作制流程（图 8-5）可以看出，西部地区农村剩余劳动力职业教育主要包括农村剩余劳动力自身、政府有关部门、用工企业、职业教育及其中介机构和行业协会组织等多元主体。各主体分工明确，构成一个有机整体。政府部门统筹协调农村剩余劳动力的职业教育工作，处于主导地位，其中人力资源和社会保障部门、农业部门、教育部门通力合作，才能保障整个职业教育的顺利运作。职业教育机构主要负责执行培训方案，通过自主招生

和接受政府委托的形式参与对农村剩余劳动力的职业教育。企业是职业教育的受益方，承担社会责任，通常为了自身的发展，会主动参与到职业教育过程当中，但有时为了保障农村剩余劳动力的权益，政府会采取强制措施，要求企业尽到对农村剩余劳动力开展职业教育的社会责任。农村剩余劳动力职业教育的经费主要来源是政府、用工企业和参训学员。行业组织主要起监督的作用，可及时地反馈职业教育各阶段的信息，也可通过组织社会力量来主动开展对农村剩余劳动力的职业教育工作。

图 8-5　西部地区剩余劳动力职业教育多元合作制流程 ❶

　　参照职业教育的一般流程，我们将西部地区农村剩余劳动力职业教育的流程主要分为四个部分：需求分析、计划制订、计划实施以及效果评估。具体论述如下。

（一）职业教育的需求分析阶段

　　在西部地区新型城镇化的进程中，农村剩余劳动力的职业教育在需求分析阶

❶ 马晓春，李淑娟，刘秀峰．农民工职业培训多元合作的职能探索 [J]．职业技术教育，2009，30（4）：64-68.

段面临的主要任务是对农村剩余劳动力的知识水平以及掌握的技能状况进行初步的调查研究，再结合劳动力市场的就业形势、用工企业需求等方面的情况做出系统的分析，从而确定区域内农村剩余劳动力是否需要培训以及确定培训的内容。政府部门、用工企业、行业协会组织和培训机构应积极参与到这一阶段的工作中，另外需要关注以下要素（表8-2）。

表8-2　职业教育过程中需求分析阶段的相关要素

要　素	具体内容
分析的主体	需求分析的主体由政府部门、用工企业、行业组织和培训机构构成。各分析主体在各自权责的基础上，加强交流合作尤为重要。例如，由用工企业对自身的需求状况进行评估，行业组织负责农村剩余劳动力对培训期望的调查等
分析的客体	通过对组织及其成员的目标、技能、知识的分析确定个体的现有状况与应有状况的差距、组织的现有状况与应有状况的差距及组织与个体的未来状况。对西部地区经济发展趋势、劳动力市场就业形势、企业用工状况、农村剩余劳动力的知识与技能进行分析
分析的核心	通过对农村剩余劳动力现有的知识与技能以及通过培训可达到的知识与技能之间的差距的分析确定劳动力本身是否需要培训以及培训的内容
分析的方法	全面分析法、绩效差距分析法等

（二）职业教育的计划制订阶段

西部地区农村剩余劳动力的职业教育工作问题多、任务重，并不是一朝一夕就能够完成的，因此需要制订长期的工作计划。前文已经提到，政府部门是职业教育的主导，农村剩余劳动力职业教育计划的制订主要是由政府部门负责，政府部门制定出相应的政策，安排经费投入，对培训的目标提出要求，并按照市场竞争机制筛选出能够胜任农村剩余劳动力职业教育的培训机构。其他农村剩余劳动力职业教育的主体协助政府部门做好相关工作，培训机构及中介机构要深入农村、企业做好市场调查，搜集关于农村剩余劳动力职业教育的信息，及时反映给政府；用工企业协助政府制订职业教育培训计划，并在培训实践、资金等方面给予必要支持；行业协会组织要为政府部门决策提供信息依据，做好调查研究，研究并参与制定职业教育课程，编写职业教育的教材，同时做好对职业教育机构和用工企业的监督工作，把有用的信息及时反馈给政府部门。该阶段主要完成表8-3中所列工作。

表8-3　计划制订阶段需要完成的工作

工作类型	具体内容
确立培训目标	由政府部门制定长期的培训目标，并结合西部地区地方经济特色，确立需要通过培训而急需改善的特别目标。例如，四川资阳市的政府考虑到剩余劳动力中妇女比例较高，制订了"资阳保姆"培训计划
研究地方经济发展动态	由于区域经济发展的不平衡性，需要政府部门协调安排职业教育的节奏。确定不同职业、不同地区、不同性别的农村剩余劳动力需要进行哪些方面的培训，需要通过何种途径进行培训等
分配培训任务	农村剩余劳动力职业教育最终的实施还需要企业、培训机构的参与。政府部门还需要根据不同的培训目标，将培训任务分配给不同的主体
决定培训的课程	在此阶段，政府部门只需制定出培训的具体目标、教材大纲、时间计划以及主要内容
培训预算规划	政府部门需要完成各培训方案总费用的估算，对培训活动所需的经费、器材和设备的成本以及教材、教具等进行分配和预算

（三）职业教育的计划实施阶段

在职业教育的计划实施阶段，培训机构应根据政府部门关于农村剩余劳动力的培训规划制定具体的实施方案，有针对性地进行课程内容设置。利用现有的职业教育资源，做好实践教学、理论课程和生活常识培训；岗前培训是用工企业在计划实施阶段的主要工作，包括职业应用操作技能培训、有关企业文化的培训等，同时要在实际工作中做好在岗培训，不断熟悉和提高职业岗位操作技能。

（四）职业教育的效果评估阶段

职业教育评估是对西部地区农村剩余劳动力职业教育中产生的信息进行分析和反馈的过程。通过职业教育评估把在培训中存在的问题及时反馈给决策机构，帮助其及时调整思路，做出正确的选择，同时实现对整个职业教育过程的全程监控，保障培训过程更为顺畅，努力创造最佳培训效果。职业教育的评估工作由政府部门和用工企业共同完成。参与培训的学员在学期结束或者学分修满后，政府部门对农村剩余劳动力培训后的效果进行考核评估，通过组织开展职工技能技术鉴定工作和职业资格认证考试，检验学员是否真的学到了有用的东西；用工企业对参与职业教育的学员的评估主要通过日常工作来体现，并直接与工资挂钩，形成激励机制，促进职工不断完善自己，提高技术的熟练度，提高生产效率；行业协会组织、职业教育机构及中介机构在此阶段也可以对农村剩余劳动力培训效果做出评估，主要是为了协助政府部门开展农村剩余劳动力职业教育效率和效果考核工作。职业教育效果评估阶段的工作如表8-4所列。

表8-4　效果评估阶段需要完成的工作

工作类型	具体内容
效果评估的确定	首先应确定评估是否有价值，即评估的经费是否充足，评估的时间是否过长等；其次从评估的可行性出发，确定评估是否有必要展开。西部地区农村剩余劳动力转移是一个大工程，培训对象规模庞大，过程复杂，因而对效果的评估十分重要
效果评估方案的制定	需要农民工职业教育各个主体的广泛参与，确保评估方案本身的科学性和切实可行
效果评估信息的搜集	职业教育的效果评估可由政府部门和用工企业共同完成。评估的内容不同，搜集信息的渠道也不同。企业对职工的工作绩效评估可以通过对职工本人、培训实施者、领导或者下属的意见进行评估
效果评估信息的整理和分析	由于效果评估信息来自不同的渠道，信息形式各不相同，因此必须对信息进行分类处理，并对信息进行统计，采用直方图、分布曲线图等工具予以形象地处理，最后将此信息反馈给相关的部门

三、落实西部地区剩余劳动力职业教育多元合作制

西部地区农村剩余劳动力职业教育体系中，政府部门、用工企业、行业组织、职业教育机构及中介机构等多元主体广泛参与，每个步骤都由多个主体相互监督，保障了农村剩余劳动力职业教育的顺利进行。建立一个良好的职业教育体系固然重要，但是在落实过程中各主体如果没有很好地相互沟通，在一些情况下互相推诿，到头来还是一场空，为此笔者提出两个操作性强的设想，意在加强各主体之间的联系与沟通，把建立西部地区剩余劳动力职业教育多元合作制落到实处。

（一）通过企业教育券制度落实西部地区剩余劳动力职业教育多元合作制

企业教育券制度（图8-6）是指政府在职业教育体系中充当了中间方，给用工企业发放相应的教育券换取企业的财力、物力，当用工企业需要招聘技术工人时，只需向职业教育机构支付教育券就可以获得所需的人才，职业教育机构则可以靠从用工企业处获得的教育券向政府领取财政补贴，用于自身的发展。

教育券制度构建了政府、用工企业以及民间资本共同投资的平衡体系。企业利用部分财力和生产出来的物品最终换取了需要引进的人才，提高了其对职业教育投入的积极性；政府将民间资本引入职业教育事业，从而减缓了财政压力，同时对职业教育机构培训质量的好坏，从其所获得的教育券的多少就可以做出快速判断，简化了以往财政拨款方向的选择与判定，提高了培训经费的使用效率，避免了资源浪费；职业教育机构有资格获得政府财政补贴的前提是它的培训质量必须得到用工企业的认可，就是将其培训质量同经济收入直接挂钩，职业教育机构为了获得利润必须在培训质量加大力度，同时职业教育机构将紧跟市场需求，不断更新和完善专业课程设置 [1]。

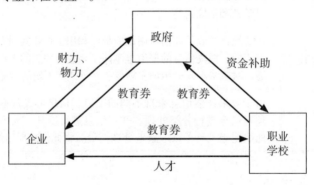

图8-6　企业教育券制度

（二）通过"增收培训"制度落实西部地区剩余劳动力职业教育多元合作制

增收培训可以理解为狭义的创业培训。创业培训是以全面提高劳动者素质为基础的系统工程，注重对劳动力创业能力的培养。广义的创业培训是指培养具有开创性的个人，越来越多的企业开始重视员工的创新精神和创业能力，有意培养

---

[1]　舒尔茨．论人力资本投资[M]．吴珠华，译．北京：北京经济学院出版社，1990．

员工独立工作的能力以及技术、管理和社交能力，除了要求员工在事业上有所成就外，还要引导员工建立敢于创新的企业文化；狭义的创业培训是与增收培训的概念相关联的，增收培训是针对培训目标，尤其是那些贫困人口和弱势群体提供急需的技能、技术培训，并给予一定资源上的支持，使他们能够利用所学技能自力更生。西部地区农村剩余劳动力是社会弱势群体，文化素质和技能水平都不高，提高的空间也相对有限，尤其是对一些中年人且常年依靠体力谋生的农村剩余劳动力，他们已经在城市工作多年，具备在城市生活的常识、经验，缺乏的只是对新技术的接受能力和学习能力，对这类农村剩余劳动力可以实施"增收培训"。

具体情况如图8-7所示，由政府通过走访和实际调查选出符合条件的农村剩余劳动力，对其进行资助，如提供培训的经费、项目启动资金，并有针对性地制订相应的培训计划，鼓励其创业增收；为其创业发展扫除政策障碍，采取如准予无息贷款、减免税收等积极措施，培训机构应为其提供相关的技能培训，用工单位应为其提供实践操作的机会，并帮助其发展业务。这里所说的用工单位以个人企业、小型企业为主，因为大型国有企业很难在业务上和农村剩余劳动力的创业进行联系。社会力量随时接受求助，并负责对其监督。增收培训不仅可以使"无业者有业"，还可提高农村剩余劳动力的"转移率"，加快新型城镇化的建设进度；同时，增收培训帮助已转移劳动力寻找"副业"，帮助其缓解家庭负担，提高生活品质，实现"人"的城镇化。

图 8-7　增收培训关系图

第六节　发展职业教育促进新型城镇化建设的对策与建议

一、加强宣传和引导

（一）加强舆论宣传

大力宣传《中华人民共和国劳动法》《中华人民共和国职业教育法》《关于进一步做好职业培训工作的意见》和《关于进一步实施特别职业培训计划的通知》，通过各种媒体，多途径地在广大西部农村地区大力宣传职业教育，使各级政府相关部门充分认识到职业教育对新型城镇化建设和农村剩余劳动力转移的促进作用，改变只重视基础教育和高等教育而不重视职业教育的传统观念，把职业教育纳入农村教育体系之中，提高全社会对职业教育的关注度。宣传职业教育工作中的先进典型和先进人物，宣传高级技工和高素质劳动者的劳动价值和社会贡献。激发西部地区农村剩余劳动力参与职业教育的热情，提高农村剩余劳动力参与职业教育的积极性，形成全社会重视技术工作的文明风尚。扫除重学历、轻技能，轻视职业技术培训的陈腐落后观念，营造有利于职业教育发展和技能人才培养与使用的良好环境。

（二）加强引导

以党和国家的政策法规为依据，加强职业教育相关部门和行业协会组织的协调力度，明确部门和组织机构的职责，建立严格的考核机制，形成各部门、各行业密切配合、共同关心支持西部地区农村劳动力职业教育的良好局面。引导企业和用工单位建立公平的人才选用制度，对不同方面的人才同等对待，提高一线技能人才的经济收入。

二、加大政府统筹，消除政策障碍

（一）统筹规划

把促进西部地区农村剩余劳动力职业教育工作纳入区域经济和社会发展总体

规划及政府工作重要议事日程，建立健全领导引咎辞职制度，落实责任制。统筹研究职业教育发展规划、招生办法、学成人员就业安排、经费筹措渠道，统一安排培训人员和培训内容，发挥综合优势，避免政出多门、分散资源，防止工作互相掣肘。各级政府应设立专门的领导机构，具体负责统领辖区内的农村剩余劳动力转移培训工作，定期对西部地区农村剩余劳动力的文化水平、职业技能状况进行调查研究，及时应对出现的问题，调整工作思路，建设一批有示范带头作用的职业教育机构和培训基地。

（二）消除政策障碍

职业教育要健康发展，必须消除政策上的障碍。为了引导和推动职业教育事业的发展，必须制定统一的能力评价标准，建立科学的技术认证制度，把获取学历证书、职业资格证书和企业认证证书三种教育方式进行有效整合，构建规范化的农村剩余劳动力职业教育输出组织体系，合理利用教育资源。引入市场机制，面向社会上的培训机构公开、公平、公正地通过招标方式确定培训资格，帮助用人单位与培训机构结成合作伙伴，通过签订输出协议或以"订单"培训的方式，构建双方稳定的劳务供求关系，提高职业教育的质量，合理开设培训课程，扩大招生规模，实现劳动力供给—培训—输出的有效互动，提高职业教育的整体效益。以就业情况、劳务输出情况、农民收入增长情况为参照考核体系，对职业教育的效果进行评价。对师资力量差、培训质量低、管理无效率的机构，政府应限期整改，对整改后仍没有任何提高的培训机构，应立即取消其培训资格，对培训后仍难以就业的专业，应及时调整教学思路，结合市场需求改变专业设置，这样"倒逼"培训机构通过市场找订单，根据市场需求选择教学模式、设定课程。建立农村剩余劳动力资源档案，对年龄、性别、文化程度、就业意向等进行详细记录，形成最基本的农村劳动力资源供应数据库，及时对其进行更新，确保其时效性，并保证信息在职业教育机构、劳务输出中介机构和就业服务机构之间的互通，从而引导农村劳动力有序转移。设立农村劳动力维权服务中心，及时解决企业拒交社会保险、拖欠工资以及其他一些有悖劳动法律法规的问题，切实解决农村剩余劳动力转移就业的权益保护问题，撑起一张保护农村劳动力合法权益的"安全网"。

（三）经科教结合

"经济发展靠科技，科技发展靠教育。"经科教结合不仅是经济发展的必然要求，还是科教发展的根本出路。职业教育需要联合办学，经科教发展职业教育正好符合职业教育的办学方针，即由用人单位进行人才预测，做出相应的招生计划，提供培训经费，提供实习基地，由培训机构负责培训教学，提供教学设备和场所。这样既能拓宽职业教育的办学路子，又能满足用人单位对人才的需求。

三、增强职业教育的服务能力，完善办学体制

坚持"以服务为宗旨、以就业为导向"的职业教育办学方针，促使职业教育从计划培养向市场需求驱动转变，不断推行形式多样、灵活开放的职业教育模式，增强职业教育适应西部地区农村剩余劳动力转移的变化和为社会服务的能力，以适应新型城镇化对西部地区职业教育发展的新要求。

（一）改变传统的封闭办学模式

坚持以多种规格、多种形式发展西部地区农村剩余劳动力的职业教育，逐步加强职业教育机构与用工企业的联系，实行边打工边学习的校企合作的职业教育人才培养模式，改革以课堂讲授为主的传统人才培养模式，建立企业为职业教育机构学生提供实习机会的制度。企业要支付合理报酬给顶岗实习的学员，还要为实习中的学员提供劳动保护用品，保障其安全，逐步完善半工半读职业教育制度。在制度和政策上多下功夫，建立合理的制度，促进培训机构与用工企业的沟通，帮助其确立伙伴关系，使培训机构和用工企业在同一个教学计划下，分工完成教学任务和实习任务，促进理论学习与生产实践的紧密结合，实现接受培训的学员顺利就业，保证学员从学校到工作的平稳过渡。

（二）推行学分制

西方国家多年前开始实行"学分制"，在校学生每学期可自主选择部分课程。结果，学生学习兴趣增加，信心增强，学校整体学习效率与成绩也大有提高。其中，"学分银行"的方式深受广大培训者的欢迎。所谓"学分银行"，是模拟或借鉴银行的功能特点，使学生能够自由选择学习内容、学习时间、学习地点的一种管理模式。"学分银行"尤其适合职业教育边实践、边学习的特点。职业教育机构设立"学分银行"，学员可以半工半读，工学交替，学完一门功课，可将拿到的学分存入"银行"，工作几年回来后可以继续学习，学完一门算一门学分，累积到规定学分总数后即可"支取"相应学历。"学分银行"的灵活优势显而易见，它有利于调动学生的积极性；有利于学校走向市场；有利于各类教育沟通衔接；有利于提高教师素质。

为了实现"人人皆学、时时能学、处处可学"的学习型社会的目标，上海市率先在成人教育上试行学分互认，并设立"学分银行"。市民在社会培训班里取得的证书，经标准认定后，都可折算成相应的学分，并把学习情况、学习奖励存进"学分银行"，方便随时支取。对西部地区农村剩余劳动力的培训应尽快引入"学分银行"制度，他们比大城市有一定技能的劳动力更需要这项制度。

（三）制定灵活的学习管理政策

由于西部地区农村剩余劳动力转移从业大都具有兼营性，在城乡之间摆动式转移，往返于城乡之间，因此职业教育机构应为西部地区农村剩余劳动力连续入学、退学和再入学提供便利政策，在招生注册、学籍管理、考试考核、学生转专业和转学校、毕（结）业证书发放等方面更加灵活地进行操作。政府应该出台明确的政策取消农村剩余劳动力在年龄、户籍、就业等方面的限制，给职业教育机构更大的自主权。

四、建立注重实效并实现增收致富的职业教育模式

（一）职业教育的内容设计要以农村劳动力转移人员的需求为导向

在进行职业教育内容设计时，培训机构应综合考虑西部地区农村剩余劳动力的学习基础和用人单位对技能的要求，根据获取职业资格证书的标准、行业协会相关要求以及用工企业提出的岗位能力目标，设置专业科目和培训项目，具体课程设置视不同情况而定：短期培训课程以实用性为主，多操作、少理论，用较短的时间使学员工作上手；长期培训以系统性、实用性和基础性相结合设置课程，不仅要求学员较快上手，还要求学员精通所学技术。课程内容设置要切合农村剩余劳动力的学习能力，突出实用性。针对农村剩余劳动力转移职业教育的课程内容，要着力培养用工企业需要的生产技能、适应企业管理和城市发展的生活技能以及持续发展和终身学习的发展技能等，使参与培训的农村剩余劳动力尽早了解，尽快适应工作、生活和生存环境，最终完成农民到市民的转化。

（二）构建并完善与学分制相适应的职业教育课程体系

建立与职业资格认证、技术与技能认证相匹配的职业教育课程体系，组织开发出适应西部地区经济和社会需要的、针对性强的农村剩余劳动力转移人员的职

业教育课程、视听教材或模块教程。将已有职业教育课程体系下的各个科目及各类课程进行模块化处理，建立相对完善和内容关联性强的课程单元，形成"菜单式"的课程体系。同时，加强职业教育相关课程与职业资格标准的相互衔接，在教学内容设置上，尽量广泛设计符合国家职业资格标准要求的技术专业，职业资格技能鉴定认证可与在校成绩认定进行结合。

（三）拓宽职业教育渠道

逐渐建立西部地区农村剩余劳动力终身培训体系。农村剩余劳动力自身有意愿参加职业教育的，均不受年龄、学历的限制，可自主报名，自由选择专业、学制，培训期间可申请变更专业，亦可多专业同修，但要确保按期修满学分。在学制安排上，针对不同类型的学员的需要，实行全日制脱产培训、函授制培训、业余制培训等多种培训形式并举，长期培训和短期培训相结合的制度，并利用网络便利的条件发展远程教育、网络教育，在农村剩余劳动力相对集中的地方配备计算机房，建立农村网络学习中心，把教育培训网络建设成广覆盖、多层次的可满足农村剩余劳动力职业教育需求的平台。在制度建设上，积极推进学历教育与职业技术资格认证教育并重的制度，为促进农村剩余劳动力的转移提供各种层次、多种形式的职业教育。在教学的组织形式上，既要注重基础理论课的讲授，又要突出开放性、实践性的操作课程。建立职业教育"教育超市"，培训专业、课程、教师都可以由学员自由选择，以不断提高服务质量，加强实践和实训环节教学，进一步不断提高农村劳动力的职业技能。

五、建立和完善职业教育投入机制

从人力资本积累的角度来看，接受职业教育是一种投资，并不是简单的消费。西部地区农村剩余劳动力的转移关系国计民生，从经济的角度来讲，针对他们的职业教育具有"准公共产品"的性质。职业教育可以使农村剩余劳动力具备就业能力，有助于他们获得较高层次和较高收入的工作，解决我国农业生产低效率的问题，并且使企业和社会的生产率得以提高、竞争力得以增强，有助于尽早实现新型城镇化。由此可以看出，除了接受职业教育的农村劳动力自身获益以外，社会和企业无疑也是职业教育的受益者。按照"谁投资，谁受益"的原则，企业和政府有承担职业教育费用的责任。笔者认为，应当建立"政府投入、社会多方参与、个人合理分担、国家助学贷款"的西部地区农村剩余劳动力职业教育经费筹措和保障机制。

首先，为保障西部地区农村剩余劳动力职业教育工作能够顺利进行，中央及各级政府应设立西部地区农村剩余劳动力职业教育的专项资金，纳入各级财政预算，并且要在现有投入的基础上继续增加投入比例和力度；其次，出于"成本分担、利益分享""谁投资，谁受益"的原则，用人企业应按照有关法律规定足额提取职工工资总额的 2% 左右的经费用于职工教育投入，同时要求参与培训的个人分摊部分培训费用；再次，对培训机构实行优惠的税收政策，并鼓励企业、其他社会力量和公民个人积极捐资助学，帮助农村剩余劳动力顺利转移，鼓励民间资本进入农村剩余劳动力职业教育领域；最后，实施金融支持策略，银行对农村剩余劳动力职业教育的基础建设、购置教学设备和发展校办产业要提供政策性的低息贷款支持，建立和完善国家职业教育助学贷款制度。

六、建立一支理论联系实际的师资队伍

建设一支既懂理论又有实践操作经验的师资队伍，是提高西部地区农村剩余劳动力职业教育教学质量的关键。教师的素质决定了教学质量的好坏和办学的成败。

（一）稳定扩大教师队伍

政府相关部门、企业和培训机构要经常关心西部地区教师队伍建设。在稳定扩大现有师资队伍的同时，加大对在职教师的指导，鼓励教师在兼顾本职工作的同时继续深造，加强教师业务、技能、技术学习机制的构建，制订一系列切实可行的提高教师水平的计划、措施和方案。可以动用社会力量，选派优秀教师，聘请实际操作经验丰富的技术人员兼课，搞好内培外引，稳定扩大教师队伍。

（二）增强师资队伍的实际操作能力

西部地区农村剩余劳动力文化程度有限、职业技能水平较低，属于社会弱势群体，因此西部地区农村剩余劳动力培训体系中对教师的要求较高。西部地区农村剩余劳动力职业教育机构专业技术师资严重匮乏，在实践操作上较为薄弱。所以，一方面要稳定扩大师资队伍，建设好领导班子，加强教育管理工作，稳定教职工情绪，使他们安心职业教育工作；另一方面，安排他们参加实践操作，参观现代化工厂，要求他们学习和掌握国内外新技术和新方法，丰富实践知识，充实和完善自己，真正做到登上讲台会讲课，参加工作能做工，会经营，懂管理。只有提高教师整体素质和实际操作能力，才能切实提高西部地区农村剩余劳动力职业教育的教学质量。

七、规范就业市场，改革用人机制

（一）规范就业市场

目前，西部地区的职业教育机构与就业市场之间尚缺乏有效的沟通机制，市场信息、中介服务、研究机构等尚未跟上职业教育发展的要求，加之相关的法律约束还没形成，一些职业教育机构常常遇到"虚假订单"，一些到市场求职的学员也常掉入"就业陷阱"。这些现象严重影响了西部地区农村剩余劳动力对职业教育的信心，也影响了职业教育机构主办方的热情。相关部门应通过完善立法、加强执法来对就业市场进行规范，并充分发挥行业协会的作用，完善就业市场准入制度，建立有效的劳动力培养和需求之间信息沟通机制。职业教育的发展必须依靠政府来完善相关制度建设及营造和谐的软环境。

（二）改革用人机制

在市场经济条件下，政府应加强立法、执法，利用法律手段协调职业教育的层次及地区差距，保证职业教育培训出的学员在就业市场上的权利不受侵犯，使职业教育的发展有可靠的法律保障。职业技能资格是参与职业教育的学员进入用工企业的准入证，政府应充分调动和发挥行业协会的作用，把职业技能资格认证权限授予行业协会。职业技能资格具有严格的行业特点，交由行业协会组织进行认定，可以更好地贯彻行业标准，实现用人单位要求与培养单位目标的对接。在市场中介没有成熟以前，政府应该定期发布劳动力市场信息，并对劳动力市场信息进行全面分析、科学预测，使职业教育机构尽早了解到有价值的信息，明确办学方向，制订培养计划，促使职业教育机构有针对性地调整人才培养模式，最终形成"信息透明，供求有序"的就业机制。

八、加大投入，全面提高职业教育发展保障水平

职业教育发展保障水平是影响职业教育发展的重要因素，国家政策一直把职业教育发展保障放在重要位置，主要包括加大职业教育投入，健全多渠道投入机制；加强职业教育基础能力建设，提升职业教育发展水平；实施中等职业教育免费制度，完善困难学生资助政策体系；加大对农村和贫困地区职业教育支持力度，支持困难群体接受职业教育。在职业教育基础能力建设方面，相关部门推出了一

系列提升基础能力建设的工程，包括国家示范性高职与骨干高职建设、中职示范校建设、师资建设、实训基地建设、教学资源建设、学校服务产业能力提升、职业院校管理能力提升等项目。一些省、自治区也出台了本省、自治区的职业教育基础能力建设工程实施方案或办法，如《广西壮族自治区职业教育基础能力建设工程实施方案》提出，通过健全多渠道职业教育经费投入机制，逐步完善职业院校生均拨款经费制度，统筹中央、自治区和市县相关资金，推进职业院校项目建设 ❶。

---

❶ 孟凡华，郭丹.十八大以来中国特色现代职业教育政策推动报告 [J].职业技术教育，2017,38（24）：29-36.

第九章　新型工业化与农业现代化：西部地区特色城镇化的动力机制

第一节　西部地区新型工业化的路径选择

党的十六大提出，未来我国要"走出一条科技含量高、经济效益好、资源消耗低、环境污染少、人力资源优势得到充分发挥的新型工业化路子"。走新型工业化路子既是实现全面小康社会和强国富民的必然选择，也是我国西部地区实现可持续发展的有力保证。

一、西部地区走新型工业化发展道路的重要意义

探索新型工业化发展的路径、加快西部地区经济发展，有助于缩小城乡、西部地区与非西部地区之间的差距。我国西部地区往往处于经济发展相对滞后的边远贫困地区，城乡二元分割问题突出。西部地区内城乡、地区、产业之间经济发展的不平衡，仍呈现加速和扩大的趋势。如果我们不采取有效措施，放任此状况继续下去，将会严重影响国家经济的平稳发展、社会的长治久安和民族的团结和睦，势必影响全国发展。推进新型工业化路子对于振兴西部地区经济社会发展，有效缩小直至消弭城乡和地区间的差距，从而达到城乡统筹、地区之间的协调发展有重要作用。

西部地区走新型工业化路子有利于改善和保护当地的生态环境。我国少数西部地区一般是生态环境原始、易遭破坏的生态脆弱地区。近年来，随着西部地区经济发展，人口快速增长，土地对人口的承载力已超过其合理的限度；生产方式过

于传统，导致资源利用率低效甚至是无效的小生产方式依然延续；森林面积锐减，植被被破坏，水土流失加重和废弃物增加，自然界原有的生态系统被破坏，西部地区内的自然环境面临巨大的威胁，严重影响西部地区人民生活环境与生活质量的改善、提高。那么，要从源头上遏制西部地区生态环境持续恶化的趋势，要积极发展资源消耗小、废弃物排放少甚至是对生态环境没有破坏又能脱贫致富的新型工业产业，如小水电、旅游、清洁能源等，在有限资源持续合理利用的同时实现经济可持续发展。"

二、西部地区新型工业化的目标取向

从理论上讲，我国西部地区新型工业化是一个"多元叠加"的工业化。因为在其指导理念上，西部地区的新型工业化必须坚持以人为本，全面、协调、可持续的科学发展观。从性质上讲，西部地区新型工业化是信息化、工业化相辅相成的工业化。从发展方式上讲，西部地区新型工业化不仅能促进该地区经济快速增长，还能控制能源消耗以及进行生态环境保护；不仅可以优化经济结构，还能促进充分就业；不仅能提高经济发展速度，还可以保证发展质量。这种"多元叠加"的特点决定了我国西部地区新型工业化的目标趋于多元化。

（一）工业化和信息化的协同推进

我国工业化进程较西方主要发达国家晚了 200 多年，但我们只要把握住以信息技术为先导的新一轮科技革命态势，走以信息化带动工业化、以工业化促进信息化的道路，就有可能实现快速超越。同样，我国西部地区只要充分发挥其在资金、技术、人力资本等领域的后发优势，增加技术、人才、资本等积累，完全可以实现工业化和信息化同步协同跨越发展。

（二）工业化、城镇化和农业现代化的协调发展

根据新型工业化的目标要求，结合我国具体国情和城镇化的发展规律，西部地区应当坚持大中小城市协调发展的新型城镇化战略，充分发挥大城市的带动作用，以及中小城市的辐射和聚集功能，通过城镇化促进工业化发展。此外，西部地区要把新型工业化和农业现代化结合起来，积极探索有效的"以工促农""以城带乡"的途径，实现西部地区农业技术和生产方式的现代化，使西部地区社会主义新农村建设与特色城镇化协同推进。

（三）工业产业结构的优化升级

推进新型工业化要牢牢抓住加快经济结构战略性调整这根主线，着力推进我国西部地区产业结构的优化升级。西部地区要通过新型工业化带动农业、推动服务业发展，由主要依靠第二产业驱动向第一、第二、第三产业协同互促转变，在三个产业协调发展中实现工业化目标。党的十八大报告作出了发展现代产业体系的战略部署，即着力推进信息化与工业化深度融合，促进工业由大变强。因此，在产业布局和发展政策上，西部地区应深挖生物制药、新材料、航空航天、海洋等优势资源，发展现代服务业，加快构建中西部地区现代能源产业链和综合交通运输体系。

（四）人力资源优势的集中彰显

新型工业化发展根本上还是要依靠教育提高劳动者的综合素质，促使人力资源优化。西部地区新型工业化要把增加就业作为首要考虑的目标，强调发挥西部地区劳动力成本低的比较优势，实现充分就业。西部地区要将科技进步、提高劳动生产率和扩大劳动就业有机融合，把握好发展高新技术产业和传统民族工业的关系，发展资金、知识密集型产业和劳动密集型产业的关系，发展虚拟产业和实体经济的关系，在推进工业化过程中，完成西部地区农村剩余劳动力向城镇有序转移，解决进城务工人员的基本公共服务均等化问题。

三、西部地区新型工业化：理念、机制与技术

西部地区建立适应自身特点的新型工业化发展之路，既需要中央政府的大力支持，又需要各级地方政府的协同合作，关键是建立一整套符合现代社会主义市场经济和经济全球化趋势要求的新理念、新机制和新技术。

四、落实西部地区剩余劳动力职业教育多元合作制

（一）提高认识层次，转变发展观念

首先，科学合理地定义西部地区新型工业化的概念。西部地区各级政府要逐步树立现代市场经济和经济全球化、一体化的观念，增强对新型工业化紧迫性与重要性的认识，抛弃计划经济时代的陈旧思维。同时，西部地区还要克服因底子薄、条件落后而滋生的畏难情绪，切勿将国家提倡的新型工业化界定的高新技术

概念绝对化、片面理解、机械套用，而要科学地理解新型工业化的内涵是就全国整体尤其是对城市工业而言的一般原则，西部地区不能照搬照抄。确切地说，高新技术是新型工业化中的一个动态、相对的概念，是指在现有国家城市工业的装备条件下，采用世界先进技术、高知识含量的技术发展城市工业。现阶段我国西部地区发展高新技术是发展较原有的技术水平和装备更新、更具有效能的技术，并不要求国际、国内领先技术。

其次，正确认识区情、区貌。西部地区对自身区情的分析要重点放在对自身优劣势的判断上，不能只局限在自身的视野，静态、片面地看待本地区具有的优势与劣势，也不能只关注现状和过去，而要立足经济全球化和我国市场经济纵深发展的现实，把自身所在西部地区放在全国或区域一盘棋的整体中认识和把握区情，要从建立全国市场经济体制机制的角度，以及新的"三步走"战略的实施中把握区情。那么，许多被认为是劣势的可能转化为优势。例如，封闭隔绝恰恰保护了优美的山川河流等自然风光和完整的传统文化；高山峡谷、石林溶洞、荒漠戈壁等也可能成为不可替代的旅游资源。同时，以前认为是绝对优势的原生性资源，如矿藏的开采，除了增加值低外，还将带来环境的污染，反过来又会成为影响当前西部地区经济社会发展的障碍。

最后，合理开发西部地区资源，走生态型产业发展道路。经过改革开放40多年的发展，目前全国整体基本达到小康社会目标，我国西部地区的部分城市人民群众的生活水平也发生了翻天覆地的变化，他们对精神层面的需要，如休闲观光等已经成为生活中不可或缺的部分，这部分的消费越来越多，占整体支出的比重也越来越大。西部地区综合性、立体性的旅游资源能充分满足群众日益增长的物质和精神文化需求，应合理开发西部地区各类资源，发展生态型产业，在经济快速发展中实现"美丽中国"的愿景。

（二）加大政策扶持，改革经营体制

一方面，国家有关部门应在政策上给予西部地区更大的扶持，采取切实有效的措施，以市场机制为先导，引领西部地区开展生态补偿，实施有西部地区特色的新型工业化建设。一是加大基础设施的投入。西部地区首先要建立和完善交通、信息、废弃物处理和再利用、饮用水等公共设施，并增强其运行效能；其次要制定统一的法规和指导性规范文本，尤其是要健全西部地区综合生态开发的完整方案，保证在工业生产科学有序进行的同时有效保护生态环境。根据当前国际和国内的经济发展趋势，结合西部地区实际，要抓紧编制战略性规划，采取以经济手段为主的包括法律、政策、舆论、道德等手段在内的综合手段开展宏观调控，推进具有西部地区特色的新型工业化循序渐进发展；最后要组织专家对农业技术进行免费的指导，开展良种引进和后续的服务，培养西部地区自己的农技人才。同时，我们也可以通过政府购买服务的方式开展西部地区职业技术培训和教育，提高西部地区人口的综合素质，满足西部地区新型工业道路的人力需求。

另一方面，我们可以建立多层经营机制，通过农业现代化促进新型工业化。西部地区在稳定家庭联产承包制的同时，应积极探索建立现代农业经营体系，鼓励农户自愿联合经营，或实行在若干农户范围内的分工协作和专业化生产经营，成立西部地区农村专业合作组织，增强其市场竞争力和抗风险的能力。在此基础上，还要充分发挥村一级集体经营的优势，利用集体所属的山、林、水、岩、洞等自然资源和其他非物质文化资源，依靠科技创新经营机制、理念，指导少数民族群众以自己承包的小块土地等资本加入到集体统一经营管理中，从适度的规模经营中获得收益，甚至可以积极探索西部地区农村土地流转的可行性政策，从而激发农户规模化经营的动力。

（三）完善信息化手段，促进产业结构升级

西部地区不可错失历史机遇，应以信息和技术为驱动，将工业化和信息化进行有机整合，在工业化推进过程中重点发展信息化等产业，以信息化带动工业化朝高附加值方向前进，向技术密集的层次跃升。

鉴于我国西部地区信息基础设施薄弱，信息化程度仍然不高等现状，我们可以从以下三方面入手建设并完善信息基础设施，为顺利推进信息化带动工业化提供基础条件：首先，我国西部地区要加快建设超大容量、技术先进、灵活高效、安全可靠的信息基础设施，如普及通信光缆和设施，提高计算机性能价格比，丰富软件系统等，为工业化（特别是制造业的发展）创造条件。其次，我国西部地区要加快网络基础设施建设。西部地区要采用国际先进信息技术，优化现有配置，建成符合国际信息网络发展方向的宽带信息传输基础网，大力发展高速公用光纤骨干传输网，稳步发展接入网，继续发展固定电话和移动通信网，引进新一代移动通信技术，促进广播电视网的数字化进程，适度发展卫星通信网。最后，我国西部地区要大力推进"三网融合"工程，即电信网、计算机网、广播电视网在高层业务层面的融合。按照"三网融合"的要求，推进网络的平稳过渡与升级换代，大力发展信息高速公路，全方位、多层次地满足西部地区基本通信业务和各种宽带多媒体业务的需求。

　　信息技术产业化作为信息化带动工业化的关键环节，西部地区必须予以高度重视。当前，信息产业已成为世界公认的拉动经济增长的龙头。为此，西部地区要紧紧抓住难得的战略机遇期，发挥后发优势，实现信息产业在西部地区的兴起。一是大力引进和挖掘核心科技，促进信息产业的结构调整，对软件开发、集成电路、网络与通信建设、信息服务行业加大政策扶持力度。二是加快发展电子信息产品制造业。根据现代信息化的要求，制定、完善和优化产业政策导向，加大资金、技术、人才以及市场等资源整合的力度，充分利用国际国内两个市场与两种资源，深挖信息化建设对西部地区产业振兴的拉动作用，着力发展集成电路、软件、新型元器件、通信产品、计算机以及网络产品和多媒体视听等领域，促进乡村建立外向型、立体化和跨越式的发展格局。三是创造良好的投资与发展环境，提供优质服务，吸引信息产业大集团到西部地区投资兴业。面对经济全球化和地区产业结构梯度转移的新形势，西部地区要进一步扩大信息产业领域的对外招商引资和产业梯度转移承接工作，加快信息产业的发展。

　　西部地区工业化进程滞后的一个重要原因就是附加值低的传统产业占比过大。西部地区走信息化带动工业化发展道路，亟须在产业结构调整上下功夫。为此，西部地区要用信息技术大力改造和提升传统产业，降低传统产业的资源消耗和环境污染，提高传统产业的技术含量和经济效益。利用先进、适用的信息技术改造传统工业，实现西部地区生产过程的智能化、柔性化，从而实现技术创新并提高其竞争力，实现工业技术的跨越式发展。一方面，传统工业要积极利用信息技术，围绕增加品种、改善质量、节能降耗、防治污染和提高生产率，有重点地改造工业企业，提高整个工业系统运行的效率。另一方面，在整个工业领域，西部地区要加快关键装备制造业的信息技术改造，提高生产技术和装备产品的信息技术含量。从行业领域看，西部地区应当以先进的信息技术促进机械、冶金、化工、棉纺、建材、家电等传统行业改造升级。

　　西部地区走信息化带动工业化发展道路还与企业信息化息息相关。企业信息化是指企业在各项活动中全面运用计算机技术和通信技术相结合的过程。企业信息化不仅仅是信息技术的应用，从某种角度上说还是企业管理理论、方法与体制的更新与适应的过程，亦即建立涵盖企业管理机制、工作人员的技术支持以及管理者的思想认识等一套符合信息化要求的管理方法及制度。西部地区要推进企业信息化，一是要加大信息化知识在企业尤其是小微企业的普及和培育力度，全面提升员工的信息化应用素质，推进企业上网工程；二是要利用现代信息手段实现企业组织管理的创新，建立符合企业需要的计算机信息管理系统，并通过网络和计算机系统对企业内部资源进行整合，如通过企业的产、供、销和人、财、物进行资源的优化和集成，实现企业基础管理规范化和管理流程信息化；三是要运用现代信息手段实现企业经营模式创新，通过互联网技术推行电子商务。在企业内部信息资源整合的基础上，西部地区需加强企业之间、企业与政府、市场和社会之间的信息共享，将互联网应用到生产、销售、客户服务以及供应链管理的全过程，开展现代物流业务，完善供应链管理，建立电子商务的支付和安全系统，有步骤、有计划地切入电子商务。

第二节　西部地区农业现代化的路径选择

进入 21 世纪后，我国的综合经济实力得到了显著增强，然而西部地区的城乡贫困人口和低收入人口依然较多，农业基础薄弱，发展相对滞后的局面尚未改变，西部地区缩小城乡、区域发展差距和促进经济社会协调发展的任务仍然艰巨。因此，走中国特色的西部地区农业现代化道路，树立科学发展观，统筹城乡发展，解决好我国西部地区的三农（牧）问题成为整个国家农业现代化建设的关键。

一、西部地区发展现代农业的主要制约因素

我国西部地区耕地资源稀缺，人地矛盾突出，规模化经营水平较低。首先，我国西部地区大部分是高原、山地等耕地资源相对贫瘠的地区，不仅农业机械化程度低，土地规模化经营水平也较低。毋庸置疑，土地是发展农业最基本的不可替代的生产资料，可以想象在这样耕地资源稀缺、人地矛盾突出的情况下，西部地区实现农业现代化是异常艰辛的。其次，生产工具落后，农业科学技术普及与推广滞后，科技支撑力度弱，集约化程度低。长期以来，我国西部地区农业发展缺乏先进的生产工具和现代科技，仍然依靠传统的农耕技术，农业生产效益低下。例如，贵州省的毛南族社会经济尚处在古代农业即传统农业的发展阶段，至今农业生产工具还普遍采用脚踏犁和牛拉铧犁，以人畜操作为主，极少运用农业机械耕作，设施农业发展十分缓慢。当地的农业生产技术大多凭经验，生物技术、化学技术、农田水利技术、信息技术和设施农业技术都较少应用。由于县乡农业科技人才缺乏，农业科学技术普及和推广相对落后，农民发展种植、养殖业普遍缺少农技人员的指导，农业产业化经营由于缺少科学技术支撑而发展缓慢，农业生产广种薄收和"靠天吃饭"的格局没有得到根本改变。最后，农业企

业化能力薄弱，品牌建设不足。目前，我国西部地区虽然成立了一些农业专业协会，如茶叶协会、烤烟协会等，但这些组织规模普遍较小，农业专业协会多数有名无实，而实行小规模分散经营的农户家庭在市场竞争中常常处于劣势地位，农民在农业收益分配中大多无太多话语权，几乎不是真正意义上具备企业性质的能发挥相关作用的农民专业合作组织或农民专业合作社。西部地区的农产品加工制造能力明显偏低，尤其缺少龙头企业的带动和孵化，农业产业链条短，产品附加值低。

二、推进西部地区农业现代化的具体政策措施

（一）调整农业结构，积极推动农业产业化经营，为农业现代化创造条件

以生产专业化、布局区域化、经营一体化、服务社会化和管理企业化为特征的农业产业化，可以推动传统农业向现代农业的转化，为实现农业现代化创造坚实的物质基础和提供完备的技术支持。欠发达的西部地区农业现代化落后的一个重要原因是缺少工业化的带动和孵化。西部地区要加快该地区农业产业化发展，应当贯彻落实"十二五"规划纲要提出的相关政策措施，推进农业产业化经营，扶持壮大农产品加工业和流通业，促进农业生产经营专业化、标准化、规模化、集约化。为此，各级政府尤其是西部地区县乡政府要强化政府推动和政策引导，通过大力招商引资发展农产品加工业，尤其要通过扶持农产品龙头企业带动和孵化种植、养殖业的规模化经营，以此延长农业产业链，着力提高农产品附加值。同时，西部地区还要尽快建立健全特色农产品原产地保护方面的政策法规，组织开展特色农产品区域划定、原产地命名、品牌标注等工作，实行依法保护，提高特色农产品的知名度，保证产品质量。

（二）建立完善的农民专业合作组织，构建农业社会化服务体系

经济欠发达的西部地区农村传统的一家一户家庭经营模式难以抵御自然和市场的双重风险，农业经济合作组织适应了当今市场经济的发展需要，有利于提高农户抵御自然和市场双重风险的能力，在生产、销售、农业科技推广等方面发挥了重要的作用。目前，针对西部地区农业社会化服务体系相对薄弱的实际，要尽快建立和完善以农民专业合作组织（农民专业合作社）为主体、以农民经纪人为

中介、乡镇政府和涉农企业共同推动相结合的产前、产中及产后一体化服务体系，实现合作各方协同合作、互利共赢。牧区、林区应当鼓励有条件的农牧民专业合作组织实行农林产业一体化经营，使其逐步发展成为现代农牧场、林场和股份公司。另外，应以提高农民生产经营的组织化程度为前提，加大对农村专业合作组织的建设和管理的力度，充分发挥农牧产品交易市场资源配置的作用，规范社会化服务的流程，依法维护农牧民的合法权益。

（三）加快农业科技人才队伍建设和农业科技推广，提高农业机械化和农业科学化水平

加强西部地区农业技术创新的资助强度，通过政策创新确保农业技术资本投入，为现代农业创造有利的政策条件。西部地区不但农业技术相对落后，而且多数西部地区普遍缺乏懂得农业科学技术的人才，农技推广的效果不理想。为此，西部地区要建立新的适合西部地区实际需要的农业技术创新推广体系，在农业技术创新行为和农民的技术需求之间建立有效的双向交流机制，使农业科研、技术推广和技术需求之间建立良性的互动关系。西部地区要重视和加强农村基础设施建设，如道路建设、能源水利建设等，为农业机械在西部地区农村的广泛使用提供外部环境。政府还要针对性地为西部地区农民购买农用生产机械提供补贴，在生产性资金投入不足的情况下，应当由政府出面组织大型的农机作业集团或农业经营公司进行跨省区的大规模联合播种、除虫和收割等。当然，无论是农业机械化，还是农技普及、推广，都离不开熟练掌握现代农业技能的新型农民。目前，我国西部少数边远地区的农民科技文化素质低、吸收运用先进技术能力不强，严重阻碍了农业科技成果的推广运用，因此必须依靠政府推动和市场引导，引导和鼓励城镇农技骨干下乡，形成城乡互动共享的农业科技人力资源利用模式，多形式、多渠道地开展农民科技文化普及和教育活动，促进西部地区农村整体现代化水平的大幅提升。

（四）大力发展农业循环经济，走特色农业现代化道路

党的十七大报告指出，我国"农业基础薄弱、农村发展滞后的局面尚未改变"。这是我国推进现代农业建设的现实出发点，也决定了我国必须走出一条具有中国特色的农业现代化道路。农业循环经济的发展过程是一个持续发展逐步深化的过程，在实践层面上表现为循环农业对传统农业进行改造升级的过程。这一革新的过程本质上是西部地区因地制宜地发展多种循环农业、探索特色农业现代化道路的过程。西部地区可以利用当地自然环境和各种资源发展特色农业和循环

经济，在实现农业现代化的同时保护西部地区的生态环境和人文资源，如结合农业生产经营情况，利用西部地区的自然风光、旅游景观和文化风俗吸引外来游客，形成融观光、娱乐、体验和文化教育于一体的新型生态休闲旅游产业，与城郊和旅游区生态农业建设联网；以沼气为纽带建设北方"四位一体"和南方"猪—沼—果"生态农业模式；形成基塘复合、稻鸭（鱼）共生等种养殖业复合经营模式。

（五）加大扶贫资金的投入力度，促进农村基本公共服务均等化

首先，西部地区要围绕如何增加农牧民收入这个主题，打造以工促农、以城带乡发展的长效机制，通过发展西部地区特色农业，开展产业化经营，增加农民农畜产品收入；其次，西部地区要针对本地区农村特点和农业生产规律，着力发展农村二、三产业，如食品加工、建筑、商贸、餐饮等劳动力密集行业，以市场体系构建为首要任务，建设西部地区的农产品产地批发市场，完善农业信息、社会组织管理秩序，规范农村生产资料市场；再次，西部地区要依托新型城镇化，发挥城镇带动农村发展的辐射功能，加强西部地区农村剩余劳动力转移，不断增加其劳务收入；最后，西部地区要坚持"少取多予"的方针，完善农业补贴的制度，增强工业反哺农业能力，实现农村基本公共服务均等化。各级政府要扩大农村义务教育、新型养老保险和合作医疗的覆盖面，切实解决好西部地区农民子女教育和其他民生困难。此外，在西部地区开发的专项资金以及地方政府的投资中，应安排一部分资金专门用于农田基础设施建设、草原草场建设、旱作节水设施和保护性耕作等，支持特色农业新品种、新技术的引进、培育、开发以及推广，为改善西部地区农业生产和农民生活质量提供资金保证。

第三节　不同时空背景下的西部地区特色城镇化动力安排

一、西部地区山区特色城镇化的动力安排

（一）西部地区山区新型工业化：原则与方略

理论上讲，工业化对于大多数地区而言是经济社会发展不可逾越的现代化阶段。我国西部地区山区经济相对滞后，根源是工业化发展欠缺。在新的历史条件下，西部地区山区特色城镇化首先要提高工业化发展水平，建设具有西部地区山

区特色的新型工业化。

西部地区山区走新型工业化道路是西部地区市场经济发展的现实要求。随着我国社会主义市场经济体制逐步建立和完善，市场机制成为资源配置的主导，生产要素按照市场的导向自由流动，不断向边际生产率较高的地区流动。长期以来，由于我国地区之间的经济发展不平衡，东部发达地区对优质高效生产要素更具有聚集效应，而中西部山区则由于基础设施薄弱，产业市场竞争力不强，自身独特的资源优势发挥不够，廉价的劳动力产生的实际效益不佳，人口总量决定的市场规模小等因素，导致其工业化发展速度和质量都不理想。新型工业化有助于山区改变原有落后的资源型经济发展模式。同时，西部地区山区的新型工业化道路必须以科学发展观为指导。科学发展观要求经济社会可持续发展，其理念是以人为本的"自然—经济—社会"整个系统的可持续发展，就是利用更系统的思想和新的发展方式实现经济发展方式的转变。新型工业化本质上正是要求以"绿色发展"取代旧的发展方式，走品质效益型、资源节约型、生产清洁型、生态平衡型发展之路。早期西方工业化国家走的是一条先发展经济后治理环境的模式，西部地区不能再走这样的老路。西部地区山区有大量的矿产、林业和水利资源，必须充分考虑资源的有限性、环境脆弱性和不可逆转性等问题，不断提高西部地区山区工业化的科技含量，降低和消除能源浪费和环境污染，建立起适合西部地区山区特点的资源节约、生态环境友好型的工业化，实现新型工业化与可持续发展战略的良性互动。

结合我国西部地区经济发展的现状，西部地区山区的新型工业化应遵循以下原则：①坚持优势优先发展原则。我国沿海及发达地区经济发展相对较快，这对提升我国的综合国力和国际竞争力发挥了重要作用。西部地区山区作为我国欠发达地区，相对于发达地区在经济总量、产业结构、人才分布、创业环境等多方面都有明显的差距。然而，这些地区在林木资源、水能资源、矿产资源等方面又具有相对的优势和潜力。因此，西部地区山区可以通过实施比较优势和后发优势并重的战略，优化组合、优先发展具有比较优势的产业，形成区域内的特色经济。②坚持政府主导推动原则。推进新型工业化是实现山区脱贫和实现全面小康的第一推动力。政府要以促进生产力发展和改善西部地区山区人民生活水平为目标，合理而有效地运用各种行政资源，加强科学决策，明确政策措施，创新服务手段，充分发挥好领导和引导作用。③坚持以项目带动发展的原则。西部地区山区尤其是贫困山区、革命老区等地区应重视新型工业化项目建设工作，积极争取本区域内项目进入中央、省市计划，以获得上级更大的资金扶持支持。例如，我国的西部地区山区应着力打造林木加工、水利开发、冶炼化等工业项目，并把这些产业链的发展作为推进新型工业化的主攻方向。

西部地区山区加快推进新型工业化，必须确定工作重点，有步骤、有重点、分阶段地稳步推进。具体政策措施分述如下：

第一，以西部地区山区产业基地为抓手，加快农林产业园区建设，延伸和扩大产业链条，带动整个经济社会更好更快发展。搞好产业基地建设对保证企业的原材料供应和正常生产具有重要作用。我国西部地区山区要在培育壮大产业基地上下功夫，特别是加强特色产业基地建设，通过进一步深化和创新集体林权改革和农村土地流转，实施退耕还林工程，采取租赁、承包、山林权属转让等多种形式，鼓励民间资本积极参与林地开发经营，全方位培育和开发林业资源。随着新型工业化的推进，工业要向园区集中，项目要向园区集合，产业要向园区集聚。这就要求西部地区山区抓住有利时机，发挥产业的比较优势和后发优势，整合农林工业园区资源，按照布局集中、产业集聚、土地集约、生态环保的原则，努力吸引战略性投资，引导本区域内工业园区主动与上级政府工业园区对接，实现配套服务。西部地区山区还要利用当地丰富的林业资源，进一步扩大精深加工，提高产品附加值，实现增长方式由粗放型向集约型转变，提高资源的综合利用水平。实践证明，以林木加工为重点，促进林木资源的精深加工和循环利用，可以有力地拉动了西部地区山区的加工、运输、装修、旅游、饮食服务等相关产业的联动发展，是因地制宜发展西部地区山区新型工业化的良策。

第二，鼓励生产技术创新，加强西部地区山区人才培养，优化投资环境，"引进来"和"走出去"相结合。新型工业化核心在于推动科技进步。西部地区山区要努力提高产品精深加工和新产品的研发能力，形成"一种原料、多种产品、综合效益"的格局。西部地区山区政府要确保科技专项经费按比例增长，并以以奖代投、鼓励贷款等方式，用于重点技术创新和重点高新项目研发。就目前而言，西部地区山区普遍存在企业品牌开发力度不够、品牌档次较低的问题。西部地区山区要真正将资源优势转化为经济优势，必须充分发掘西部地区山区独特的和不可替代的人文、绿色等资源，在"特"字上做足文章。政府应主动为西部地区山区搭建自主创新平台，支持有条件的企业独立或与周边高校、科研机构联合，建立企业技术中心、工程技术研究中心等。

西部地区山区要发展经济，破解资金"瓶颈"尤为重要。因此，西部地区山区必须树立大开放、大招商、大发展的思想，充分利用境内外资金。要进一步打破所有制限制，规范和理顺产权关系，依法保护各类产权，大力推行以股份制为主的公有制多种有效实施形式，发展混合所有制经济，积极引导和发展非公有制经济共同建设西部地区山区。由于自然条件的制约，西部地区山区十分缺乏专业的技术人才和管理人才各级政府要大力培养适应新型工业化发展要求的党政人才、技术人才和管理人才，健全各类人才的培育、引进、流转和服务机制。

围绕加速推进新型工业化，西部地区山区政府要积极开展思想教育活动，推动思想解放，形成发展共识。一是西部地区山区要优化政务环境。加强政府工作透明度，改革行政审批制度，清理行政审批项目，简化审批程序，提高政务质量和效率。二是西部地区山区要优化执法环境。切实转变工作作风，规范执法行为，推进执法改革，坚决整治乱收费、乱罚款以及吃拿卡要等行业不正之风。要切实加强执法监管，充分发挥媒体对优化西部地区山区经济发展环境的舆论监督。三是西部地区山区要优化人文环境，进一步强化西部地区山区党员干部和人民群众的发展意识、赶超意识，营造热情好客、诚实守信的社会氛围，使投资者满意。

第三，坚持"四个互动"，积极推进西部地区山区社会管理和公共服务创新。

其一，坚持与新型城镇化互动。城市除了是一个地理空间的概念，从经济学上看，也是一种生产要素的配置机制和资源的配置制度。城镇化是以经济、社会、环境为载体，实现人的现代化的过程，也是通过城镇化形成的聚集效应反过来推动工业化发展的过程。二者互相结合、相互促进。首先，西部地区山区要结合农林园区建设，扩大山区县城规模。将农林园区的建设纳入县城总体规划，作为山区城镇扩张的主要方向考虑，合理选址，精心布局。通过工业产业建设，聚集山区各种生产要素，加快分散人口向城镇聚集。其次，西部地区山区要改革户籍管理制度，加强山区流动人口的动态管理。当前西部地区山区主要应当取消山区农村人口进城的限制，而且要为山区转移人口市民化提供制度支撑，如最大限度地放宽县城人口落户条件，加速人口聚集等。最后，西部地区山区要强化山区县城的公共服务功能。西部地区山区要建立与城镇化相适应的公共服务体系，进一步加强城乡教育、医疗、住房和就业等基本公共服务职能，进而满足产业集群和人口集聚的需要。

其二，坚持与农业产业化互动。西部地区山区要依托农林办工业，发展工业促农林，充分利用有限的土地资源，实现山林和土地的适度规模经营。农业产业化有利于把西部地区山区农业人口从土地上解放出来，促进人口从农业向非农产业转移，增加农民收入。西部地区山区要着眼于开发绿色高层次农副产品，发展有市场、有发展前景的绿色加工产业，实现工、农良性互动的"双赢"局面。一是西部地区山区要按照现代企业制度的要求，建立农林业产业化龙头企业，以"公司＋基地＋农户"为经营模式，彰显西部地区农林资源优势，使之转化为产业优势。二是西部地区山区要把工业的品牌观植入农林产业发展过程，培育和打造现代品牌企业。通过引进良种良法，加强与大专院校、科研单位的合作，开展国内外先进科技、优良品种的引进和推广。三是西部地区山区要用工业企业的市场观替换传统农林业的市场观。坚持按"订单农业"的运行模式组织农林生产，适时开设西部地区农林信息网站，建立民间农林产品物流网络，为西部地区山区农林生产提供信息指导和营销服务。

其三，坚持与保护环境互动。环境是人类生存的空间，任何经济活动都必须以保护环境为前提条件，工业化也不例外。水、空气、能源等是工业生产的环境要素，直接影响着工业化。新型工业化建设和传统工业化的最大不同，就是要求综合考虑生存、环境、效益三者之间的关系，进行合理规划、布局和建设，注重发展循环经济，以实现可持续发展的目标。西部地区山区要从保护环境的角度布局工业。具体而言，西部地区山区要按照市场经济配置资源和比较效益的原则，依托自身优势，相对集中地进行工业布局。平原地区重复建设、空间浪费、高耗能高污染的现象较为严重，导致资源和生产集中度较低，不适应现代化大生产要求的专业化、协作分工的趋势，因此西部地区山区必须高度重视和注意避免走平原地区老路，要从改善环境的角度规划山区产业。当前，西部地区山区要正确把握国家的产业政策及其改革走向，坚决杜绝那些尽管在短期内会给西部地区带来一定经济效益，但长远上将会给环境造成严重污染的产业布局和项目。除此以外，西部地区山区要加快淘汰技术工艺落后、能源和原材料消耗高、严重污染环境、质量低劣的生产方式，引进无害环境的技术，改造落后生产管理流程，控制和减少废物排放，建立闭合生产圈，综合利用二次物料和能源，促进西部地区山区经济发展、资源节约和环境友好。

其四，努力与信息化互动。信息产业是一种重要的经济产业，从某种程度上讲也是一种重要的生产要素。信息技术渗透到国民经济和社会各领域，催生了大量的新兴产业，也为传统产业注入了活力，成为经济增长的有效动力。就西部地区山区新型工业化而言，现阶段产业发展的一项主要任务，是运用高新技术推动农林产业转型升级。西部地区山区决不能再走"先工业化后信息化"的传统路径，要实现工业化和信息化的有机结合，加速信息技术对农林产业的渗透和融合，用信息技术改造传统产业，以信息化带动工业化，以工业化促进信息化，在较短时间内缩小与东部发达地区的差距。

（二）西部地区山区农业现代化的策略举要

1.适度扩大经营规模，发展特色机械农业

世界各农业强国、农业大国的发展历史和经验都证明实现农业机械化是由传统农业迈向现代农业必不可少的历史阶段。西部地区与中、东部地区相比"人稀地广"，但我国总体上人多地少，而且在"人人种田、家家种地，山水田林人人有份"的经营体制下，西部地区特别是耕地资源有限的山区农业经营规模也偏小，制约了农业机械化。在新型工业化中，西部地区山区要抓住人力资源优势适度扩大经营规模，不断推进农业机械化。西部地区山区由于山多平地少，地形复杂，田地干旱，农业机械化应结合实际，发展自己的特色。一是推行山区种植机械化。我国西部地区农作物主要种植在高原、山间、丘陵或盆地上，推行山区种植机械化有利于最大限度地提高劳动生产率。现代农机大多笨重、庞大，在山区基本上没有用武之地。西部地区山区农民渴望能有适用于山区的轻便、小型、便宜的农机面世。因此，推行山区种植机械化应以轻便和小型农机为主。二是鼓励畜牧机械化。在广阔的草原上作业，如大面积的坡耕地治理、退耕还林、牧草生产等，仅凭人力畜力，效率低且作业质量难以保证。畜牧机械化可以改变传统的生产方式，促进农牧业集约化养殖和种植牧草。三是倡导灌溉机械化。西部地区山区在农业生产中，由于长期以来一直沿用大水漫灌式传统方法，造成了水资源严重浪费，使本身紧缺的水资源越发紧张。因此，用节水灌溉设备改造山区农林业，是我国西部地区农林可持续发展亟须解决的关键问题。

2.大力培育龙头企业，发展合作互助农林业，推动企业经营管理制度创新

60多年来，中国农业经营制度经历了从小农私有制到集体所有制，再到家庭承包制这样一个"否定之否定"的循环。但是，西部地区山林、高原土地生产率与低劳动生产率的状态并未从根本上解决。应该说，制度安排最直接的目的在于通过对现有生产要素的合理配置，以最低的成本换取最大的效益。在社会主义市场经济条件下，纯粹意义上的自给自足制度已不复存在。然而，自给自足的经济关系在西部地区仍然存在❶。西部有些地区除了一些国有农场和极少数农户实行企业化、合作化及产业化经营外，绝大多数仍然是一家一户的小农生产，经营分散、规模较小。这种自给自足的传统经营方式对机械化、水利化、电气化及化学化等现代农业科学技术的吸纳和更新能力有限，直接地制约了农业现代化的发展。我

---

❶ 朱淑芳，赖景生.西部农业结构调整与科技创新[J].科技导报，2004（9）：42-44.

国西部地区山区应尝试新的合作经营管理制度，即通过合作制或股份合作制等形式，将由于山地自然阻隔的分散农户联合起来形成一种新的经济组织。新时期，西部地区山区可通过三个途径创新农业合作经营方式：一是以自然村或行政村为单位，以种养专业大户为核心，通过合作制或股份合作制的形式对传统经营模式不断优化重组后聚合。这种模式在经济比较发达或土地资源比较丰富的地区较容易形成。二种是建立农产品加工、贸易企业，发展订单农业，以及与农户建立"利益共享、风险共担"的固定合作关系。这种模式较适合于劳动密集型与技术密集型农业。三是内外资工商企业融入农业，同农户联合开发和经营。这种模式在交通较便利或城市周边农村可能形成。西部地区山区应结合当地实际，采取合作互助等形式发展农林产业。

　　3.充分利用科技成果，积极发展现代信息数字农林业

　　农业信息化涵盖了农业全过程的信息化，它是用信息技术和信息基础设施装备现代农业，依托信息网络和数字化手段实现对现代农业的经营与管理。在推进新型工业化背景下，信息技术迅猛发展，西部地区山区农业要由传统农业向信息化农业迈进，就必须大力推进农业信息化。近些年，我国农业信息网络设施建设整体较快，但仍处于起步阶段，信息标准设置较低，信息传递还不畅通，许多农民缺乏生产生活的准确信息和优质服务。西部地区山区应当充分利用先进的信息技术促进农业种植、加工、营销和服务，发掘、采集、制作信息资源，建立面向山区或高原地区等各种农林业条件下的综合信息数据库，构建现代信息农林业体系，发挥后发优势。西部地区山区要以计算机网络为枢纽，整合和集成电信、广播电视等多种电子网络资源，建立快速便捷、通达全国、连接世界的农林业电子信息传输网络，使各地、各部门的信息能及时地进入数据库，并面向西部地区提供。同时，西部地区山区要以乡（镇）、村级图书馆（阅览室）为核心，依托山区各农村邮政网络服务点，搞好农林专业报刊发行、农林信息传输、农技推广服务等工作。建立多系统、多层次、多渠道的现代数字农业，有助于实现西部地区山区农民生活消费、农业生产经营、农业市场流通及农业管理决策的全面信息化。

　　4.加快科技成果转化，促进产业质量提升，发展生态可持续农林业

　　农业科技是农业的第一生产力，农业发展的根本出路是科技进步及其应用。但是由于资金不足、农业科技体制不完善以及农业劳动力素质较低，西部地区农业科技存在供给不足、需求不足、供求错位以及推广乏力等诸多比较严重的问题。改革开放以来，尽管西部地区农业结构有所优化，但结构演变极为缓慢，农业产业本质未曾得以全面体现。西部地区山区和高原地区农业产业仍是基础产业，科

技含量高的生态产业和文化产业少，有的甚至还是生存农业，旅游观光型农业发展不起来。从可持续发展的观点看，农业现代化既是人类改造自然和征服自然能力的反映，也是人与自然和谐发展程度的体现，其中显著特点就是人工生态系统的产生及普遍存在。我国西部地区幅员辽阔，人均农业资源比较丰富，气候资源和生物资源多样，具有发展生态农业和特色生态产业的天然条件 ❶。

二、西部地区牧区特色城镇化的动力安排

（一）西部地区牧区新型工业化与农业现代化的特征和障碍

农业是安天下、稳民心的战略产业。党的十七届五中全会提出，在工业化、城镇化深入发展中同步推进农业现代化即"三化同步"的战略。推进新型工业化、农牧业产业化和城镇化"三化"互动，将带动西部地区牧业集约化、组织化、产业化程度不断提高，为农牧业和农村牧区经济社会发展开拓新的空间，创造难得的机遇 ❷。

毫无疑问，"三牧"（牧业、牧区、牧民）问题直接关系到国家统一、民族团结以及边疆安宁，西部地区在推进牧区"三化"的过程中存在显著特殊性。首先，草原不同于农田，草原一旦毁坏就难以恢复。因此，牧业产业化绝对不能以牺牲草原植被和生态环境为代价；养畜不同于种地，牲畜既是生产资料，又是生活资料。工业化和城镇化必须考虑到牧民的切身利益。其次，"三牧"大多在我国西部地区，牧民生活方式和民族习俗与"三农"差异较大。西部地区牧区群众对城镇社会的适应存在一定的难度，如果在民族风俗习惯和城镇社会文化认同上出现问题，可能会引起民族矛盾，破坏安定团结的和谐局面。最后，在生产方式上，"三牧"游牧、定居结合，使草场永续利用。当前，西部地区牧区在工业化、城镇化过程中存在一些不容忽视的主要问题。例如，有的地方推进工业化与保护牧区草原产生了矛盾，常常在注重 GDP 增长的同时忽视草原生态保护；有的地方矿业开发引发与牧民的纠纷；还有些地方政府在实行"退牧还草"和生态移民过程中，由于工作简单化，以致出现花钱建好了"牧民新村"而牧民不愿进、稳不住等现象。另外，西部地区牧民的草原情结、西部地区文化心态和习俗未得到充分尊重，心理上不平衡，存在潜在的社会风险。综上所述，当前西部地区新型工业化与农业现代化的主要障碍有以下三方面：

第一，农牧业的科技贡献率较低，集约化、技术化水平不高。以内蒙古农牧

---

❶ 孙长学，王奇.论生态产业与农村资源环境 [J].农业现代化研究，2006，27（2）：100-103.

❷ 王守陆，马强."三化"互动创造农牧业发展新空间 [J].实践，2004（1）：23-24.

业为例，改革开放以来，该区的科技贡献率缓慢提升，由"八五"期末的34%逐渐增加到"九五"期末的39%、"十五"期末的45%左右。然而，我国"十五"期末的农业科技进步贡献率达到48%以上、农业机械化程度达到38%，特别是发达国家的农业科技进步贡献率已经上升到了60%～80%的水平。相比之下，内蒙古农牧业的科技进步水平还很落后。农牧业科技研发机制、服务机制、推广机制及创新机制等需要进一步完善，尤其是要重续农牧民、农牧业与农牧业技术、农牧业科技人员紧密联系的桥梁和纽带 ❶。

第二，缺乏较大规模的龙头企业，农牧民组织化程度较低。我国西部地区牧区的初级加工企业多，深加工、精加工企业少，导致附加值不高，新产品研发能力不足，市场竞争力弱，辐射能力不强 ❷。一般来说，牧区龙头企业与农牧户之间多为单纯的买卖关系，尚未真正形成供需对接、良性互动的局面，因此农牧民从产业化经营过程中得到的实惠并不多。这就表现为龙头企业与农户地位不对等；基地农牧户的法律意识、契约意识不强，农户利益纠纷的隐患大量存在；农牧业专业合作经济组织培育发展相对滞后等。

第三，牧区基础设施建设薄弱，农牧业生态环境脆弱。我国西部地区牧区道路交通基础设施较为落后，多为季节性道路，为农牧业产品的运输造成了一定的障碍。西部干旱地区水利设施不完善，绝大部分年久失修，水源、渠道渗漏问题严重，有的地区甚至人畜饮水都存在困难。另外，我国大部分草场的农牧机械化程度还比较低，农牧民的生产工具停留在依靠手扶拖拉机的阶段，其他先进高效的机械设备较少利用。同时，我国西部地区牧区的生态环境具有先天脆弱性，加之资源合理开发利用不够，过去采伐和放牧以及大面积的城镇建设用地占用等导致其抵御自然灾害的能力减弱，洪涝、旱灾、霜冻、雪灾等自然灾害时有发生，这些都阻碍了农牧业产业化的快速发展。

（二）西部地区牧区新型工业化与农业现代化的实现机制

1.构建农牧产业科技投入和高科技人才孵化机制

西部地区牧区要坚持实施"科技兴牧"战略，加强牧区教育、科学、技术"三位一体"的产业发展创新工作，确保在农牧产业生产科技进步上取得实质性提升。

---

❶ 王关区.内蒙古现代农牧业发展面临的问题及其对策[J].北方经济，2008（7）：8-12.

❷ 曹鸿英，马洪琴.格尔木市农牧业产业化发展中存在的问题及对策[J].新西部（下半月），2008（8）：55-56.

为了适应牧区产业化发展的需要，一是西部地区牧区要高度重视农牧民科技培训，提高其对农牧业产业化经营的直接促进作用。按照"项目跟着产业走，投资围着产业转"的原则，通过农牧产业化项目运营模式，针对性地开展农牧民培训，引导和鼓励农牧民以科技为支撑，进行科学放牧与养殖，实现科技帮助增效增收。二是西部地区牧区要引进和应用新技术，搞好产业化项目开发，提高科技含量，推动农牧产业化向内涵式道路发展。三是西部地区牧区要倡导农牧科技服务部门和专业技术人员与农户对接，帮助农牧业产业化经营；鼓励发挥专业技术人员的科技优势，实行技术入股，产权联结，着力兴办科技含量高的经济实体。

2.构建龙头企业与农户相对稳定的合理利益联结机制

西部地区牧区要按照利益共享、风险共担、实现双赢的目标，鼓励和提倡农牧业专业合作经济组织等中介组织的发展，实行产销合同制，通过签订产销合同，明确双方的权益与责任，规范各自的行为。西部地区牧区要建立和完善与市场经济要求匹配的农牧产业化经营模式，通过合同契约、产销衔接、合作经营等方式，建立风险基金，确定保底收购价、利润返还等，不断强化龙头企业与农户之间更加密切的利益联结。西部地区牧区还应鼓励和引导龙头企业、专业合作组织与农户利用资金、技术和土地使用权相互参股合作，形成收益共享、风险共担的利益共同体，促进牧区农村土地流转和农牧产业化的快速发展 ❶。

3.构建农牧业基础设施持续投入和生态补偿机制

党的十八大明确指出："保护生态环境必须依靠制度。要把资源消耗、环境损害、生态效益纳入经济社会发展评价体系，建立体现生态文明要求的目标体系、考核办法、奖励机制。"西部地区牧区要加快实行生态补偿制度，以及自然资源的有偿开发使用制度与污染物的有偿排放制度。西部地区牧区要加快传统技术向生态技术转化的步伐，逐步建立相对完善的农牧业生态保护和绩效考核体系，用以作为循环经济、生态经济以及可持续发展目标实现的制度支持。具体来说，西部地区牧区要以加强农田水利建设和牧场设施建设为切入点，改造中低产田，保护恢复与适度利用草原，防治沙漠化和水土流失，落实节水灌溉，科学使用肥料、农药等，保持草原土壤肥沃。同时，西部地区牧区还要加快农牧业标准化体系、农畜产品质量安全和动植物病虫害的防控体系建设。

---

❶ 朱庆德.大力推进农牧业产业化促进农牧业结构调整、农牧民增收 [J].内蒙古统计，2011（5）：50—52.

第十章　治理能力与治理体系现代化：西部地区特色城镇化道路的制度匹配

第一节　适应西部地区特色城镇化道路的公共服务设施匹配

一、城镇化背景下西部地区公共服务设施现状及问题

西部地区城镇公共服务设施是城镇生产、生活的物资基础，公共服务设施的建设部门是西部地区城镇经济体系中的关键产业部门，加强公共服务设施建设对西部地区实现特色城镇化具有重要的促进作用。总的来看，近年来中央和各级地方政府加大了对西部地区公共服务设施的投入力度，西部地区公共服务设施的状况得到了较大改善。自 2006 年以来，中央用于西部地区水利建设投资 251 亿元，一批大型水利工程相继建成并发挥效益。其中，2007 年竣工的宁夏沙坡头水利枢纽工程结束了当地灌区两千多年无坝引水的历史。以广西壮族自治区为例，2005 年，广西的西部地区全部社会固定资产完成投资 1 775.9 亿元，其中城镇固定资产投资 1 595.7 亿元。进入 21 世纪以来，在中央政府财政支持的基础上，该区政府累计拿出 78 亿多元用于西部地区城乡公共服务设施建设，这些项目的投资和建设有力地促进了广西西部地区的经济发展和民族团结，取得了显著成效 ❶。

西部地区公共服务设施建设，特别是在农村和边疆地区的公共设施建设虽然取得

---

❶　郭捷,刘淑芹,苗红.民族地区基础设施建设实施现状与效果分析——以广西壮族自治区为例 [J]. 技术经济与管理研究,2010（1）：144-147.

了实质性的进展，基础设施严重不足的面貌有了改善，对缓解贫困地区现状、提升中西部地区整体经济水平产生了一定的促进作用，但是我国西部地区公共服务设施的底子薄，目前的投资建设对总体规模不足的状况而言也只是杯水车薪，问题依然凸显。

（一）西部地区公共服务设施建设的资金渠道单一

多年来，西部地区的地方财政收支基本处于"赤字"状况，大多数县、乡财政可支配的财力非常有限，农村基层政府与乡村企业债务负担较重。有的在职干部职工的工资发放和机关、事业单位正常运转经费等尚需上级财政补贴，根本无力承担快速城镇化建设及其公共服务设施建设和管理的经费。西部地区公共服务设施建设主要还是依赖中央财政投入和补贴，缺乏多元化市场融资机制，相关政策落实不到位，很大程度上影响了社会资本进入该领域的积极性。有的地方政府盲目热衷于竞争性和营利性基础设施建设，如交通、电力、通信等，而不愿投资边远贫困地区的教育、医疗、卫生、公共文化等基本公共服务设施。

（二）西部地区城乡公共服务设施规划不尽科学与合理

公共服务设施建设要进行科学规划与合理布局，尤其是城镇化进程中城乡基本公共服务设施的建设要互相衔接、互相协调，以促进西部地区基本公共服务均等化。但由于我国西部地区大多地处西部边远山区、高原，受自然条件所限，城镇整体规划相对落后。调查发现，西部少数民族聚居地区城乡公共服务设施规划经费不足，社会参与较少，居民乱搭乱建现象普遍；有的边远地区中小学、医院等公共设施不能有效覆盖周边城乡群众，无法满足经济社会发展的需要。总体来说，少数民族县城公共设施建设工程规模较小，低档硬件设施供给过多，高层次公共文化设施建设较少。

（三）"重建设、轻管理"的现象在西部地区公共服务设施管理中相当普遍

由于西部地区经济落后，多元投资主体弱小，公共服务设施建设大多以政府投资和政府经营管理为主，其管理体制不可避免地带有传统计划体制的缺陷❶。基础设施维护经费严重不足，使建好的设施难以及时有效地进行维修保护，这不仅限制了公共服务设施功能的发挥，还影响了西部地区经济社会效益的提高。同时，

---

❶ 何娟.加快民族地区基础设施建设的思考与对策[J].达县师范高等专科学校学报,2004,14（3）:27-30.

西部地区农村缺少大量公共设施管理、养护、维修方面的技术人才，有的地方物业管理跟不上相应需求，城镇社区公共服务覆盖面较小。

二、西部地区公共服务设施建设和管理的改革与发展

（一）在西部地区深化公共服务设施建设和管理的投融资体制改革

一方面，西部地区可以通过建立政府性融资公司等平台，采取 BOT（建设—经营—转让）、BTO（建设—转让—经营）、BOOT（建设—拥有—经营—转让）等项目融资途径，拓展和盘活公共服务设施建设的社会资金，在水利、绿化、道路等基础设施和公共服务设施建设项目上借助市场化运作模式，使基础设施建设和管理资金筹集更加多元化；另一方面，西部地区可以尝试和发展公共服务设施建设资产证券化，通过资产证券化方式筹集大量资金，缓解目前西部地区基础设施资金不足等问题，减轻政府财政支出压力。此外，政府要发挥政策引导和资源协调的作用。政府和金融机构要鼓励具有社会性、公益性及建设周期长特点的基本公共服务设施建设项目，不断拓宽支持领域。例如，支持银行向城镇公共绿地、环境卫生等非营利性基础设施建设项目提供低息或无息贷款；鼓励商业银行加大对公共服务设施建设和运营管理的投放力度；支持建设者在短期内收回投资，加速资金周转；地方政府还应尽快出台金融支持的配套奖励政策，对积极支持基础设施建设和管理并达到一定贷款比例的给予奖励，使政府、金融机构和投资者在支持西部边疆地区公共服务设施建设中实现多赢。

（二）按照特色城镇化要求科学合理地规划西部地区公共服务设施，促进基本公共服务设施均等化

西部地区公共服务设施建设要符合各级地方政府经济社会发展的整体规划，要有利于推进新型城镇化和工业化，有利于增强公共服务设施的辐射能力和服务功能。西部地区要提高小城镇和乡镇工业园区的公共服务设施水平，通过各种渠道筹集资金，尽力改善西部地区交通通信条件，提高其商业、金融、科教、信息和生活环境质量❶。党的十八大报告提出，要改进政府提供公共服务方式，增强城乡社区服务功能。西部地区要按照社会主义新农村建设的要求，加强民族乡村社区公共服务设施建设规划，充分考虑三农（牧）最迫切、最直接的利益问题，有重点、分步骤，梯

---

❶ 蒙世军.城镇化与民族经济繁荣[M].北京：中央民族大学出版社，1998.

次推进，形成以城镇带动乡村、城乡一体化的新型农村社区公共服务体系。

（三）调动西部地区广大干部群众参与的积极性，加强公共服务设施的运营管理

首先，要明确西部地区公共服务设施的管理不仅需要政府的投入和政策引导，还需要充分调动干部群众参与的积极性和创造性。在制定西部地区公共设施发展规划时，要置入民本内涵，尊重当地群众意见，充分考虑群众的实际需求，优化公共决策程序，强化社会各界对公共服务设施建设和管理的监督职责。其次，要加大公共服务设施管理队伍的建设力度。西部地区公共服务设施执法队伍构成比较复杂，部分人员缺乏相关法律知识和政策经验，还有的人员公仆意识和服务观念较弱，作风纪律较松懈，因此必须对公共服务设施管理队伍进行教育培训，强化其职业道德建设。最后，综合运用多种管理手段与方式，实现公共服务设施管理的最大效益。随着信息社会的发展，西部地区公共服务设施管理可以通过地理信息系统对空间数据进行采集、分析、模拟和显示，适时提供动态信息，以便为决策服务❶。同时，西部地区还要扩大公共服务设施管理维护的宣传和教育，提高群众素质，延长基础设施使用年限。

第二节　适应西部地区特色城镇化道路的流动人口管理制度匹配

随着我国工业化和城镇化步伐的加快，城镇流动人口数量大幅增加，少数民族流动人口的服务管理已经成为当前城市民族工作的重点问题。少数民族人口到内地经商、学习、工作的越来越多，这无疑是社会进步的体现。但是，由于风俗习惯、宗教信仰、语言不同以及文化水平方面的差异，少数民族流动人口，特别是少数民族流动经商人员给城镇社会管理带来了新挑战。从这个角度上看，加强对少数民族流动人口的管理和服务对维护民族团结和城镇社会和谐稳定具有重要意义。

---

❶ 党秀云.民族地区公共服务管理导论[M].北京：中央民族大学出版社，2012.

一、城镇化进程中少数民族流动人口问题给社会管理带来的挑战

（一）增加了城市日常管理的难度，"两个不适应"和"两个跟不上"的问题突出

"两个不适应"是指少数民族流动人口对城镇化生活与管理制度和方式不适应，长期居住在城镇的汉族和其他少数民族群众对从农牧区来的少数民族生活习俗不适应；"两个跟不上"则是指少数民族流动人口流入地城镇政府的管理服务跟不上，少数民族流动人口流出地、流入地政府之间的信息沟通和协调服务跟不上。例如，有些进入城镇的少数民族经商人员没有正常经营所必备的合法手续，而作为"外来者"，他们大多是小本经营（如西北风味的清真面馆、羊肉串摊，朝鲜风味的烧烤屋，傣味餐馆，苗族风味的餐馆等），而且没有长远发展规划，通常是临时租个门面或摊点，添置一些简易的经营用品，便于开张经营，很少会主动到城镇有关部门办理证照，无证经营现象普遍；还有的少数民族流动人员沿街叫卖或选择交通要道和繁华路段占道经营，不仅严重影响市容市貌，还会影响交通秩序和城镇环境卫生。

（二）增加了城镇社会治安管理的难度

从理论上讲，受教育程度是衡量劳动者个人素质高低的重要维度。显然，一些少数民族流动人口进城后对城市管理的各种法律法规缺乏了解，仅凭自己原有的是非观念及道德标准规范自己的行为，这就必然会与城镇生活方式产生冲突❶。部分少数民族人口自身文化素质较低，使其在城镇中很难适应现代文明和新的管理方式，最终给城市社会带来诸如环境卫生、强买强卖、违规与违法经营乃至超生多生、违法犯罪等问题。当前，少数民族流动人口犯罪还呈现低龄化趋势。一旦被抓住，他们便矢口否认、抵赖，或者以语言不通相纠缠，甚至不惜以制造民族矛盾相威胁，增加了城镇社会治安管理的复杂性。

（三）增加了民族关系协调的难度

汉族农民工融入城市社会需要克服城乡差异，而少数民族农民工的社会融合还

---

❶ 汤夺先.城市少数民族流动人口问题论析 [J].中南民族大学学报（人文社会科学版），2009，29（2）：31-36.

需要跨越文化差异。由于各民族文化背景不同，语言、习俗和宗教信仰方面存在差异，加上我们一些执法部门和当地汉族群众对少数民族的习俗、禁忌不大了解，因而在执法和日常生活交往过程中经常出现一些影响民族关系的事情，这类事情的发生直接影响到少数民族农民工群体对城市的文化接纳程度。目前，我国城市对少数民族的管理与服务滞后于民族人口规模增长的现实，针对少数民族的服务管理工作被动，工作观念和政策法规滞后，各职能部门、各地政府之间缺乏协调和沟通，以致出现"边界管理真空"❶。这些突出问题影响了少数民族的城镇社会融合，对城市民族工作也带来了新的要求与挑战。

二、创新少数民族流动人口管理和服务的制度安排

（一）完善城镇少数民族流动人口的管理服务的政策法规，构建少数民族流动人口社会风险防范与矛盾化解机制

一是各级政府和有关部门要对进入本地兴办企业和从事其他合法经营活动的外地少数民族人员进行登记和统计，应根据具体情况提供帮助和支持。中央和地方政府要尽快制定和出台对少数民族暂住人口的教育和管理的具体的、操作性强的政策法规，保护其合法权益。同时，应做好城镇居民教育引导工作，倡导城镇居民和各类企事业单位尊重他们的民族习俗，对进入城镇的少数民族流动人员进行法治教育，要求他们自觉遵守国家法律和本地的各项规定，服从当地人民政府有关部门的管理。二是要根据经商少数民族已经延伸到城镇生活各方面的实际状况，重点强化城镇基层干部和社会一线管理和执法人员民族知识教育，把党的民族政策、民族理论作为干部岗前教育、党校轮训的基本内容和城镇社区管理和行政执法培训的重要内容，并列入考核。三是要充分发挥人民政协的政治协商优势，主动同地方党委、政府及有关部门协调，主动与民族宗教团体和人士沟通，履行人民政协政治协商、民主监督、参政议政的职能，使少数民族流动人口真正融入城镇社会。四是要尽快构建少数民族流动人口社会风险的预警机制、问题排查机制和矛盾化解机制，积极寻求少数民族流动人口社会冲突消减的策略，通过创新城市社区管理模式实现少数民族流动人口对城镇社会的真正认同。

---

❶ 杨健吾. 城市少数民族流动人口问题研究——以成都市为例 [J]. 西南民族学院学报（哲学社会科学版），2002, 23（7）：245-252.

（二）推动民族工作社会化建设，将少数民族流动人口纳入城镇基本公共服务范围，促进城镇社会公平正义

其一，依托现有行政网络，建立县（区）民宗局、配齐乡镇（街道）民宗助理工作，形成城镇民族工作的整体性治理网络。同时，把民族工作进社区纳入党委组织、宣传和政府民政部门的计划目标、重要内容和绩效考核之中，成立政府领导下的，由民族主管部门牵头，公安、工商、城管、卫生、技术监督、教育、劳动、信访等相关部门协同工作的少数民族流动人口社会管理联席会议机制。其二，建立城市管理委员会、社会治安综合治理委员会、文明城市建设委员会等综合性社会管理组织和城市120、110等专业应急救助系统的联动机制，增强应对突发事件的能力。其三，有计划地开展民族部门与各社会管理部门之间的人员交流，更新知识、更新观念、更新方式方法。城镇政府应该从制度创新着手，尽快完善城镇少数民族流动人口在政治权利、劳动就业、子女教育、看病、住房等方面的政策措施，从制度上切实保障少数民族群体的合法权益。同时，完善少数民族流动人口就业政策，可以开展以政府为主导的西部地区农村特色劳务输出、人才培养、劳动力管理等，强化、规范相关用工企业的招工制度，保障少数民族员工的合法利益，同时取消不符合劳动力平等竞争与双向选择的限制性或歧视性规定，积极鼓励少数民族流动人口返乡创业和就近就业。解决少数民族随迁子女的教育公平问题，取消针对外来人口的额外收费，提供稳定良好的教育环境。城镇政府还要打破条框束缚，坚持体制机制创新，逐步把少数民族流动人口纳入城市生活及医疗保障范围，切实打消他们的心理顾虑 ❶。

（三）发挥民族宗教组织的自我管理和服务功能，全方位促进少数民族流动人口文化融合

一方面，要充实和加强宗教协会组织的社会管理职能，通过社会组织沟通信息、服务群众、化解矛盾。例如，在有些城镇流动经商人员中，回族、维吾尔族、哈萨克族等信仰伊斯兰教的群众占据比重较大，应结合城镇社区改造发展，强化市、县两级伊斯兰教协会组织建设，安排有社会管理经验和组织能力强的人员主持日常工作，协助政府开展对流动经商信教群众的管理和服务，并按照属地管理

❶ 郑信哲,陈春霞.藏族流动人口在城市的生存适应调查——以甘肃省甘南藏族自治州合作市为例[J].中南民族大学学报（人文社会科学版）,2012,32（5）:38-42.

原则处理教务纠纷，掌握管理主动权，解决一些政策法规不涉及、政府部门又不便管的问题。另一方面，提供内涵丰富的城镇少数民族公共文化服务，鼓励汉族和少数民族群众之间情感沟通与交流合作。还要充分尊重少数民族的传统特色文化习俗、节日和庆典活动，保障少数民族流动人口享有平等的文化权益。

案例：少数民族流动人口服务管理的"南宁模式"❶。

自2011年7月南宁被国家民委确定为全国首批少数民族流动人口服务管理体系建设试点城市以来，该市积极探索西部地区服务管理少数民族流动人口的新途径，以提升归属感、尊严感和幸福感为切入点，着力通过公共服务优化和民族领域社会管理创新，在经济、社会、心理层面促使少数民族流动人口迅速融入城市生活，在壮乡首府享受和谐美好生活，实现安居乐业。

1.全方位构建立体服务平台，提升少数民族流动人口归属感

南宁市按照"公平对待、合理引导、完善管理、搞好服务"的原则，构建了"13456"立体服务平台。通过全方位服务，使外来少数民族进得来、留得住、有发展，提升他们的城市归属感。

"1"是指成立全国首家地市级少数民族流动人口服务中心，统筹推进1个市级技能培训基地、2个清真食品供应点、4条少数民族创业街、29个创业孵化站和11个示范社区服务站、53个服务点的服务工作。

"3"是指构建市、区、社区三级服务网络体系。市级、城区成立少数民族流动人口建设试点领导小组，实现民族、公安、城管、民政、司法、流动办、劳动、共青团等部门联动服务。在全市39个街道（乡镇）建立了流动人口服务中心，332个社区（村）均建立了流动人口服务站，组建1 100人的协管员队伍，为流动人口实行"一站式"服务。

"4"是指建立完善工作准则、队伍建设、结对帮扶、法律援助4项基本服务制度。

"5"是指成立民族干部骨干、少数民族联谊会会员、社区"民族之家"成员、志愿者以及民族工作信息员、协调员、专家顾问5支共800多人的服务队伍。

"6"是指整合推进外来经商就业、住房租赁、子女入学、法律援助、困难补助、清真食品6大服务。

---

❶ 南宁市民族事务委员会.南宁：让少数民族流动人口安居乐业[N].中国民族报，2013-5-21（2）.

2. 深层次实施权益保障工程，提升少数民族流动人口尊严感

从 2012 年起，南宁市全面推行居住证制度，制定出台相关优惠政策和便民利民措施，拓宽居住证的社会应用领域，逐步提高居住证"含金量"，使少数民族流动人口在技能培训、公共就业、子女教育、医疗保健、计划生育、法律援助、社会管理等公共服务方面享有了市民待遇。

为充分尊重少数民族的风俗习惯，南宁市民委先后安排 10 多万元经费，支持和引导人口较多的壮、瑶、侗、回等少数民族开展丰富多彩的民族节庆活动，认真做好信仰伊斯兰教的少数民族流动人口的清真饮食和殡葬服务管理工作。市级财政累计投入 500 多万元，重建清真寺和清真饭店，在市区农贸市场设立 4 个清真肉类供应点，修缮了回民公墓设施。

关于完善民族关系协调机制，南宁市建立了由 130 名民族工作信息员、75 名民族关系协调员、20 名民族工作专家顾问组成的南宁市民族工作"三支队伍"，协调处置涉及民族因素的矛盾纠纷事件；建立和完善了少数民族流动人口流出地与流入地政府的联动机制，同内蒙古、宁夏、新疆、西藏四区首府城市建立了西部地区首府城市社会和谐稳定工作区域合作机制，与新疆和田、甘肃临夏、宁夏吴忠等地建立了少数民族流动人口流出地和流入地双向共管协作机制，从输出地到输入地全程做好权益保障工作。

3. 多角度开展关爱联谊行动，提升少数民族流动人口幸福感

南宁市通过开展丰富多样的关爱和联谊活动，切切实实帮助少数民族流动人口解决实际困难和具体问题，使他们感受到了家一般的温暖，提升了他们的幸福感。南宁市委、市政府领导带头，民族工作干部、工作队伍结对联系少数民族流动人口，做到了"少数民族流动人口及其家庭有矛盾纠纷的必访、有重大疾病的必访、有重信重访的必访、有生产生活困难的必访、有家庭重大变故的必访、有重要节日和重要活动时必访"。南宁市还建立了少数民族联谊组织，开展了形式多样的交流联谊活动。例如，市、城区建立了少数民族流动人口联谊会等联谊组织，利用古尔邦节、三月三、达努节等民族传统节日，通过谈心交流、走访慰问、文艺演出、文化交流、百家宴等形式，促进了少数民族流动人口与本地居民之间的相互联系和感情沟通。

通过近两年的探索和努力，南宁市少数民族流动人口服务管理体制机制进一步健全，摩擦纠纷大幅减少，管理人员与少数民族流动人口互信关系优良，城市融入度和对城市的总体评价得以提升。

第三节　适应西部地区特色城镇化道路的公民文化建设匹配

一、城镇化发展与少数民族公民文化新特点

公民文化又称为公民政治文化，是为了稳定民主制度的一种心理分析理论。美国著名政治学家加布里埃尔·A·阿尔蒙德认为，"公民文化"是由地域型政治文化、依附型政治文化、参与型政治文化三种类型政治文化交汇而成的。在公民文化中，有许多人在政治中是积极的，但也有许多人充当较被动的臣民角色。"而更重要的是，甚至在扮演积极的公民角色的那些人当中，也没有排除臣民角色和村民角色。参与者角色是对臣民角色和村民角色的叠加。"❶中华人民共和国成立以后，特别是改革开放以来，我国 56 个民族之间和平共处，相互帮助，各民族以平等的身份共同参与国家政治经济和文化建设。各少数民族在政治生活领域表现不同，形成了少数民族公民文化的特殊性。近些年来，随着我国城镇化快速发展，西部地区也不可避免地卷入了城镇化的浪潮之中。城镇化给少数民族群众带来的不仅是经济生活的变化，更是传统臣民和村民文化向现代理性参与的市民文化转型。少数民族在整个政治体系中的角色地位，政治体系的输入与输出情况，其所发挥的功能以及少数民族对自我的认知、情感和评价等都会因城镇化而呈现新的特征。

（一）文化参与的被动性

我国已经建立起一个科学的政治系统，即多民族和谐统一的社会主义政治系统，也专门设置了一系列保护少数民族权益方面的制度和政策，这些制度安排都促进了少数民族公民文化的发展。但是，当前快速城镇化使大多数少数民族被动地卷入国家政治生活，他们的现代公民权利的观念也是同城镇化过程相伴形成的。在我国西部地区的城镇化过程中，汉族群众发挥了重要的主导作用。尽管少数民族拥有自己的话语权，但只有为数不多的少数民族的精英在城镇化建设过程中发挥作用。

---

❶ 加布里埃尔·A·阿尔蒙德，西德尼·维民.公民文化——五国的政治态度和民主[M].马殿君，闫华江，郑孝华，等，译.杭州：浙江人民出版社,1989.

（二）重视少数民族文化的象征性

城镇化过程中对少数民族传统文化的重视往往被抽象化，这集中体现在城镇少数民族群众对公共文化权利的诉求不断增长，以及维护自身民族传统文化权益意识的不断提高，而现有的政治系统无法及时回应这种文化需求。例如，三峡大坝、入藏铁路等大型工程和城市规划建设的专家听证会多由来自主流社会的学者构成，保护少数民族传统文化很难成为一个重要的政策议题。正因如此，文化权利有时被某些势力所利用，如"藏独"和"疆独"势力就打着保护文化权利等旗号不断从事分裂国家的活动。由此，文化权利的诉求也就突破了少数民族公民文化的边界，其意识、理念和行为也就沦落为非理性参与的非公民文化或演变成为暴民政治文化❶。

（三）冲突性

从理论上看，我国各族人民的根本利益是一致的。城镇化给少数民族地区经济社会发展提供的新的机遇可以使少数民族群众尽早脱贫致富，走上小康道路。现代化和城镇化反映了包括少数民族成员在内的全体公民的利益需求，这在现行国家政治体系层面上对少数民族来说是一致的，在根本利益上并不存在矛盾与冲突。然而，城镇化必然导致少数民族生存空间和环境的变化、居住方式的变革、风俗习惯的改变、语言文字沟通交流的变换，当本土民族社区向国家大社会扩展时，文化不适应与不认同、隔阂与矛盾随之强化。少数民族政治情感、政治意识上的归属感在城镇社区与国家之间存在一定的张力，这种张力也随着城镇化进程的加速不断发生变化。

二、城镇少数民族公民文化权利保障的现实路径

（一）从"边缘"到"中心"：充分发挥少数民族在城镇公民文化建设中的积极作用

在社会主义政治文明建设中，加强少数民族公民文化建设，首先要进一步坚持和完善民族区域自治制度，从根本上保障城镇化过程中少数民族与汉族共同管

---

❶ 解志伟.中国少数民族公民文化的特点 [J]. 河南工程学院学报（社会科学版），2012,27（3）：75-78.

理城镇公共事务和有效行使管理本民族、本地区内部事务的民主权利 ❶。在城镇社区中广泛建立包括辖区各少数民族群众在内的民主协商和参与式治理平台，如居民议事会、民主恳谈会等，形成一套有效推进西部地区城镇基层民主建设的制度体系。政治参与的实质是公民通过参与政治的方式向政治体系表达利益需求，希求政治体系通过社会产品再分配的形式，以满足自己的需求 ❷。因此，要在少数民族地方政治文化系统内，完善民族区域自治的相关法规以及其他优惠性的少数民族政策法规等，发挥其主体能动性。当前，在西部地区城镇化过程中，各级政府要重视加强少数民族流动人口的就业、住房、医疗卫生、子女教育等公共服务的提供，在政策上予以更多的倾斜。另外，尽管非制度化的参与不符合国家宪法、法律、规章、政策、条例等所规定的要求和程序，但非制度化参与能直接使利益最大化、效果显著化。因此，在当前城镇化并未将传统的村民政治文化、臣民政治文化冲刷殆尽的特殊条件下，政府必须以公平正义为价值取向，积极回应少数民族群众合理需求，引导非正式参与的行为，将少数民族公民政治诉求吸纳到城镇公共决策的议程中。

（二）大力提倡现代文明的包容性，不断加强城镇公共文化服务体系建设，使之覆盖少数民族流动人口

十七届六中全会明确提出，到 2020 年要实现文化事业全面繁荣，覆盖全社会的公共文化服务体系基本建立，努力实现基本公共文化服务均等化。西部地区城镇化要把公共文化服务体系建设作为一项重要任务，纳入当地经济社会发展总体规划，纳入年终绩效考核指标。一是在进一步加大各级政府对文化建设投入的同时，健全和完善相应财政和税收政策，吸引和鼓励社会力量到西部地区兴办公益性文化事业。二是创新服务方式，提高少数民族城镇公共文化服务的辐射能力。西部地区的县、中心镇周边大多地广人稀，交通极为不便，一般的固定文化设施很难发挥作用，居住在边远地区的少数民族群众无法享受城镇化带来的新信息和新知识。对此，要根据西部地区城镇化建设的规划要求，最大限度地提高文化设施的覆盖水平。流动文化服务、公共数字文化建设和群众服务网点建设等是西部地区开展基层公共文化服务的有效方式。西部地区的县城或较大的镇可以通过配备流动放映车、设立基层宣传点等扩大服务范围，消除公共文化"空白区"。三是

---

❶ 尹学朋 . 问题与对策：少数民族地区公民文化研究 [J]. 黑龙江民族丛刊，2007（2）：33-37.

❷ 李元书 . 政治发展导论 [M]. 北京：商务印书馆,2001.

城镇公共文化建设要从现代文明的包容性出发，考虑和满足少数民族流动人口的文化需求，尊重他们的民族风俗和传统习惯，减少城镇本地居民对外来少数民族流动人口心理文化上的歧视与排斥。

（三）以差异化服务推动少数民族文化创新，满足城镇不同层次居民的文化需求

要对城镇文化需求进行重新分类分析，区别不同民族和人群，有针对性地提供不同的公共文化产品和服务，营造多元开放的城市人文环境。我国西部地区拥有丰富的民族文化和民间艺术资源，群众性文化历史悠久，可以说西部地区是"歌的海洋、舞的故乡"。因此，西部地区城镇化不能照搬其他地区城镇化的路径，在城市规划和拆迁改造中必须把少数民族优秀文化遗产保护好、传承好。文化管理部门要大力开展群众文化活动，创作具有民族特色的文艺作品，深入挖掘民族历史和优秀传统文化，反映少数民族的现实生活，展示各民族对美好生活的愿景。所以，城镇各级公益性文化设施要结合少数民族的重要节日、纪念日，组织开展特色文化活动，培育一批特色鲜明、题材新颖、形式多样的少数民族文化品牌。同时要积极引导和鼓励非民族地区和西部地区的文艺工作者交流经验，下基层深入群众、贴近生活，创作更多体现民族风采和时代精神的优秀作品。

第四节　适应西部地区特色城镇化道路的公共危机管理体系匹配

一、西部地区城镇化进程中的社会风险及公共危机管理体制：现状与问题

我国西部地区工业化和城镇化建设必然会带来农村土地流转、人口大量流动、劳动就业等利益的重新调整，从而引发社会风险和公共危机。由于受到来自不同民族习俗和文化上的差异以及国内外分裂势力渗透等因素影响，西部地区城镇化带来的公共安全问题与民族关系、国际关系等相互牵连，具有多元性、暴力性和外部排他性等特点，其影响更广、危害更大。

与东部发达地区相比，我国西部地区交通条件较差、信息比较闭塞，关于推

进新型工业化和城镇化的方针政策难以及时完整地贯彻执行下去，这也导致有些政策在基层变形走样，不能得到当地各族群众的普遍接受。再加上个别地方干部的工作方式、态度存在问题，很容易出现群体性事件。发生大规模的群体性事件势必会影响到西部地区经济的稳步发展和社会的和谐，工业化和城镇化水平也反过来受其制约。有学者在宁夏回族自治区银川市调查中发现，当问及"在征地过程中你与政府是否发生过土地纠纷"时，54%的受访者回答"发生过"；问及"原因"时，46%的受访者认为是征地补偿不合理，"征地没有按照规定兑现"占24%，"征地补偿费被挪用"占17%，"干部态度粗暴"的也占11%❶。地方政府推进城镇化和工业化占用了少数民族群众土地，由于失地农民对相关政策缺乏详细了解，一旦发生利益冲突，往往容易受他人指使，发生群众集体上访甚至与政府对抗事件。

从利益关联和政治层级性的角度，愈是距离民众愈远的权力，愈能获得民众的信任；愈是距离民众愈近的权力，愈与民众的直接利益相关，也愈为民众所关注❷。西部地区县城、中心镇以及人口相对集中的小城镇是城镇化进程中社会风险和公共危机的频发地区。因为随着城镇化的推进，大量农民进入城镇务工，社会矛盾也随之转移，"由乡入城"的特征是目前群体性事件的一个重要特点。贵州瓮安事件说明城镇化带来的移民、征地、拆迁等矛盾累积到一定程度，就会触发规模性的群体性事件。

长期以来，我国条块分割、各自为政的公共危机管理体制已经越来越不适应西部地区城镇化发展要求，成为制约西部地区公共安全管理的瓶颈。西部地区现行的危机管理体制仍然是按照科层制逐级设立，缺乏处理突发事件的应急能力，尤其是地方性的机构（主要指市级以下）通常成为"摆设"。各级民族委员会组织受到行政级别与机构规模等条件限制，人员少、经费紧张、专业危机应急管理和救援技能缺乏，难以与其他同级行政机构并列，导致西部地区遇到偶发性公共危机时不足以应对。从横向部门来看，西部地区公共危机事件往往涉及面广、情况复杂，需要政府多个部门协同配合。然而，当前我国西部地区危机管理最大的问题就是缺乏有效的协调机制。政府各个部门之间、部门与社会组织之间缺乏有效合作，当公共危机发生后，政府负责人往往疲于"扑火"，而缺乏及时与其他政府

❶ 左理.民族地区社会主义新农村建设中的城镇化问题研究——以宁夏回族自治区为例[M].北京：中国经济出版社，2009.

❷ 徐勇."接点政治"：农村群体性事件的县域分析——一个分析框架及以若干个案为例[J].华中师范大学学报（人文社会科学版），2009，48（6）：2-7.

部门、社会组织进行合作的意识，结果"火"不仅未能扑灭反而有蔓延趋势。在我国的社会公共安全、事故灾害、公共卫生灾害以及自然灾害等分属政法委、综治办、公安、水利、地震、气象、林业、农业、环保、卫生、土地、城管等多个部门中，"九龙治水，各管一摊"的体制机制弊端十分突出。众所周知，我国西部边疆地区是政治较为敏感的地区，民族、宗教、恐怖暴力活动等因素复杂交织，在发生非自然的公共危机时，政府部门一般不轻易允许社会介入，社会组织也不会主动合作，协同机制存在体制性障碍。

二、建立西部地区特色公共危机管理体系的思路及建议

（一）总体思路：基于整体性治理的考虑

公共危机管理机制创新表现在三个治理维度，分别是层级维度、部门维度和功能维度。公共危机治理与传统危机管理的最重要区别在于把危机管理与政府治理相融合，即地方、省级、国家，甚至大洲和全球层面的各公共治理主体（国际组织、政府组织、非营利性组织、企业、志愿者与普通公众）在跨层级、跨部门、跨领域的条块组合之中建立起实现统分有度、平战结合、政社联动、政企合作的灵活的整体性治理公共危机的新模式❶。首先，改革目前条块分割的公共危机管理体制，把一部分决策权下放到以块为主的民族地方政府。按照"凡是地方有能力解决的给地方，地方解决不了的交给中央"的原则，在保证中央统筹协调的前提下，充分发挥民族地方政府因地制宜、迅速反应的优势，及时应对和处理公共危机。中央政府要以"大部制"改革为契机，整合和优化西部地区公共危机管理的职责，建立以"属地管理"为主，"条""块"相互沟通和协作的跨机构协同机制。其次，促进政府公共危机管理权力向社会有序转移。西部地区许多社会组织，如宗教协会、行业协会、中介组织等，在人际网络、知识结构、专业技能等多方面具有得天独厚的优势，西部地区应该着力培育和引导社会组织参与公共危机治理。最后，建立西部地区公共危机分类分级响应机制。如果自治区政府有足够能力应对已发生的公共安全事件，就应由其负责组织应对工作，中央部门可以给予技术、资金、物质方面援助；民族自治地方感到无力对付或危及规模跨省时，再升级到由中央

---

❶ 方堃，姜庆志，杨毅.政府公共危机治理中的学习与组织结构变革研究——以复杂适应性为线索[J].大连理工大学学报（社会科学版），2012, 33（1）：95-100.

政府负责组织应对 ❶。对于已经发生或预测到可能发生的跨部门、跨省域的重大安全事件，可以由中央政府直接应对，如图 10-1 所示。

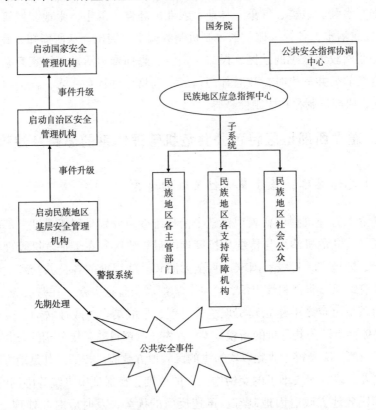

图 10-1　西部地区公共危机管理体制示意图

（二）对策建议

1. 构造西部地区特色预案、预警体系

鉴于西部边疆地区涉及的民族、宗教事务较多，因而有必要编制一系列用于整合涉及民族、宗教事务的专门预案，以此形成国家民委、外交部等相关部门设计西部边疆地区应急预案内容的具体执行方案。当然，在众多应急预案编制过程中，要充分考虑到不同专业领域和不同层级的预案统筹与协调工作，以保证突发事件爆发后各部门能够有效协作。西部地区应急预案编制工作的一个重要步骤就是对安全威

---

❶　党秀云 . 民族地区公共服务管理导论 [M]. 北京：中央民族大学出版社，2012.

胁的排查和风险评估。预警指标体系不仅要涵盖传统生态、经济、社会等指标，更要提高特殊地理、习俗、文化、宗教等方面的指标比重，防止造成应对危机的错误或不当判断；对预警方式的选择，应当采用现代科技和当地传统方式相结合的形式，建立多元监测预警网络❶。

2.建立快捷有效的应急联动机制

应急联动机制通过对公众应急资源进行综合、统一指挥，联合行动，为公众提供紧急救援服务。建议民族地方政府成立一个专门的危机管理常设综合机构或突发公共事件应急管理办公室，且该组织要分设于西部地区的自治区（省）、地区（自治州、盟、较大的市）行政两级纵向系统。在横向的职能方面，保证有相应的决策、政策法规、信息管理、预警、执行监督、宣传培训、应急服务等不同权责的部门作为支持体系，打破原有多个应急指挥中心条块分割和各自为政的传统机制。同时，可以运用 ELS 接处警系统、GPS 地理信息系统和计算机辅助决策调度相应资源，实现跨层级、跨部门、跨领域不同资源之间的共享和整合。我国西部地区交通不便，经济技术落后，物质资源匮乏，因此当发生重大突发性公共危机事件时，加强与国际社会的联系，借助国际资源开展物资供应、医护救援、心理疏导等显得尤为重要。

3.加强民族地方政府应急管理法治保障建设

完善的危机管理法治体系是民族地方政府建设危机管理体系中最重要的支撑，经过多年的法治建设，我国西部地区已经制定和颁布了一些应对危机的法律和法规，西部地区危机管理已经取得了一定的法治基础。但是，从整体上看，我国西部地区公共危机管理的法律体系尚不完备，有的法律法规还不成熟、不完善，无法适应城镇化给西部地区带来的新矛盾、新问题❷。西部地区公共危机管理法治化、规范化、制度化的要求，最关键的问题是我国宪法没有关于危机状态的规定，地方政府紧急管理权也没有明确的规定。因此，为了使民族地方政府危机管理法治化，必须结合西部地区"三化"同步进程中的新情况，加紧危机管理的立法，尽快完善西部地区突发事件应急处理的法律体系，使政府公共危机治理由随意型向法治型转变。

---

❶ 吴开松,李海鹏.中国民族地区农村发展研究（2010）[M].北京:中国社会科学出版社,2011.

❷ 房文双.民族地区公共危机管理体系建设的研究[J].前沿,2011（21）:148-150.

第五节 适应西部地区特色城镇化道路的社会组织管理匹配

经济发展相对滞后、文化风俗和宗教信仰差异以及地理区位等因素导致了我国西部地区社会管理具有复杂性与特殊性。尤其是西部地区城镇化步伐加快，农业现代化和工业化对西部地区经济结构、生产方式和经营模式产生了深刻影响。同时，大量农村剩余人口向城镇聚集，西部地区的社会生活和文化习惯也发生了巨大变革。西部地区社会管理的主体是西部地区的全体公众，如何发挥社会组织的积极作用是当前迫切需要解决的问题。

回顾历史，中华人民共和国成立以后，政府对西部边疆地区的社会组织采取了清理和整顿的措施，一些传统社会组织部分得以保留，部分被归为其他组织管理，部分被取缔，因而社会组织的政府管制色彩浓厚。自改革开放以来，随着社会活力的逐渐释放，西部地区涌现出一些草根志愿组织或 NGO（非政府组织）在基层开展公共服务。近年来，国内其他地区的社会组织也开始大量深入西部边远地区，从资金、技术、人员、信息等方面与当地组织联合开展服务，构成了西部地区社会发展的重要力量，推动了当地社会治理能力的提升。2008 年汶川大地震以后，境外 NGO 在西部地区开展活动逐步增多，如民间宗教慈善组织等，在防灾救灾、扶贫开发、基础教育、医疗卫生等领域发挥了积极作用，其特殊身份和服务方式给西部地区带来了新的社团发展观念。当然，推动西部地区社会组织发展最强劲的动力应该源自我国西部地区自身推进城镇化、工业化和农业现代化对当地经济社会发展的需求。市场经济的深入、社会结构的变迁、传统治理模式的改革、民众需求的多样化以及公民社会的成长等急需社会组织的广泛参与和政府规范管理。总体来说，目前我国西部地区社会组织面临的主要问题有如下几个方面：

一是内部组织治理不完善。受社会、经济、历史文化等条件的制约，西部地区社会组织还普遍存在治理不完善的问题，主要表现为部门机构设置不合理、规章制度不健全、决策运行机制不完善、信息不公开等。这影响了西部地区社会组织的公信力，客观上制约了社会资源的再获取，恶化了组织生存的环境。例如，广西佛教济善会由释克真法师创建，成员基本上是法师、义工和志愿者。目前，该会有自己的宣传网站——广西济善功德网，设有济善 QQ 交流群 5 个。但广西佛教济善会至今还因各种原因未到政府民政部门进行注册登记，没有建立内部管理机构，也没有专职人员，开展的活动主要仍是由入会较早、有公益激情的义工来发动、组织❶。

二是社会参与的渠道和空间有待拓展。根据已有的国家政策，我国社会组织参与国家决策的领域集中在环保、医疗卫生等部分行业，尽管也鼓励社会组织在国家有关政策方案的提出、意见征询、建议和方案制定的过程中积极参与，但实际上只有一些具有政府支持背景的官办或官助，或有影响力的境外以及国际组织（如世界卫生组织、国际红十字会等）能够有机会受到邀请参与，其他社会组织的参与机会甚少。此外，在各级政府的政策设计和资金安排等方面，目前也缺乏对社会组织予以普遍、固定以及制度化的支持或资助渠道。

三是欠缺某些领域的专业技术人员，公共服务能力有待提升。由于目前我国西部地区社会组织多为志愿组成的或带有宗教色彩的草根组织，缺乏科学管理的人才，组织很难规范运行，导致有的组织目标不明确，规章制度不健全，组织团队凝聚力有限，简单、经验式的管理是其主要特征，无法适应规范性的社会需求，从而影响了其公共服务功能的充分发挥。加上这些社会组织经费来源不稳定，专业服务人才不足，使社会组织很难提供高质量的公共服务，不利于扩大其社会影响。

四是法规缺陷，监管和支持不到位。由于现行关于社会组织相关法规的缺陷，西部地区还有许多社会组织没有正式注册登记，境外在华社会组织由于在民政部门登记存在实际困难，地方政府又没有相应的法律管理依据，使其无法获得合法身份，造成了政府主管部门监管缺位❷。虽然《中华人民共和国民族区域自治法》赋予了民族自治地方比较广泛的自治权以支持西部地区经济社会事业的发展，但是西部地区的登记管理机关、业务主管机关及其他政府部门运用自治权扶持NGO发展仍存在不足之处。

我国西部地区社会组织要在价值理念、管理机制、服务能力等方面进行变革，突破限制自身发展的瓶颈，才有能力参与解决西部地区城镇化中的社会管理领域的新矛盾和新问题。具体而言，我国西部地区社会组织管理创新的策略有以下几点：

第一，以社会组织的内部治理结构改革为重点，拓展组织发展的原生动力。先要健全以组织章程为核心的法人治理结构，规范西部地区社会组织的管理机制。

---

❶ 莫光辉，覃宪儒．少数民族地区宗教慈善组织的社会意义及管理创新探讨——以广西佛教济善会为样本分析[J].重庆社会主义学院学报，2012（6）：31-34.

❷ 李俊清，陈旭清．我国少数民族地区社会组织发展及社会功能研究[J].国家行政学院学报，2010（6）：73-78.

组织治理结构一般指治理的机构、体系以及其内在控制机制，通常由组织的决策层、执行层和监督层构成。西部地区社会组织要健全以章程为核心的法人治理结构和内部运行管理机制，借鉴现代企业的精细化管理模式，加强组织的专业能力建设和成员的职业道德建设，建立和完善财务管理和信息公开制度。例如，慈善爱心类公益性组织应当及时、真实、准确、完整地公开善款使用情况，自觉接受公众和社会媒体的监督，加强公信力建设。

第二，拓展西部地区社会组织参与领域，提升公共服务能力。在全球化、工业化、信息化快速发展的环境下，任何组织和个人都不可能是孤立与封闭的。西部地区的社会组织也要加强与其他组织的交流和沟通，顺应时代发展的潮流，积极融入社会管理创新的合作网络中。西部地区的不同社会组织之间可以扬长避短、求同存异、合作互助，共同参与城镇社会管理。尤其是在城镇化加快推进背景下，西部地区的社会组织要适应需要，不断拓展服务领域和空间。要在加强传统慈善、救灾等项目的基础上，逐步向教育、医疗卫生、环保、就业等公共服务延伸。各级政府和相关部门还要加大对社会组织的支持力度，以政府购买服务项目等形式，从资金、办公场地、人才引进与培训、国际合作交流等方面提供帮扶。

第三，进一步完善监管体系，规范西部地区社会组织的服务行为。建议取消社会团体登记的双重管理制度，简化审批手续，建立从事公益慈善、社会福利、社会服务等领域的组织可直接向民政部门申请登记新的准入机制。此外，我国西部地区的民政、宗教、工商、审计等部门要建立对城镇社会组织的年检与评估工作制度，集中加强对社会组织的信息公开、财务报表和重大活动的监管，形成法律监督、行政监管、财务和审计监督、媒体监督、公众监督、行业自律相结合的社会组织监管网络。宗教慈善组织要主动推进慈善信息公开制度建设，完善项目查询、活动追踪、信息反馈和财务公示等制度，形成对社会组织从登记运作到评估的全过程式监管机制。

案例：西部地区危机事件产生的"社会燃烧"机制透视 ❶。

"社会燃烧理论"认为，社会中的无序、失衡和动乱产生有一定的过程，其形成、发展进而对社会稳定产生严重影响有一定的作用机制存在。众所周知，自然界中的燃烧现象必须具备三个条件：燃烧物质、助燃剂和点火温度。那么，社会不稳定问题乃至危机事件的产生也需要类似燃烧物质、助燃剂和点火温度因素的

---

❶ 朱军.城市化进程中民族地区危机事件产生机制分析[J].贵州师范大学学报（社会科学版），2009（6）：33-39.

同时存在。当"人与自然"之间的关系达到充分平衡、"人与人"之间的关系达到完全和谐时，整个社会处于"理论意义"上绝对稳定的极限状态，只要发生任何背离上述两大关系的平衡与和谐，都会给社会稳定状态以不同程度的"负贡献"（形成社会动乱的"燃烧物质"）。当此类"负贡献的量与质"积累到一定程度，并在错误的舆论导向煽动下（相当于增加社会动乱的"助燃剂"），将会形成一定的人口数量密度和地理空间规模。此时，在某一"突发导火线"（出现了社会动乱的"点火温度"）的激励下，即可发生社会失衡（不稳）、社会失序（动乱）或社会失控（暴乱）直至社会崩溃。

在快速城镇化过程中，西部地区公共危机事件的发生频率、作用领域及危害性增加对该地区的社会稳定产生了一定的负面影响。西部地区的公共危机事件的发生实际上是社会结构由相对稳定、均衡的状态逐渐走向无序、失衡乃至崩溃状态的过程。在此过程中，城镇化加快发展导致社会结构转型的加速，进而产生一系列的矛盾和冲突，构成了"燃烧物质"。这些矛盾和冲突在舆论媒体的错误引导、分裂分子的破坏活动及政府危机管理能力薄弱的"助燃"作用下，会达到一定质与量的规模。西部地区突发公共事件的发生标志着社会紊乱无序的开始以及进一步的显性化、公开化，其下一步的发展就有可能成为危机事件产生的"点火温度"。因此，西部地区公共危机事件发生的条件就是"燃烧物质""助燃剂"与"点火温度"在同一时空条件下的耦合，缺少任何一个条件都必然不会发生危机（图10-2）。

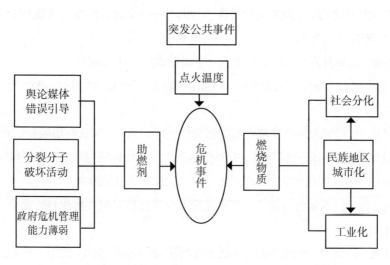

图 10-2　西部地区公共危机事件产生的机制示意图

主要参考文献

图书

[1] 莱斯特·R·布朗.B 模式——拯救地球 延续文明 [M].林自新，暴永宁，译.北京：东方出版社，2003.

[2] 约翰·贝拉米·福斯特.生态危机与资本主义 [M].耿建新，宋兴无，译，上海：上海译文出版社，2006.

[3] 马克思恩格斯列宁斯大林著作中共中央编译局.马克思恩格斯选集 [M].北京：人民出版社，1972.

[4] 王劲峰.人地关系演进及其调控 [M].北京：科学出版社，1995.

[5] 杜润生.杜润生文集：1980—1998[M].太原：山西经济出版社，1998.

[6] 联合国人居中心.城市化的世界 [M].北京：中国建筑工业出版社，1999.

[7] 联合国教科文组织.世界文化报告（1998）——文化、创新与市场 [M].北京：北京大学出版社，2000.

[8] 胡鞍钢.西部开发新战略 [M].北京：中国计划出版社，2001.

[9] 甘峰.中国加入 WTO 与政府改革：发达国家政府改革经验 [M].杭州：浙江大学出版社，2002.

[10] 蔡守秋.可持续发展与环境资源法制建设 [M].北京：中国法制出版社，2003.

[11] 中国现代化战略研究课题组，中国科学院中国现代化研究中心.中国现代化报告2004——地区现代化之路 [M].北京：北京大学出版社，2004.

[12] 李澜.西部民族地区城镇化：理论透视·发展分析·模式构建 [M].北京：民族出版社，2005.

[13] 孔凡文，许世卫.中国城镇化发展速度与质量问题研究 [M].沈阳：东北大学出版社，2006.

期刊

[1] MULLINS P. Tourism urbanization[J]. International Journal of Urban and Regional Research, 1991, 15（3）: 326–342.

[2] 曹建安. 中国西部城市化问题研究 [J]. 开发研究，1993（6）: 17–19.

[3] 温军. 中国少数民族地区人口、资源、环境与社会协调发展问题研究 [J]. 资源科学, 1999, 21（2）: 38–45.

[4] 中国工程院"21 世纪中国可持续发展水资源战略研究"项目组: 中国可持续发展水资源战略研究综合报告 [J]. 中国水利, 2000（8）: 5–17.

[5] 郭家骥. 云南少数民族的生态文化与可持续发展 [J]. 云南社会科学, 2001（4）: 51–56.

[6] 胡序威. 我国区域规划的发展态势与面临问题 [J]. 城市规划, 2002, 26（2）: 23–26.

[7] 高新才，毛生武. 西北民族省区城镇化战略模式选择与制度创新 [J]. 民族研究, 2002（6）: 26–35.

[8] 杨振之，李玉琴. 西部大开发中藏区旅游城镇规划、建设与民族文化保护——以四川、云南藏区为例 [J]. 西南民族学院学报（哲学社会科学版），2002, 23（11）: 30–34.

[9] 彭珂珊. 沙尘暴对西部发展的危害研究 [J]. 北京联合大学学报, 2002, 16（2）: 41–49.

[10] 田孟清，曾铮. 生态环境建设与民族地区的全面小康 [J]. 中南民族大学学报（人文社会科学版），2004, 24（1）: 12–16.

[11] 李欣燃. 产业集群与区域经济系统耦合研究 [J]. 当代经济, 2010（7）: 116–118.

[12] 王道平，梁爱华，李树丞. 区域 PREE 系统可持续发展状况的综合评价方法 [J]. 管理工程学报, 2002, 16（1）: 8–11.

[13] 刘嘉纬，蒙睿. 关于旅游业对西部城市化动力驱动的研究 [J]. 陕西师范大学学报（自然科学版），2001（S1）: 156–160.

[14] 赵黎平. 正确处理社会主义初级阶段民族宗教问题维护民族地区社会稳定 [J]. 公安大学学报, 2001（1）: 14–21.

[15] 房利田. 大力发展民族地区教育事业——西部大开发的首要问题 [J]. 中央民族大学学报（哲学社会科学版），2001（S1）：74–77.

[16] 金东海，王爱兰. 少数民族地区教育经费投入不足问题及对策研究 [J]. 西北师大学报 (社会科学版)，2002，39（6）：106–109.

[17] 彭希哲，宋韬. 农村社会养老保险研究综述 [J]. 人口学刊，2002（5）：43–47.

[18] 张天路. 西部民族人口的演进与问题分析 [J]. 人口与经济，2002（4）：22–25.

[19] 许庆. 家庭联产承包责任制的变迁、特点及改革方向 [J]. 世界经济文汇，2008(1)：97–104.

[20] 郑清图. 我国社会生产力的发展趋势和要求 [J]. 中共福建省委党校学报，2002（2）：41–43.

[21] 李明秀. 城镇化与贵州民族地区生态环境安全 [J]. 贵州民族研究，2003，23（2）：96–101.

[22] 高永久. 对民族地区社会稳定的思考 [J]. 兰州大学学报（社会科学版），2003，31(3)：45–50.

[23] 袁仲由. 关于加快实施民族地区城镇化战略的思考 [J]. 中南民族大学学报（人文社会科学版），2003，23(1)：24–28.

[24] 郭松青，王丽，张新. 西部地区环境保护与生态治理有关政策问题研究 [J]. 林业经济，2003（7）：32–36.

[25] 王冬萍，阎顺. 旅游城市化现象初探——以新疆吐鲁番市为例 [J]. 干旱区资源与环境，2003，17(5)：118–122.

[26] 杨勇. 西部民族地区城镇化探索 [J]. 中央民族大学学报（哲学社会科学版），2004，31(3)：61–64.

[27] 孟祥林，张悦想，申淑芳. 城市发展进程中的"逆城市化"趋势及其经济学分析 [J]. 经济经纬，2004（1）：14–20.

[28] 肖秀荣. 社会生产力跨越与西部的跨越式发展 [J]. 中央民族大学学报（哲学社会科学版），2004，31（2）：16–22.

[29] 方丽娟，郑涛. 正确认识和处理西部民族地区宗教领域的矛盾 [J]. 重庆交通学院学报（社会科学版），2004，4(4)：81–83.

[30] 沈山，田广增. 专业镇：一种创新的农村小城镇发展模式 [J]. 农村经济，2005（1）：92–95.

[31] 李先进. 对民族地区城镇化发展的几点思考 [J]. 理论与当代 ,2005（11）：20–21.

[32] 陈心林. 族群理论与中国的民族研究 [J]. 贵州民族研究 ,2005, 25（6）: 1–5.

[33] 赵才，邹逢佳. 民族地区的特殊性与构建和谐社会 [J]. 云南民族大学学报（哲学社会科学版），2006, 23（3）: 44–48.

[34] 谭明春. 略论西部民族地区和谐社会的构建 [J]. 北方经贸 , 2006（3）: 111–112.

[35] 赵丽珍. 少数民族地区农村构建和谐社会途径探索 [J]. 云南社会主义学院学报 , 2007（2）: 51–54.

[36] 李崇林，方兰. 西部民族地区环境问题与法律保障研究 [J]. 新疆大学学报（哲学人文社会科学版），2007, 35(5): 98–101.

[37] 薛立强，杨书文. 当代中国社会矛盾的变化 [J]. 学习与探索 , 2007（3）: 56–58.

[38] 安体富，任强. 公共服务均等化: 理论、问题与对策 [J]. 财贸经济 , 2007（8）: 48–53.

[39] 廖国一，王雪芳. 环北部湾经济圈少数民族文化的开发与保护 [J]. 广西民族研究 , 2007（3）: 189–196.

[40] 李灿松，武友德. 西南民族地区特色经济与城镇化发展研究 [J]. 资源开发与市场 , 2007（6）: 549–552.

[41] 杨顺清. 繁荣发展少数民族文化的原则与政策浅析 [J]. 西南民族大学学报（人文社科版），2007, 28（11）: 32–37.

[42] 张金鹏. 社会学视野下的民族地区生态环境研究 [J]. 云南民族大学学报（哲学社会科学版），2007, 24(3): 5–9.

[43] 王丽铭，王丽均. 以特色畜牧业产业化牵引民族地区建构和谐社会——以四川阿坝藏族羌族自治州牦牛产业为例 [J]. 西华大学学报（哲学社会科学版），2007, 26（2）: 34–36.

[44] 乌云高娃. 浅谈民族地区公共卫生管理 [J]. 内蒙古农业大学学报（社会科学版），2007, 9（3）: 64–65, 68.

[45] 顾华详. 和谐民族地区社会保障制度建设的问题与对策 [J]. 新疆师范大学学报（哲学社会科学版），2007, 28(1): 74–82.

[46] 沈骥，郑小华. 四川省民族地区卫生发展状况研究 [J]. 中国卫生事业管理 , 2008 ,25（1）: 4–6.

[47] 马举魁. 关于家庭联产承包责任制与农村土地制度改革的思考 [J]. 理论导刊 , 2007（8）: 44–46.

[48] 杨金江, 李德波, 李再龙, 等. 关于边疆民族地区城镇化建设的思考——以西双版纳州景洪市基诺乡为例 [J]. 云南农业大学学报 (社会科学版), 2008, 2 (2) : 44-47.

[49] 王宏波, 金锋. 论前工业社会时期的乡村改良及其对我国新农村建设的启示 [J]. 西北农林科技大学学报（社会科学版）, 2008, 8 (2) : 27-31.

[50] 仇保兴. 中国特色的城镇化模式之辨——"C 模式" : 超越 "A 模式" 的诱惑和 "B 模式" 的泥淖 [J]. 城市发展研究, 2009, 16 (1) : 1-7.

[51] 刘艳梅. 族群演化下的四川阿坝藏区居住形态变迁初探 [J]. 西南民族大学学报（人文社科版）, 2009, 30 (7) : 45-48.

[52] 崔亚虹. 民族地区生态状况与生态文明建设的四维路径 [J]. 辽宁师范大学学报（社会科学版）, 2009, 32 (2) : 23-26.

[53] 刘昌友, 罗军兵. 少数民族地区师资队伍建设研究——以贵州省安顺市为例 [J]. 人民论坛, 2010 (2) : 120-121.

[54] 李晓明. 族群认同的 "多元性" —— 以南岭民族走廊瑶族为例 [J]. 前沿, 2010 (22) : 148-151.

[55] 阿丽亚·阿地力江. 浅议民族地区的法制建设 [J]. 西藏发展论坛, 2010 (2) : 48-50.

[56] 汪冬梅. 我国城镇化的制度支撑体系 : 一个系统分析框架 [J]. 工业技术经济, 2010, 29 (8) : 20-23.

[57] 张瑾燕, 德央, 商景博, 等. 加快推进民族地区城乡公共服务一体化 [J]. 大连民族学院学报, 2011, 13 (2) : 129-134.

[58] 王雅荣, 张璞. 少数西部地区文化产业特色推进发展 [J]. 技术经济与管理研究, 2011 (9) : 106-109.

[59] 王培三. 我国城镇化发展进程中的区域布局差异因素分析 [J]. 安徽农业科学, 2011, 39 (9) : 5604-5607.

[60] 罗小芳, 丁士仁. 清真饮食文化的深刻内涵及其社会功能探析 [J]. 西北民族大学学报（哲学社会科学版）, 2011 (4) : 93-99.

[61] 黄守斌, 韦磐石, 张军, 等. 城镇化与民族文化的传承——基于黔西南布依族传统文化的田野调查与美学思考 [J]. 兴义民族师范学院学报, 2011 (3) : 33-37.

[62] 唐放. 西藏全面实现 15 年免费教育 : 对农牧民子女入学实行 "三包" [J]. 农村百事通, 2012 (21) : 10.

[63] 王志勇. 台阶式城镇化与逆城镇化思路探索——以广东梅州为例 [J]. 中国集体经济,2012 (16): 36–37.

[64] 李晓丰. 少数民族地区经济体制改革发展路径研究 [J]. 经济体制改革,2012 (2): 54–57.

[65] 陈跃,刘振捷. 中国西部地区城镇化发展格局及影响因素研究 [J]. 世界农业,2017 (11): 227–231.

[66] 吴碧波,黄少安. 乡村振兴战略背景下西部地区农村就地城镇化的模式选择 [J]. 广西民族研究,2018 (2): 16–23.

[67] 汪晓文,刘娟. 城镇化对西部地区生态效率的影响 [J]. 城市问题,2019 (10): 27–38.

[68] 杨佩卿. 西部地区新型城镇化发展目标与动力机制的相关性分析 [J]. 西北大学学报（哲学社会科学版）,2020,50(2): 139–149.

[69] 李守军. 西部地区城镇化进程与城市发展探讨 [J]. 智能建筑与智慧城市,2020 (2): 84–85.

学位论文

[1] 蒙睿. 旅游发展与旅游城镇城镇化互动关系研究 [D]. 昆明:云南师范大学,2002.

[2] 李澜. 西部民族地区城镇化发展研究 [D]. 北京:中央民族大学,2003.

[3] 肖万春. 中国农村城镇化问题研究 [D]. 北京:中共中央党校,2005.

[4] 罗娅. 关于旅游业对西藏城市化驱动的战略研究 [D]. 成都:四川大学,2005.

[5] 张笑培. 西部小城镇发展道路及对策研究 [D]. 杨凌:西北农林科技大学,2005.

[6] 刘兴刚. 酒泉市城镇化问题研究 [D]. 兰州:甘肃农业大学,2006.

[7] 韩文明. 中国特色农村城镇化问题研究 [D]. 哈尔滨:哈尔滨理工大学,2007.

[8] 刘金娥. 重庆市城镇化问题研究 [D]. 重庆:重庆大学,2007.

[9] 程兴国. 西南民族地区城镇化发展的适宜模式及规划对策研究——以攀西地区为例 [D]. 西安:西安建筑科技大学,2009.

[10] 唐毅. 基础设施投资与民族地区经济发展研究——以恩施州为例 [D]. 武汉:中南民族大学,2009.

[11] 袁凯. 宁夏回族自治区特色经济发展研究——以特色农业为例 [D]. 武汉:中南民族大学,2009.

[12] 李晓曼 . 多民族地区构建经济社会和谐系统评价研究 [D]. 乌鲁木齐 : 新疆大学 , 2009.

[13] 韩江涛 . 新疆城镇化发展的制约因素与对策研究 [D]. 石河子 : 石河子大学 , 2010.

[14] 李刚 . 民族地区城镇化进程中的城市贫困问题研究 [D]. 北京 : 中央民族大学 , 2010.

[15] 张译丹 . 新疆托里县依托资源优势带动小城镇建设研究 [D]. 石河子 : 石河子大学 , 2010.

[16] 王雅红 . 西北少数民族地区城镇化模式研究——甘肃、新疆的个案分析 [D]. 兰州 : 兰州大学 , 2010.

[17] 阙芳菲 . 西部民族地区基本公共服务均等化问题研究 [D]. 长沙 : 湖南大学 , 2011.

[18] 凡芬 . 湖南省农村城镇化问题与对策研究 [D]. 长沙 : 湖南农业大学 , 2011.

[19] 马远 . 新疆特色城镇化路径研究 [D]. 石河子 : 石河子大学 , 2011.

[20] 杨建翠 . 川西民族地区旅游业推进城镇化研究——以九寨沟县为例 [D]. 成都 : 西南民族大学 , 2012.

[21] 罗应光 . 云南特色城镇化发展研究 [D]. 昆明 : 云南大学 , 2012.

[22] 王天伟 . 基于县域经济发展视角下的城镇化问题研究——以甘肃省庆阳市为例 [D]. 西安 : 西北大学 , 2012.

[23] 王帅 . 拉萨城市化发展与对策研究 [D]. 长春 : 吉林大学 , 2012.

后　记

　　新型城镇化建设是党的十八大以来社会发展的重要举措，也是很多学界、政界重点关注的领域。关于城镇化的研究，已有相关学者取得了较为丰硕的成果，笔者提笔撰写本书也感觉到压力很大，好在其他学者为本书提供了诸多成果借鉴。本书大量借鉴了其他学者的成果，有的已经标注，有的也可能遗漏，在此一并表示感谢。同时，要感谢李海鹏、饶映雪、张雄、方堃等博士的无私支持和帮助。

吴开松　董茂林

2020 年 3 月